X3 .

TROP DE PÉTROLE !

Du même auteur

L'Économie de la forêt
Mieux exploiter un patrimoine
Édisud, 1993

La France, économie, sécurité
Économie mondialisée, sécurité nationale, Union européenne
Hachette, 1994

REMERCIEMENTS

Les analyses et les propositions présentées ici sont le résultat de discussions, de controverses aussi, car le sujet suscite, tout à fait normalement, des prises de position fort différentes. Il n'est pas possible de citer le nom de tous ceux qui se sont prêtés à ces discussions pour y apporter leur lot d'informations ou de suggestions. Un premier groupe de travail m'avait aidé à la rédaction d'articles parus en 2003 et 2004 dans *Esprit, Réalités industrielles* et la *Revue de l'énergie*. Plus récemment, un groupe de réflexion s'est réuni régulièrement, formé d'Alain Ayong le Kama, Dominique Blatin, Paul Caseau, Fabrice Dambrine, Dominique Dron, Jean-Pierre Dupuy, Thierry Gaudin, Jacques Lévy, Claude Malhomme, Dominique Moyen, Michel Petit, Gérard Piketty, Hubert Roux. La rédaction de ce livre leur doit beaucoup, ce qui ne veut pas dire, naturellement, qu'ils en approuvent en tous points le contenu.

HENRI PRÉVOT

TROP DE PÉTROLE !

Énergie fossile
et réchauffement climatique

ÉDITIONS DU SEUIL
27, rue Jacob, Paris VIᵉ

Ce livre est publié dans la collection « La couleur des idées »
sous la responsabilité de Jean-Pierre Dupuy et Jean-Luc Giribone

AVERTISSEMENT
L'auteur exprime des vues personnelles qui n'engagent pas
les institutions publiques pour lesquelles il travaille.

ISBN : 978-2-02-089925-3

© Éditions du Seuil, janvier 2007

www.seuil.com

Introduction

Lecteur, si tu penses qu'il est inévitable, ou qu'il est acceptable, que la température du globe augmente de 8 °C d'ici cent cinquante ans, si tu es résigné ou indifférent, ne perds pas ton temps à lire ce livre.

Sinon, tu voudras savoir ce que nous pouvons faire pour éviter cette évolution catastrophique. Dans ce livre tu trouveras non seulement des informations sur les techniques, sur les coûts, sur les délais mais aussi un ensemble de propositions, *un plan cohérent* de production et de consommation d'énergie pour que notre pays divise par deux ou trois en trente ou quarante ans ses émissions de gaz carbonique dues à l'utilisation de pétrole, de gaz ou de charbon.

Des propositions ? Fort bien ! Mais à l'intention de qui ? Pour sortir des discours impersonnels ou incantatoires, il ne suffit pas de décrire ce que l'« on » pourrait faire. Il faut préciser *qui* le fera, *qui* paiera et *qui* prendra les décisions.

Tout d'abord, il importe de ne pas se tromper de diagnostic. Tout le monde nous dit qu'il faut se préparer à l'épuisement des ressources en énergie fossile, en commençant par le pétrole. Disons-le tout net : c'est une erreur ; c'est même une erreur grave car elle empêche de voir qui est responsable des décisions à prendre.

En réalité, l'humanité dispose de deux ou trois fois trop de pétrole, de gaz ou de charbon.

Pétrole, gaz et charbon, si l'on regarde la situation dans les vingt ou trente ans à venir, c'est la même chose car il est possible de faire du carburant à partir de gaz ou de charbon. Déjà le Qatar a investi pour en produire à partir de gaz, l'Afrique du Sud en produit depuis longtemps à partir de charbon, la Chine fera de même bientôt. Pétrole, gaz et charbon, appelons donc tout cela ensemble énergie *fossile*.

Le progrès technique ne cesse de repousser les limites des ressources en énergie fossile économiquement accessibles : forages profonds en mer, amélioration des taux de captage du pétrole dans les puits, asphaltes et schistes bitumineux ; et le charbon est très abondant. Si l'humanité continue d'augmenter sa consommation d'énergie fossile au même rythme que dans les récentes décennies, elle finira bien, c'est vrai, par épuiser ces ressources ; c'est pourquoi on nous annonce pour bientôt « la fin du pétrole » puis « la fin du gaz » puis « la fin de l'énergie fossile » avec des hausses de prix qui mettront à mal notre économie et celle des autres pays.

Mais ces prédictions nous cachent un danger bien plus grave et bien plus proche de nous. Une augmentation moyenne de température de 2 ou 3 °C aurait déjà sur la vie des hommes des conséquences très sérieuses, souvent très difficiles à vivre pour des populations entières. Or, si l'humanité consommait en cent ou deux cents ans toutes les ressources accessibles en pétrole, en gaz et en charbon (sans même parler des hydrates de méthane qui se trouvent en très grande quantité dans les océans), la température moyenne pourrait augmenter de 8 °C ou davantage, ce qui causerait des dommages épouvantables. Pour que la hausse de température ne soit pas supérieure à 2 ou 3 °C, il faudra donc que l'humanité sache laisser sous le sol la moitié ou les deux tiers de l'énergie à laquelle elle pourrait accéder. Le danger qui menace l'humanité n'est pas celui de manquer d'énergie fossile ; bien au contraire, il vient d'une *surabondance* d'énergie fossile. L'économie de l'énergie fossile ressemble à l'économie de la drogue : une abondance qui ruine la santé et conduit à la mort si l'on n'a pas *la volonté* de se priver de ce produit dangereux.

Il ne s'agit pas ici de manier le paradoxe pour le plaisir. C'est beaucoup plus sérieux.

Pour faire bon usage d'une ressource limitée, le marché concurrentiel est en général un bon moyen de régulation. Les efforts des États doivent seulement faire en sorte que le marché soit bien informé, qu'il fonctionne sans contrainte, que la concurrence soit honnête, qu'aucune entreprise n'exerce d'abus de pouvoir; les États veillent également à compenser les difficultés que pourrait causer une trop forte hausse de prix chez les ménages ayant de faibles revenus. C'est leur fonction classique dans une économie libérale. Qu'ils agissent ainsi dans le domaine de l'énergie, si vraiment les ressources doivent s'épuiser! Lorsque la demande est plus forte, les prix augmentent, tempérant plus ou moins la demande et fournissant aux entreprises des moyens considérables pour ouvrir de nouveaux chantiers de production. La dernière goutte de pétrole exploitable à des conditions économiquement viables, le dernier grain de charbon, seront donc trouvés et utilisés par ceux qui peuvent les payer au prix le plus élevé, c'est-à-dire ceux qui peuvent en faire le meilleur usage. Tout est bien, donc, et la température augmentera de 6 °C, avec une marge d'erreur de plus ou moins 2,5 °C, selon ce que peuvent nous dire les scientifiques. Exactement ce que l'on voulait éviter!

Dans une perspective d'épuisement des ressources, la bonne autorité régulatrice est l'anonymat du marché. Mais quand on adopte la perspective contraire et considère que les ressources en énergie fossile sont *trop* abondantes, il faut aller *contre* la dynamique marchande : les autorités responsables de la régulation qui nous évitera une catastrophe ne peuvent être que les États. La différence est de taille.

Même en supposant qu'il soit possible de capter et stocker sous le sol du gaz carbonique, comme cela coûtera cher, une intervention autoritaire sera nécessaire, c'est-à-dire une intervention des États.

Tout le monde a son rôle à jouer, bien sûr, le consommateur individuel, les entreprises, les communes, les régions, l'Union européenne, les associations. Mais la clé de voûte, l'orientation à suivre, le cadre où s'exerceront les multiples initiatives privées relèvent de l'autorité politique.

Fort bien, dira-t-on. Mais la régulation n'a de sens que si tous les États, ou du moins ceux qui sont responsables de la plus grande partie des émissions, s'accordent pour mener une action concertée. Comme la France est, de ce point de vue, le plus vertueux des pays développés, n'est-elle pas dispensée de tout effort tant que les autres n'auront pas égalé ses performances ? D'ailleurs, comme ses émissions ne font que 1,5 % du total mondial, à quoi servirait-il qu'elle les diminue si les autres pays ne réduisent pas les leurs ?

Sans doute, mais il est tout aussi logique de constater que, pendant tout le temps où chaque pays attendra les autres pour agir, le gaz carbonique s'accumulera dans l'atmosphère. L'action de quelques pays ne pourrait-elle pas rendre plus proche une décision collective ? Si l'on estime probable que l'humanité, un jour, prendra peur face au changement climatique et qu'alors elle réagira d'autant plus brutalement qu'elle aura attendu plus longtemps, les pays qui auront anticipé cette réaction ne seront-ils pas en position favorable ? Les pays qui auront montré leur détermination à agir contre le changement climatique, mettant leurs actes en conformité avec leurs discours et agissant pour le bien des générations futures, notamment celles des pays qui ont moins de moyens pour s'adapter aux effets du changement climatique, ne jouiront-ils pas d'une audience plus grande dans ce que l'on appelle le « concert des nations » ?

Je me suis donc demandé si la France peut agir sans attendre de coordination mondiale et combien cette action lui coûterait. En ligne de mire, l'objectif indiqué par le Premier ministre en 2003 : une division par quatre de nos émissions de gaz carbonique d'ici une cinquantaine d'années – un objectif que devront se fixer tous les pays développés pour que les émissions mondiales soient divisées par deux tout en laissant aux pays en développement la possibilité d'augmenter leurs propres émissions. Il serait évidemment possible d'y parvenir en modifiant profondément notre genre de vie de façon à diminuer beaucoup notre consommation d'énergie tout en consentant de lourdes dépenses pour consommer une énergie beaucoup plus chère que l'énergie fossile. Mais il est vain d'en appeler à un « changement de civilisation ». C'est nourrir des discours sans traduction dans les faits. Bien plus : je pense qu'il n'est pas du rôle du pouvoir politique de prétendre modifier la société. Il a pour responsabilité de préserver la cohésion sociale, la sécurité publique, la santé publique et l'ordre public. C'est pour cela qu'il doit lutter contre le changement climatique. Il doit le faire en respectant autant que possible la liberté individuelle. Il recherchera donc les solutions les moins onéreuses de façon à imposer au contribuable le minimum de taxes et au consommateur les augmentations de prix les plus faibles possible. D'ailleurs l'effort demandé ne sera accepté que si les citoyens ont le sentiment qu'il est mis à profit de la façon la plus efficace.

J'ai donc recherché les solutions techniques qui coûtent le moins cher ; elles passent par une combinaison des diverses formes d'énergie, tant dans le transport que dans le chauffage, pour tirer parti au mieux de leurs qualités respectives. Des tableaux complets des ressources et des emplois d'énergie permettent de vérifier la compatibilité du tout, sans prévoir de baisse drastique de consommation d'énergie.

Les émissions de gaz carbonique dues à l'énergie sont aujourd'hui de 105 millions de tonnes de carbone par an. Une évolution tendancielle, sans nouvelles décisions politiques, les ferait passer à 140 millions de tonnes de carbone d'ici une trentaine d'années alors qu'une division par trois les ramènerait à moins de 40 millions de tonnes, soit une différence de 100 millions de tonnes environ.

Est-ce possible ? Oui, dans un délai de trente à quarante ans, en recourant à des techniques aujourd'hui connues, en stabilisant la consommation d'énergie par le transport et le chauffage (une légère hausse pour le transport et une légère baisse pour le chauffage) et sans faire peser sur les entreprises industrielles de contraintes plus lourdes que celles que supportent les entreprises qui leur font concurrence. De cet écart de 100 millions de tonnes par an avec l'évolution tendancielle, un bon tiers serait obtenu par des économies d'énergie et un tiers par l'utilisation de la biomasse, c'est-à-dire des matières végétales et forestières. Pour le reste, les sources d'énergie dont on nous parle beaucoup aujourd'hui (éolien, photovoltaïque, géothermie, énergie de la mer, etc.) seront d'un faible secours dans les trente ans à venir, les unes étant physiquement limitées, les autres étant beaucoup trop onéreuses.

Il faudra donc produire de l'électricité en grande quantité. Sans doute saura-t-on produire de l'électricité à partir de charbon en captant et en stockant une bonne partie du gaz carbonique. Mais cette technique ne sera opérationnelle à une échelle industrielle que dans une vingtaine d'années et elle produira une électricité qui coûtera cher.

Se pose donc, inéluctablement, la question de la production d'électricité nucléaire. Or le débat n'est possible qu'une fois évacués toutes sortes d'arguments obliques ou oiseux contre le nucléaire. Il apparaît alors que le choix doit être fait entre un risque réel mais maîtrisable et la réalité des dommages considérables causés par le changement climatique. À chacun d'apprécier, mais à mon avis notre pays s'honorerait de participer à la lutte mondiale contre l'effet de serre en augmentant sa capacité nucléaire car il en a la compétence – une compétence qui lui est internationalement reconnue.

Alors, si l'électricité est vendue sur le marché français à un prix proche de son coût de production, on calcule qu'il sera possible de diviser par trois nos émissions de gaz carbonique fossile dues à la consommation d'énergie pour un coût d'environ 1 à 1,5 % de ce que sera le PIB (produit intérieur brut) dans une trentaine d'années.

Il faut prévoir que l'humanité, un jour, limitera *volontairement* ses émissions de gaz carbonique et envisager que cela se fera dans la douleur, car ce sera à la fois difficile et vital. N'avons-nous pas intérêt à nous détacher *progressivement* de l'énergie fossile, *si cela nous coûte seulement 1 ou 1,5% du PIB* ?

Pour y parvenir, l'État pourrait jouer son rôle de stratège. Des marchés nouveaux seront créés par les décisions qu'il prendra. Pour pouvoir résister aux multiples sollicitations dont il est déjà l'objet, et en même temps permettre aux initiatives individuelles de s'exprimer pleinement, il lui appartient de fixer un cap, de choisir les indicateurs qui lui permettront de faire la différence entre les actions utiles et celles qui sont abusivement coûteuses. En combinant réglementation, fiscalité et subventions, en utilisant la technique des « marchés de permis d'émettre » seulement lorsque sont réunies les conditions de leur efficacité, il créera un cadre stable et prévisible qui libérera l'initiative privée des incertitudes sur l'évolution du prix du pétrole.

Il contractera également avec les collectivités territoriales. Non seulement les régions sont responsables de la formation professionnelle, non seulement les communes peuvent prendre des décisions d'urbanisme qui diminuent la consommation de carburant, de fioul ou de gaz (réseaux de chaleur, pistes cyclables, transports en commun, commerce en centre-ville, etc.), mais aussi, avec l'action quotidienne, au contact de toute la population, de leurs centaines de milliers d'élus, elles ont toutes un rôle d'information et d'animation *irremplaçable*.

Cette action nationale et locale aura toute sa portée si elle s'insère dans une démarche européenne et mondiale. L'Union européenne pourrait être très efficace en respectant les différences entre les États membres, en finançant des recherches, en fixant un impôt sur le carburant utilisé par les transporteurs routiers, en finançant des infrastructures ferroviaires et en organisant un forum où pourraient se comparer les politiques menées dans les pays européens. Pour aller plus avant, quelques pays pourraient s'unir en des coopérations renforcées ou plutôt, puisque la sécurité publique est en jeu, selon d'autres formes de coopération qui laissent entière la responsabilité des États. Forte des actions menées dans les différents pays et de ces coopérations entre États membres, l'Union européenne serait un acteur de poids dans la gouvernance mondiale qu'il faudra bien mettre en œuvre un jour ou l'autre, et qui prendra sans doute une forme très différente de ce qui résulte du protocole de Kyoto. Quant à la production d'énergie, la France, de par ses compétences en production nucléaire, trouvera sa place aux côtés de grandes puissances détentrices de la ressource qui sera la plus abondante (et la plus dangereuse), le charbon – à savoir les États-Unis, la Russie, l'Inde et la Chine qui en détiennent ensemble 70 %.

* * *

Il serait bien arrogant de prétendre décrire ce qui se passera. Tel n'est évidemment pas mon but : je veux simplement montrer quelques possibilités pratiques. Pour donner des matériaux qui aident chacun à construire ses hypothèses, j'ai pensé préférable de mettre à la disposition du lecteur (en annexe et, plus encore, sur un site Internet) le détail des calculs qui m'ont permis de dresser ces tableaux cohérents de ressources et d'emplois d'énergie – outil de base indispensable pour débattre de notre avenir.

Au stade où en sont les réflexions, après le débat national sur l'énergie de 2003, les études du ministère de l'Industrie, les « plans climat » successifs, la loi d'orientation sur l'énergie, les travaux de la mission d'information de l'Assemblée nationale en 2006, ceux de l'Office parlementaire d'évaluation des choix scientifiques et technologiques en 2006, ceux du groupe « Facteur 4 » qui a remis son rapport au Premier ministre en 2006, le lancement en 2006 également de travaux sur l'énergie en 2050 par le Centre d'analyse stratégique (qui a succédé au Plan), en publiant chiffres et tableaux je souhaite apporter de la matière pour que chacun puisse *se représenter concrètement* comment les choses pourraient se passer et combien cela coûterait : ni changement de civilisation, ni sacrifice financier (seulement quelques pour cent de l'*augmentation* du pouvoir d'achat), mais un profond changement du système de production et de consommation d'énergie, des métiers nouveaux, des compétences nouvelles non seulement pour nous mais pour le monde entier, c'est-à-dire de nouveaux marchés pour celles de nos entreprises qui sauront exporter ces nouveaux produits et ces nouveaux services.

Pour paraphraser un vieux slogan[1], ne disons pas que nous n'avons pas de pétrole ni de charbon car, dans le monde, il y en a

---

1. Il y a trente-trois ans, après le choc pétrolier d'octobre 1973 : « En France, on n'a pas de pétrole, mais on a des idées. »

deux ou trois fois trop. Disons plutôt que nous n'en *voulons pas* pour montrer qu'il est possible de s'en passer, pour diminuer la tension actuelle sur le marché du pétrole dont souffrent les pays les plus pauvres et pour se préparer au jour où, prenant peur devant les perturbations de l'atmosphère, l'humanité, d'une façon ou d'une autre, contrôlera très strictement la consommation de pétrole, de gaz ou de charbon.

La France a une belle carte à jouer.

CHAPITRE I

Qu'est-ce que l'effet de serre ?
Trop d'énergie fossile

Un équilibre thermique : rayonnement et effet de serre

Notre planète, comme tout corps céleste, est en équilibre thermique, c'est-à-dire qu'elle émet sous forme de rayonnement autant d'énergie qu'elle en reçoit, les échanges de chaleur avec l'univers se faisant seulement sous forme de rayonnement. Nous sommes sensibles à la température de la *troposphère*, c'est-à-dire la basse atmosphère.

L'énergie arrive du Soleil. Une partie de l'énergie reçue du Soleil est *réfléchie* par les nuages ou par la surface des océans ou des continents sans réchauffer l'atmosphère[1]. La quantité d'énergie ainsi renvoyée sans réchauffer la Terre est plus grande lorsqu'il y a davantage de nuages, de poussières ou de particules très fines (les aérosols) et lorsque la lumière du Soleil arrive sur des surfaces claires comme la glace, la neige ou le sable du désert. L'énergie qui n'est pas directement renvoyée de cette façon chauffe la surface des continents et des océans. Cette chaleur est transmise à la troposphère de plusieurs façons. En particulier la Terre émet un rayonnement à grande longueur d'onde, le rayonnement infrarouge (une partie du rayonnement qui n'est pas visible). Or les gaz contenus dans l'atmosphère arrêtent une partie de ce rayonnement et, ce faisant, réchauffent l'atmosphère : c'est ce qu'on appelle

---

1. Le coefficient de réflexion s'appelle l'*albédo*.

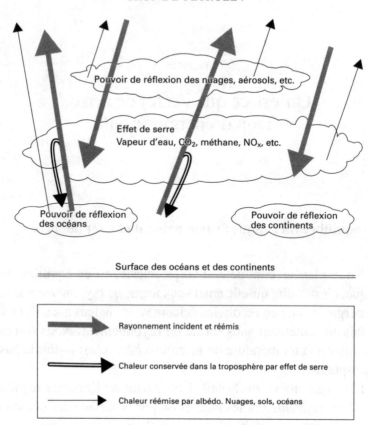

Figure 1

**Les flux d'énergie entre océans et continents,
atmosphère et espace**

l'effet de serre, car ces gaz agissent comme le fait la vitre d'une serre, qui laisse passer la lumière visible mais retient une partie du rayonnement infrarouge. L'atmosphère, à son tour, va réchauffer les océans et les continents, qui, en conséquence, augmenteront leur rayonnement infrarouge jusqu'à ce qu'un équilibre s'établisse entre les quantités de chaleur reçues du Soleil et les quantités renvoyées dans l'espace.

Les gaz à effet de serre sont en premier lieu la vapeur d'eau, puis le gaz carbonique et enfin d'autres substances[1]. La teneur en vapeur d'eau dépend directement et immédiatement de la température de l'atmosphère, alors qu'une molécule de gaz carbonique reste en moyenne deux cents ans dans l'atmosphère. Lorsque la teneur en gaz carbonique augmente, l'effet de serre est d'abord augmenté, directement, à cause du gaz carbonique ; la température de l'atmosphère va donc s'élever ; alors la teneur en vapeur d'eau augmentera, ce qui augmentera encore l'effet de serre, donc la température et la teneur en vapeur d'eau, jusqu'à ce que s'établisse un équilibre. On verra alors une augmentation de température que l'on imputera entièrement à l'augmentation de la concentration en gaz carbonique puisque c'est bien cette augmentation qui en est la cause initiale, même si l'effet de serre est dû également à la vapeur d'eau.

Sans effet de serre, la température de la Terre serait de 30 °C inférieure à celle que nous connaissons ; la température de Mars, 1,5 fois plus éloignée du Soleil que la Terre et sans effet de serre, est inférieure de 70 °C à celle de la Terre. Vénus est plus proche du Soleil que la Terre, mais sa température de 450 °C s'explique par le fait que son atmosphère, faite à 95 % de gaz carbonique, a un très fort effet de serre.

Sans effet de serre, il n'y aurait pas de vie sur Terre. Mais point trop n'en faut !

---

1. En particulier le méthane, les oxydes d'azote, qui ensemble ont un effet égal à un cinquième de celui du gaz carbonique. On a l'habitude de compter ensemble tous les gaz à effet de serre autres que la vapeur d'eau en «équivalent gaz carbonique».

Les causes astronomiques des fluctuations de la température terrestre

Dans le passé, la température à la surface de la Terre et les teneurs en gaz carbonique ont connu d'importantes fluctuations. Ces modifications ne pouvant pas être imputées à l'activité humaine, les scientifiques ont cherché à voir quelle pouvait en être la cause, extérieure à la Terre ou, peut-être, venant de l'intérieur de la Terre. À lire les comptes rendus des recherches, on se rend compte que c'est une véritable enquête. Il semble bien que l'on ait trouvé les responsables.

La chaleur reçue du Soleil dépend de la distance du Soleil à la Terre ; celle-ci varie au long de l'année car la trajectoire de la Terre n'est pas tout à fait circulaire : elle a la forme d'une ellipse dont le Soleil occupe un foyer. La Terre reçoit évidemment davantage de chaleur lorsqu'elle est plus proche du Soleil. Lorsque l'ellipse se déforme, c'est la quantité *totale* de chaleur reçue par la Terre pendant un an qui est légèrement modifiée, ce qui contribuera à modifier la température de la Terre. Comme l'axe des pôles est incliné sur le plan de cette ellipse, la Terre présente au Soleil tantôt un hémisphère tantôt l'autre, grâce à quoi nous avons des saisons froides ou chaudes. L'été sera plus marqué si la Terre, au moment du solstice d'été, se trouve plus près du Soleil ; de même l'hiver sera plus froid si la Terre, en décembre, se trouve plus loin du Soleil. La quantité d'énergie renvoyée par les zones glacées sera plus grande si l'un des pôles est tourné vers le Soleil lorsque la Terre se trouve au plus près de lui.

La Terre reçoit donc et réémet une quantité de chaleur qui dépend de *la forme de l'ellipse*, de *l'inclinaison* de l'axe des pôles et de *la position de la Terre sur sa trajectoire au moment de l'été* (la précession). La forme de l'ellipse change selon une périodicité de 100 000 ans. L'inclinaison des pôles et la précession changent selon une périodicité de 41 000 ans et de 21 000 ans environ. Ces

Petites causes, grands effets

En période interglaciaire et avant le début de l'ère industrielle, les couches basses de l'atmosphère reçoivent plus de chaleur qu'en période glaciaire : 6,6 W/m^2 (watt par mètre carré de sol) de plus, soit 1,3% des quantités rayonnées par les continents et les océans (environ 500 W/m^2). La variation d'intensité énergétique reçue du Soleil est de 0,014 W/m^2 seulement. Cette cause originelle a été *considérablement amplifiée* (multipliée par 500) d'une part par une modification de l'albédo (à la suite de la fonte des glaciers en particulier), qui a permis à la basse atmosphère de recevoir 3,5 W/m^2 de plus, d'autre part par l'effet de serre dû au gaz carbonique essentiellement (et un peu au méthane), qui lui a permis de conserver 2,6 W/m^2 de plus, et par l'effet des poussières et aérosols (0,5 W/m^2). Comme on l'a dit plus haut, l'effet de serre dû à la vapeur d'eau est attribué à la cause qui augmente la température, c'est-à-dire qu'il est réparti entre l'albédo et le gaz carbonique[1].

modifications ont un effet très sensible sur le climat si l'orbite de la Terre est elliptique, mais à peu près nul si l'orbite est presque circulaire. Mais ce n'est pas tout.

La courbe de la teneur en gaz carbonique de l'atmosphère suit les mêmes évolutions que la température. Quelle est la cause, quelle est la conséquence ? Comme la teneur en gaz carbonique n'a évidemment aucun effet sur les paramètres astronomiques et leurs variations et que celles-ci suffisent à expliquer les variations de concentration en gaz carbonique, ce sont bien elles qui sont la cause originelle des fluctuations climatiques du passé. Selon la disposition de la Terre (inclinaison de l'axe des pôles et précession), la quantité d'énergie qui n'est pas directement renvoyée a subi des variations qui ont pu modifier l'activité biologique, ce qui a eu deux sortes de conséquences. Le couvert végétal, dans certaines configurations, a pu faire changer encore plus la propor-

---

1. Extrait de Édouard Bard (dir.), *L'Homme face au climat*, p. 41. Voir la bibliographie en annexe.

tion d'énergie absorbée par la Terre avant d'être renvoyée, ce qui a encore amplifié les changements de température ; et l'activité biologique à la surface des océans, en modifiant la teneur en gaz carbonique, a amplifié encore davantage les changements de température.

Depuis l'origine, le climat sur Terre a généralement été chaud, mais depuis environ 2 millions d'années, nous sommes dans le quaternaire, époque glaciaire entrecoupée de périodes où la température est plus élevée. D'un âge glaciaire à un âge interglaciaire, la température moyenne à la surface de la Terre augmente de 5 °C. Il est très frappant de noter que la cause originelle, c'est-à-dire la variation d'intensité énergétique reçue du Soleil, représente seulement 0,25 % de ce qui a causé la hausse de température.

Petite cause (la légère modification de l'orbite terrestre), mais grands effets sur la température moyenne de la basse atmosphère. Les effets *locaux* sont encore plus spectaculaires. L'analyse des calottes glaciaires révèle par exemple des augmentations de température très violentes, plus de 10 °C en un siècle – les cycles de Dansgaard-Oeschger –, suivies de longues périodes de refroidissement.

Cette mise en perspective peut nous aider à mieux évaluer la situation actuelle.

– L'élévation de température entre une période glaciaire et une interglaciaire comme celle que nous connaissons est de 5 °C ; elle a demandé 10 000 ans.

– Le gaz carbonique a joué un rôle important dans ces fluctuations du climat ; mais il est intervenu comme effet amplificateur, la cause initiale étant autre. La teneur en gaz carbonique intervient pour moitié dans cette élévation de température ; sa teneur a augmenté de 100 ppm (parties par million ; 1 ppm représente 1 cm^3/m^3). Les émissions de gaz carbonique issu de la combustion de 1 000 milliards de tonnes de charbon ou de pétrole augmentent la teneur de l'atmosphère de 230 ppm.

– Un autre effet amplificateur fut la modification du pouvoir réfléchissant de l'atmosphère et des continents.

– L'augmentation moyenne de température s'accompagne de

variations des températures locales qui peuvent être beaucoup plus amples et rapides.

La situation actuelle

La teneur en gaz carbonique de l'atmosphère était de 280 ppm avant l'ère industrielle, il y a deux cents ans ; elle est aujourd'hui de 370 ppm et, selon les scénarios, elle se stabilisera à 540 ou passera à 1 000 ppm d'ici un siècle pour continuer d'augmenter au-delà.

Depuis 10 000 ans, nous sommes en période interglaciaire, la période « holocène ». Comme l'orbite de la Terre est presque circulaire, ni la modification de l'inclinaison de l'axe des pôles, ni le changement de la précession ne nous feront sortir de cette période chaude. De toute façon, cela prendrait des milliers d'années.

La teneur de l'atmosphère en gaz carbonique augmente. La cause en est connue : ce n'est pas le résultat direct ou indirect de perturbations extérieures à la Terre ; il s'agit directement des effets de l'activité humaine. Les températures augmentent aussi. Sur les cent dernières années, les dix années les plus chaudes datent de moins de quinze ans.

Les scientifiques sont donc unanimes aujourd'hui à constater une hausse de température et à l'imputer aux émissions de gaz carbonique et autres gaz à effet de serre générées par l'activité humaine.

La question n'est donc plus de s'interroger sur le réchauffement ou sur sa cause. En revanche, on s'interroge encore sur les effets à venir de ces émissions de gaz à effet de serre qui ne cessent d'augmenter, c'est-à-dire sur la hausse moyenne de température, sur la répartition de cette hausse, sur les effets qu'elle aura sur la sécheresse, les tempêtes et les inondations, ce que l'on regroupe sous l'expression de « phénomènes extrêmes ».

L'humanité rejette dans l'atmosphère 8 milliards de tonnes de carbone par an sous forme de gaz carbonique, dont 7 en provenance

Note sur les unités :
tonnes de carbone ou tonnes de gaz carbonique
Les documents qui traitent de l'effet de serre utilisent comme unité soit la tonne de gaz carbonique (CO_2) soit la tonne de carbone contenu dans le gaz carbonique. Il est évidemment plus commode de parler de « gaz carbonique » plutôt que de « carbone sous forme de gaz carbonique ». Mais compter en tonnes de carbone présente le grand avantage de permettre de comparer directement les émissions de gaz carbonique avec les quantités d'énergie comptées en tonnes d'équivalent pétrole (tep). Extraire et brûler une tonne de produit pétrolier conduit en effet à émettre dans l'atmosphère environ une tonne de carbone sous forme de gaz carbonique. C'est pourquoi dans la suite, nous compterons les émissions, systématiquement, en tonnes de carbone. Une tonne de carbone équivaut à 3,66 tonnes de gaz carbonique.

du sous-sol et 1 en brûlant des forêts, à quoi il faut ajouter les autres gaz à effet de serre. L'océan absorbe 3 milliards de tonnes de carbone par an. La biomasse agricole, forestière et animale échange avec l'atmosphère d'énormes quantités de carbone, sous forme essentiellement de gaz carbonique mais aussi de méthane, de l'ordre de 60 milliards de tonnes de carbone par an, par photosynthèse dans un sens, par « respiration » nocturne et par la décomposition de végétaux ou d'animaux morts dans l'autre sens ; aujourd'hui, sans compter les incendies de forêts, elle absorbe un peu plus que ce qu'elle rejette, la différence étant de 1,5 milliard de tonnes de carbone. En tout, aujourd'hui, l'atmosphère s'alourdit en un an de 3,5 milliards de tonnes de carbone.

La cause originelle est donc l'émission de gaz carbonique et d'autres gaz à effet de serre générée par les activités humaines. Mais on a bien vu qu'il ne suffit pas de s'en tenir là car l'augmentation de la teneur en gaz carbonique est à l'origine de phénomènes en cascade qui peuvent amplifier considérablement l'effet des causes initiales avant de parvenir à un équilibre. La hausse de température qu'elle suscite augmente la teneur en vapeur d'eau, qui augmente l'effet de serre[1]. Mais, outre cet effet automatique, d'autres conséquences sont prévisibles.

Suite à la fonte des glaciers, la Terre réfléchit de moins en moins la lumière du Soleil ; la température augmentera encore plus. Si l'augmentation de la concentration en gaz carbonique fait pousser les arbres plus vite, la quantité de carbone dans les arbres sur pied augmentera, ce qui veut dire que les arbres absorberont plus rapidement le gaz carbonique ; cet « effet de puits » (par opposition à une « source de gaz carbonique ») ralentit l'augmentation de la concentration en gaz carbonique mais sera vite freiné, voire annulé, par la hausse de température qui conduit les arbres à « se fermer » pour diminuer l'évaporation, ce qui ralentit la pousse des arbres et accélère la putréfaction des végétaux, laquelle libère des gaz à effet de serre. En sens inverse, les incendies de forêts, en transformant un couvert boisé en cultures, qui donnent une surface plus claire, augmenteront les quantités de rayonnement directement réfléchi par la Terre.

Autre effet prévisible : lorsque l'eau des océans contient plus de gaz carbonique, sa capacité d'absorption diminue ; par ailleurs, lorsque la température de l'atmosphère augmente, la température de l'eau de surface augmente, ce qui ne facilite pas les échanges d'eau entre la surface et les profondeurs[2] ; donc la concentration du gaz carbonique dissous de l'océan augmente plus vite en surface qu'en moyenne, ce qui diminue encore plus la capacité d'absorption de l'océan.

Ce n'est pas tout. Si la fonte des glaces libère du gaz carbonique ou du méthane piégé dans les sols glacés (le permafrost), l'effet de serre augmentera encore, dans des quantités qui, si l'on peut dire, font froid dans le dos. Cela augmentera la fonte des glaces, ce qui diminuera l'albédo, contribuera encore plus au réchauffement donc à la libération de quantités supplémentaires de gaz carbonique ou de méthane.

---

1. Désormais nous ne parlerons plus de cet effet automatique et immédiat bien connu.
2. Puisque l'eau de surface, plus chaude, est plus légère.

On entre là dans des zones où l'incertitude est grande mais la catastrophe assurée.

Les allures d'une catastrophe

On peut s'arrêter un moment pour comparer ce que la Terre a connu depuis 2 millions d'années et ce que nous lui faisons subir depuis deux cents ans.

Les cycles naturels, d'une période de 21 000, 41 000 ou 100 000 ans, faisaient évoluer la température moyenne du globe de quelques degrés, moins de 5 °C, en quelques milliers d'années. Dans les périodes froides, la glace permanente descendait jusqu'au nord de l'Allemagne. Le niveau de la mer était 160 mètres plus bas que le niveau actuel.

Depuis deux cents ans et à un rythme croissant, nous envoyons dans l'atmosphère du gaz carbonique en grande quantité : les émissions de gaz carbonique, qui avaient leur origine première dans des phénomènes astronomiques indépendants de ce qui se passait sur Terre, sont désormais la cause première des perturbations atmosphériques. La température a augmenté de 0,6 °C en cent ans et les prévisions les plus optimistes nous annoncent encore une hausse de 2 ou 3 °C, les plus réalistes, si l'humanité ne réagit pas vigoureusement, une hausse de 5 à 8 °C.

L'*ampleur* et la *rapidité* du changement sont proprement sidérantes. La cause, et donc le remède, ne sont plus dans la nature mais dans les décisions humaines.

Les scénarios du GIEC : la plupart sont catastrophiques

Le Groupe d'experts intergouvernemental sur l'évolution du climat (GIEC) a été mis en place conjointement par l'Organisation météorologique mondiale et le Programme des Nations unies pour l'environnement (PNUE) pour évaluer périodiquement la science, les incidences et la socio-économie de l'évolution du climat. Il a remis un ensemble de rapports en 2001 et publie un autre ensemble en 2007.

Dans la considérable production du GIEC, on trouve les « profils d'émission » et les « scénarios d'émission ».

Il est certain qu'il existe une forte relation entre la température moyenne de l'atmosphère où nous vivons et la concentration du gaz carbonique et des autres gaz à effet de serre dans l'atmosphère, mais il existe une plage d'incertitude sur l'ampleur de la hausse de cette température. La relation entre les quantités émises et la teneur dans l'atmosphère est assez bien établie tant que la capacité d'absorption des océans et des continents n'aura pas diminué. La relation entre les émissions et l'activité humaine est également

Figure 2
Des émissions de gaz carbonique à la hausse de température

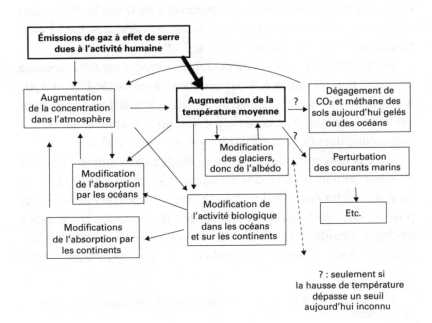

? : seulement si
la hausse de température
dépasse un seuil
aujourd'hui inconnu

bien établie tant que l'on n'observera pas de «dégazage» suite à la fonte du permafrost.

Le GIEC a dessiné des *profils d'émission de gaz carbonique*[1]: chaque profil, à partir du niveau des émissions actuelles, soit 8 milliards de tonnes par an, suppose que les émissions continuent d'augmenter puis plafonnent et diminuent pour revenir à un rythme d'émission qui stabilise la concentration du gaz carbonique dans l'atmosphère. Le GIEC a publié cinq profils correspondant aux concentrations stabilisées suivantes: 450 ppm, 550 ppm, 650 ppm, 750 ppm et 1 000 ppm.

En supposant à peu près constantes les concentrations des autres gaz à effet de serre et en l'absence de phénomènes amplificateurs, pour chaque niveau de concentration de gaz carbonique le GIEC a calculé ce que serait la température moyenne du globe en 2100 et ce qu'elle serait une fois stabilisée, cent ou deux cents ans plus tard. Pour chaque niveau de concentration, il nous indique dans ses rapports une valeur médiane de la température et une plage d'incertitude due au fait que nous ne connaissons pas – et que nous ne pourrons jamais connaître – précisément toute la chaîne des effets en cascade de la hausse initiale des températures due à l'augmentation de la concentration en gaz à effet de serre.

Après stabilisation, l'augmentation de température moyenne sera de 2,7 °C plus ou moins 1 °C si la concentration est de 450 ppm; de 6 °C plus ou moins 3 °C si la concentration atteint 1 000 ppm. Pour que la concentration ne dépasse pas 450 ppm, les émissions de gaz carbonique devraient être divisées par deux en 2050.

Tout cela résulte des émissions de gaz carbonique dues aux activités humaines. Une des premières tâches du GIEC fut donc de solliciter les équipes de recherche ou d'études du monde entier pour qu'elles participent à l'élaboration de *scénarios* répondant à quelques grandes hypothèses sur l'évolution du monde, notamment *l'augmentation de la population, le type de développement*

---

1. Il s'agit ici seulement du gaz carbonique, sans compter les autres gaz à effet de serre.

économique et social et *les progrès de la technique*. Le GIEC a reçu une quarantaine de scénarios qu'il a classés en quatre familles.

Selon les scénarios, la population mondiale passe par un maximum de 9 milliards d'habitants pour redescendre vers 7 milliards, ou continue d'augmenter pour atteindre 15 milliards d'habitants en 2100. Quelques scénarios supposent que les modes de développement des différentes régions du monde convergent ou qu'au contraire ils divergent, conduisant plus ou moins vers une « économie de services et d'information ». Dans l'hypothèse d'une démographie maîtrisée et d'une convergence des modes de développement, les scénarios sont différents selon qu'ils font plus ou moins appel à l'énergie fossile et aux autres formes d'énergie.

Cela donne six classes de scénarios. Pour deux d'entre elles, la teneur en gaz carbonique sera de 850 ou 900 ppm en 2100, plus encore au-delà. La température stabilisée sera alors supérieure à la température actuelle de *6 °C, avec une incertitude de 2,5 °C*. Une classe de scénarios donne une teneur de 700 ppm en 2100, une autre une teneur de 600 ppm en 2100, l'une et l'autre croissant au-delà. Deux classes seulement conduisent à des teneurs en gaz carbonique en 2100 comprises entre 500 et 550 ppm, laissant espérer une hausse de température stabilisée de *3 °C plus ou moins 1,5 °C*[1].

Si la hausse moyenne est limitée à 2 ou 3 °C, est-ce grave, pour qui ?

Selon le rapport du GIEC, quelle que soit la teneur en gaz carbonique, la hausse de température sera plus importante sur les continents que sur les océans, les jours de canicule seront partout plus nombreux, les précipitations seront plus intenses, les risques de sécheresse et d'inondations plus grands. Si la température se stabilise à 3 °C au-dessus de la température actuelle, les glaces du

---

1. Des résultats plus complets sont donnés en annexe.

Groenland fondront, ce qui aura pour effet, s'ajoutant à la dilatation thermique des océans, d'élever lentement le niveau de la mer jusqu'à sept mètres – phénomène massif mais très lent : moins d'un mètre dans le premier siècle. Quant aux cultures, une légère hausse de température aura des effets positifs dans les régions tempérées. Mais ces effets seront tout de suite négatifs dans les régions chaudes et le deviendront dans les régions tempérées dès que la hausse sera supérieure à quelques degrés.

Les régions au-delà du cinquantième parallèle nord (plus au nord que Paris, pour fixer les idées) ne devraient pas beaucoup souffrir. Au contraire, le Nord de la Sibérie reverdira ; de même le Nord du Canada. La Grande-Bretagne prévoit une augmentation des pluies, ne se plaindra pas d'une élévation de la température, mais verra la montée des eaux mettre en péril une partie de son patrimoine bâti, 10 % selon une étude récente.

Conséquences pour la France

Le scénario le plus favorable laisse prévoir pour la France une hausse moyenne des températures de 2,5 à 3 °C d'ici 2100 (avec une grande plage d'incertitude), un peu supérieure au sud et un peu inférieure au nord.

Les vendanges se feront plus tôt, plusieurs stations de sports d'hiver devront se reconvertir. Il fera très chaud l'été ; il faudra donc faire attention aux personnes en situation de fragilité. Il pourra néanmoins faire froid l'hiver, mais les besoins d'énergie de chauffage diminueront. L'architecture s'adaptera. La végétation évoluera ; dès maintenant il faut préparer les forêts à ces changements.

Si la hausse de température du globe est de 3 °C et celle de la France de 4 °C, nous aurons le climat que connaissent aujourd'hui le Sud de l'Espagne ou le Maghreb. Ce sera gênant, sans doute très gênant, mais pas dramatique.

On ne connaît pas les conséquences sur la disponibilité en eau. Mais on sait qu'il est possible de consommer beaucoup moins d'eau qu'aujourd'hui. Si le niveau de la mer s'élève, cela causera des désagréments mais ramènera la côte là où elle se trouvait il y a quelques siècles. Il faut prévoir des dépenses sans doute, mais il n'y a là rien de vital.

Les tempêtes de 1999 nous alertent néanmoins. Se pourrait-il que des ouragans comme ceux que connaît le golfe du Mexique viennent jusque chez nous ? Selon les spécialistes, c'est peu probable, mais on ne peut l'exclure. On ne peut pas exclure non plus que la rapidité du changement de température crée de graves problèmes jusqu'ici inconnus et même difficiles à imaginer.

Si la teneur en gaz carbonique de l'atmosphère atteint des valeurs encore plus élevées, le risque existe que le Gulf Stream, dont l'intensité a déjà diminué, s'arrête. Alors les températures diminueraient et pourraient revenir à des valeurs proches des températures actuelles, voire au-dessous, avec des saisons beaucoup plus marquées qu'aujourd'hui. Mais tout cela n'est que pure supposition, tellement sont grandes les incertitudes.

La France, située en zone tempérée, souffrira certainement d'une hausse de température, mais beaucoup moins que d'autres pays car elle aura les moyens suffisants pour s'adapter.

Alors où est le problème ?

Nous ne serons pas les premiers à souffrir. Le problème n'est donc pas tellement chez nous mais près de chez nous ; et nous en sentirons les effets.

Les scientifiques ne sont pas en mesure de prévoir précisément les conséquences du réchauffement climatique dans chaque région du monde. Mais il est sûr que, même si la hausse de la température moyenne est limitée à 3 °C, certains pays seront très durement touchés. Que l'on pense aux pays ou aux régions dont les terres sont à fleur d'eau – non seulement des îles mais des deltas, zones parfois surpeuplées, comme au Bangladesh –, leurs populations seront directement menacées dans leur habitat et dans leur vie, non seulement par la hausse du niveau de la mer mais surtout par la pénétration de l'eau salée dans les terres cultivées ; quant aux zones urbaines situées près des côtes, elles seront les victimes des violentes inondations causées par les tempêtes et aggravées par la hausse du niveau de la mer. Que l'on pense aussi à tous ceux qui manqueront d'eau, là où les terres cultivables seront transformées en désert. Cela se traduira par des migrations de populations qui pourraient être massives.

Parmi les régions les plus touchées par la hausse des températures et par la sécheresse, les cartes du GIEC indiquent le pourtour méditerranéen, dont, au plus près de nous, les pays du Maghreb. Une augmentation de température de 2 à 4 °C sera sans doute plus difficile à supporter pour eux que pour nous. Quant aux précipitations, une diminution chez eux aura d'autres incidences que la même diminution chez nous.

Certes, les Allemands et les Britanniques pourront désormais préférer le climat de leur pays à celui de la Dordogne ou du Limousin, mais ils seront beaucoup plus nombreux ceux qui, venant du Sud de la Méditerranée, voudront s'installer dans les logements cédés par les premiers. Il y a là non pas une menace certes, mais une perspective, une éventualité qui mérite qu'on y prête attention.

Bien rares sont aujourd'hui ceux qui minimisent les effets d'un changement climatique même limité à une hausse de température de 3 °C. Mais – divine surprise ! – ne voit-on pas que la hausse flamboyante du prix du pétrole va résoudre la question ou du moins empêcher qu'elle ne prenne un tour vraiment dramatique ? Hausse bienvenue, qui ralentira la consommation ! Il suffirait de laisser le marché jouer...

Que non ! *Car le risque n'est pas une augmentation de 3 °C, mais de 6 °C*, plus ou moins 2,5 °C.

L'humanité dispose de ressources fossiles deux fois trop abondantes

Du fait de l'augmentation de la température et de l'augmentation de la teneur de l'atmosphère en gaz carbonique, la capacité d'absorption des sols et des océans diminue et se rapproche de 2 milliards de tonnes de carbone par an. Quel que soit le comportement de l'homme, qu'il ait décidé de laisser les énergies fossiles (charbon, gaz, pétrole) sous le sol ou qu'il les ait épuisées, il arrivera un jour où les émissions de gaz carbonique d'origine fossile repasseront au-dessous de ce seuil. Alors la teneur de l'atmosphère en gaz carbonique se stabilisera. Quant à la température de l'atmosphère, il faudra encore attendre deux ou trois siècles pour qu'elle se stabilise, le temps que les océans trouvent leur équilibre thermique. Pour se représenter l'avenir, donc pour mesurer notre responsabilité, il ne suffit donc pas de prévoir les températures dans un siècle car, selon à peu près tous les scénarios, elles continueront d'augmenter *bien au-delà*, et le niveau de la mer continuera de s'élever, surtout si les glaces se sont mises à fondre.

Alors, selon les scénarios, la hausse de température par rapport à aujourd'hui sera de 2 à 8 °C – encore plus en cas de mauvaise surprise. De 2 à 8 °C, cette fourchette d'incertitude est extrêmement large. En simplifiant, on peut dire que la moitié relève de l'incertitude scientifique et que l'autre tient au fait que l'on ne sait pas quelles seront les émissions futures : elles dépendent des décisions de l'humanité.

Les «profils» établis par le GIEC nous montrent une relation entre la hausse de température et la concentration du gaz carbonique. Par ailleurs, à partir des données figurant dans le rapport de synthèse du GIEC (p. 99 et 100), il est possible d'évaluer, pour chaque niveau de concentration du gaz carbonique, les quantités émises dans l'atmosphère depuis l'année 2000 jusqu'à l'année 2200.

33

On s'aperçoit alors que la hausse de la température sera limitée à 3°C si les émissions totales de gaz carbonique en deux cents ans sont inférieures à 1 000 milliards de tonnes de carbone (GtC). Si les émissions sur deux cents ans sont de 2 000 GtC, la hausse de température sera de 5 °C environ.

Nous n'avons pas l'expérience d'une température moyenne sur la planète supérieure de 5 °C à la température actuelle. Nous avons l'expérience d'un écart de température de 5 °C mais dans l'autre sens : 5 °C de moins qu'aujourd'hui, c'était la température habituelle de la période glaciaire qui est installée depuis plus de 2 millions d'années. Depuis 10 000 ans, la température moyenne a été très stable, ce qui n'a pas empêché de fortes variations de températures locales. Lorsque la température moyenne sur Terre change de 5 °C, c'est 2 °C à l'équateur et 10 °C aux pôles, 7 à 8 °C à nos latitudes. À titre de comparaison, en France, pendant le « petit âge glaciaire » des années 1600, la température moyenne n'a pas baissé de plus de 1,5 °C. Que dire alors d'une hausse des températures moyennes de 6 ou 8 °C ? Personne n'est en mesure d'en décrire les effets. Ils seraient ravageurs.

Or la quantité des *réserves* de pétrole et de gaz, d'une part, et des *ressources* en charbon, d'autre part, est de 5 000 milliards de tonnes (1 200 milliards de tonnes de carbone sous forme de réserves de pétrole et de gaz et 3 700 milliards de tonnes de ressources de charbon[1]). Toutes les ressources de charbon ne seront pas économiquement ou techniquement accessibles, mais il peut exister des ressources fossiles non encore connues ou non comptées dans ce chiffre (comme les hydrates de méthane que contiennent les océans). On peut donc avancer prudemment que les réserves exploitables de gaz, de pétrole et de charbon sont supérieures à *3 000 milliards de tonnes*.

---

1. Rapport de synthèse du GIEC 2001, p. 121. On appelle « réserves » ce qui est techniquement et économiquement exploitable et « ressources » les quantités de matière en place. Les réserves dépendent de l'état de la technique et des prix de marché ; les ressources n'en dépendent pas. La hausse du prix du pétrole a *ipso facto* augmenté les réserves de pétrole !

Tout le monde s'accorde pour dire qu'une hausse moyenne de température de 3 °C (atteinte si les émissions sont de *1 000 milliards de tonnes de carbone*) créerait déjà de graves difficultés. La comparaison des deux nombres – 1 000 et 3 000 milliards de tonnes – est éclairante : *pour que la hausse de température moyenne ne dépasse pas 3 °C, il faudra que l'humanité sache laisser sous le sol, dans les deux siècles à venir, les deux tiers des énergies fossiles (pétrole, gaz et charbon) accessibles*[1].

Un tableau à donner des cauchemars

Dans le tableau ci-après, les quantités de gaz carbonique (CO_2) sont exprimées en milliards de tonnes de carbone (GtC), la concentration du gaz carbonique dans l'atmosphère en parties par million (ppm), la hausse de température due à l'augmentation de la concentration en gaz carbonique correspond à une température stabilisée.

Un tableau à donner des cauchemars... à moins qu'il ne réveille la conscience des hommes sur leurs responsabilités.

L'idéal serait, bien sûr, de pouvoir stocker sous le sol le gaz carbonique formé par la combustion de l'énergie fossile : c'est la technique du captage et du stockage de gaz carbonique. Les enjeux sont tellement importants qu'il est probable que l'on y parviendra. Mais cela ne sera possible qu'à partir d'installations de combustion très concentrées, et à condition d'avoir trouvé des sites de stockage de très grande capacité pas trop éloignés et d'avoir démontré la fiabilité du stockage. Personne ne peut dire aujourd'hui quelle extension prendra le stockage de gaz carbonique.

Cette éventuelle possibilité ne change donc pas le constat : pour

---

1. Au-delà, l'humanité pourra tout utiliser... en 1 000 ans.

Qualité de l'atmosphère en fonction de la quantité d'énergie fossile	Vivable	Difficile	Très difficile	Invivable pour beaucoup	
Augmentation de température, stabilisée (en °C)	**2,7 °C** (+/– 1 °C)	**3,5 °C** (+/– 1,5 °C)	**4 °C** (+/– 2 °C)	**4,7 °C** (+/– 2 °C)	**6 °C** (+/– 2,5 °C)
Concentration dans l'atmosphère, stabilisée (ppm)	450	550	650	750	1 000
Quantités de CO2 émises d'ici 2 200 (en GtC)	850	1 200	1 500	2 000	2 600
En pourcentage des réserves fossiles	28 %	40 %	50 %	67 %	87 %

+/– représente la fourchette due à notre connaissance imparfaite des phénomènes.

limiter la hausse des températures, l'humanité devra savoir se priver de plus de la moitié des ressources accessibles. Autrement dit, l'humanité dispose de deux ou trois fois trop d'énergie fossile.

Cette réalité est trop souvent ignorée. Non ! C'est beaucoup plus grave : cette réalité est violentée chaque fois que l'on nous parle de la « perspective de l'épuisement des ressources fossiles ». Quelle erreur ! Quelle erreur funeste, même, puisque le simple fait d'envisager que les ressources puissent être épuisées, c'est supposer, même sans s'en rendre compte, que l'on a renoncé à lutter contre l'effet de serre. En effet, si l'humanité est résolue à lutter, elle devra *ne pas utiliser* toutes les ressources disponibles en pétrole, gaz ou charbon. Alors le prix s'établira à un niveau inférieur à ce que les consommateurs seraient prêts à payer s'ils ne se préoccupaient pas de l'atmosphère.

D'ailleurs, faites tourner les ordinateurs sur des modèles économiques où vous imposez que la consommation d'énergie conduise à des teneurs de 550 ou 650 ppm. Ils vous donneront un prix du pétrole de 30 ou 40 dollars par baril ($/bl), pas plus.

Tous ceux qui, pleins de bonnes intentions, espèrent « surfer » sur la hausse du prix actuel du pétrole pour orienter les politiques se préparent donc des lendemains difficiles ou, en tout cas, doivent déjà préparer leurs prochains discours d'explication. Si le prix reste élevé, c'est que la consommation est forte – et nous perdons la lutte contre l'effet de serre. Si nous gagnons cette lutte, la consommation diminue de moitié et les prix baissent.

Dire d'un même souffle : l'humanité est confrontée à deux défis majeurs : « l'épuisement des ressources fossiles et le réchauffement climatique » est ce que les Anglais appellent un *nonsense*, c'est proférer une expression qui se contredit elle-même.

On m'a fait remarquer que la ressource abondante, le charbon, ne sera accessible que lorsque auront été mises en place des chaînes de production, de transport et de transformation et que cela demandera des années. Entre-temps, il risque bien de manquer de pétrole. C'est exact mais, parlant de l'effet de serre, ces délais, ces soubresauts qui secouent le prix du pétrole, n'ont aucune importance. À l'horizon de quelques décennies, on ne peut pas dire qu'on manquera de pétrole puisque le charbon est abondant et qu'à partir de charbon, nous pourrons produire tout ce que nous donne le pétrole.

Le constat s'impose : on ne peut lutter contre l'effet de serre que si l'on ne consomme pas toute l'énergie fossile disponible.

La régulation des émissions de gaz carbonique sera politique

Pour ajuster offre et demande, le moyen le plus efficace est le marché concurrentiel. C'est d'ailleurs une des rares régulations qui fonctionnent, vaille que vaille, au niveau mondial. Le marché concurrentiel est très efficace pour fournir à ceux qui peuvent les payer le plus cher des ressources *limitées*. Il ira donc rechercher

	Perspective d'épuisement des ressources	Volonté de lutter contre l'effet de serre
Mode de régulation	Par le marché.	Régulation politique, soit dans les marchés de consommation, soit par les détenteurs des ressources.
Évolution du prix de l'énergie sur le marché	À la hausse car le coût de production augmentera.	Si la demande est freinée par les décisions politiques des pays consommateurs, le prix baissera. Si l'offre est limitée par les pays détenteurs de l'énergie, le prix augmentera.
Prix mondial et prix à la consommation finale	Le prix à la consommation finale est lié directement au prix du marché mondial. On peut parler *du* prix de l'énergie.	Si la régulation est faite dans le pays de consommation, le prix à la consommation finale peut être très supérieur au prix de marché ; si la régulation est faite par le détenteur de la ressource, le prix à la consommation finale est lié au prix du marché mondial.
Évolution de la demande	Liée à l'évolution du prix de l'énergie et des techniques de consommation.	Liée à l'évolution du prix à la consommation finale, aux réglementations prises dans le pays de consommation et à l'évolution des techniques de consommation.

jusqu'à la dernière goutte de pétrole, jusqu'au dernier grain de charbon utilisable… mais l'humanité ne devra son salut qu'à sa capacité d'en laisser une bonne partie sous terre ! Comme pour la drogue, la régulation ne viendra pas du coût de production mais de la limitation volontaire de la demande – à moins que ce ne soit de celle de l'offre…

Le tableau ci-dessus montre à quel point on se fourvoie si l'on ignore que l'humanité dispose de ressources trop abondantes :

	Perspective d'épuisement des ressources	Volonté de lutter contre l'effet de serre
Rôle de l'État du pays où l'énergie fossile est consommée	En faire le moins possible ; laisser libres les prix et intervenir, par des aides sociales, auprès des personnes en difficulté.	Le rôle de l'État est essentiel car c'est lui qui détermine non seulement le marché de l'énergie fossile mais aussi celui des énergies de substitution et tous les marchés liés à l'économie d'énergie, (isolation, appareils de chauffage, etc.). L'État devra donc avoir le souci de garder son indépendance de jugement à l'égard des groupes d'intérêt.
Le choix des techniques	Priorité au rendement énergétique. *Exemples :* - la production d'électricité à partir de charbon avec un très bon rendement ; - le chauffage individuel au gaz : rendement de 90 %.	Priorité à la réduction des émissions de gaz à effet de serre. *Exemples :* - la production d'électricité à partir de charbon avec séquestration du gaz carbonique, ce qui diminue le rendement ; - le chauffage avec un réseau de chaleur chauffé à la biomasse : rendement de 70 %.

quel que soit le point de vue où l'on se place, le rôle de l'État est complètement différent selon que l'on a en tête la perspective de l'épuisement des ressources en énergie fossile ou la lutte contre l'effet de serre.

Voici une façon très simple de voir si, sous couvert de lutte contre l'effet de serre, l'on raisonne dans un univers qui appréhende l'épuisement des ressources ou dans un autre qui appréhende *vraiment* le changement climatique : dans le premier cas, on parlera du « prix de l'énergie » et l'on ne saura pas dire s'il est excellent que le prix soit élevé car cela freine la consommation ou que c'est bien dommage car cela encourage la recherche de nouveaux gisements. Dans le second cas, on dira très sereinement que les États des pays consommateurs prendront les décisions politiques adéquates qui *feront monter le prix à la consommation finale* des énergies fossiles de sorte que leur consommation diminue, ce qui *fera baisser le prix mondial*. Dès que l'on s'attache à lutter contre l'effet de serre et que l'on se rend compte que l'humanité dispose de ressources en énergie fossile trop abondantes, *on fait la distinction entre le prix de l'énergie à la consommation finale et le prix mondial*. Plus la lutte contre l'effet de serre sera efficace, plus le prix mondial de l'énergie fossile baissera. La différence entre le prix mondial et le prix à la consommation finale reflétera l'exercice du pouvoir politique du pays consommateur, qui est requis pour que l'humanité préserve un climat compatible avec sa survie – sauf si la régulation est faite par les pays détenteurs des ressources fossiles.

Le jeu du marché et de la concurrence est le plus grand adversaire de la lutte contre l'effet de serre. La régulation mondiale devra donc l'emporter sur l'impétuosité et la puissance du marché.

Il s'agira en effet de convaincre, éventuellement de façon autoritaire, les habitants de la planète d'émettre moins de gaz carbonique fossile que ce qu'ils feraient s'il n'y avait pas de problème de changement climatique. Il faut donc pour cela une *autorité* qui puisse aller contre la liberté individuelle de choisir ses consommations. Nos sociétés reconnaissent les autorités qui sont légitimées par la voie démocratique. Or la démocratie s'exerce dans le cadre des nations.

Sauf si l'offre en pétrole, gaz ou charbon est physiquement contingentée par les pays producteurs, la lutte contre l'effet de serre, qui ne peut être efficace que si elle est mondiale, relève donc de la responsabilité nationale des pays consommateurs.

Qu'en conclure ? Chaque nation peut à bon droit se dire qu'il est inutile qu'elle s'engage dans un programme de forte diminution de ses émissions sans attendre de coordination internationale.

Sans doute, mais si chaque nation attend les autres... La convention de Rio, en 1992, puis le protocole de Kyoto, en 1997, ont essayé d'établir la jonction entre cette «mondialisation» et cette «nationalisation» – sans grand succès jusqu'à aujourd'hui, quinze ans après la signature de la convention.

Voilà pourquoi, lors de l'ouverture de la 20e session plénière du GIEC, le 19 février 2003 à Paris, avec un peu de «culot», sur proposition de la présidente de la Mission interministérielle de l'effet de serre, le Premier ministre Jean-Pierre Raffarin, après avoir constaté qu'il faut «diviser par deux les émissions de gaz à effet de serre avant 2050 à l'échelle de la planète», a poursuivi ainsi : «Pour la France, pays industrialisé, cela signifie une division par quatre ou par cinq. En vertu du principe de responsabilité commune mais différenciée, nous devons montrer l'exemple en matière de mise en œuvre des politiques domestiques de lutte contre l'effet de serre.»

* * *

Les chapitres qui suivent montrent comment beaucoup diminuer en trente ou quarante ans nos émissions de gaz carbonique liées à l'utilisation de l'énergie, quelles techniques employer, combien cela coûterait, comment prendre en charge ces dépenses, enfin quel peut être le rôle de l'État[1].

---

1. En annexe, on trouvera des commentaires pour expliquer, dans le cas de la France, cet objectif de «diviser par quatre» en cinquante ans ; on y verra aussi la différence entre les émissions françaises totales de gaz à effet de serre et les émissions de gaz carbonique liées à l'utilisation de l'énergie, qui en constituent 70 %.

Chapitre II

La France peut diminuer de beaucoup ses émissions de gaz carbonique

Il est possible de diviser par deux ou par trois nos émissions de gaz carbonique en utilisant des techniques connues et *sans avoir à remettre en cause notre genre de vie* : c'est ce que je vais montrer dans ce chapitre.

Comment faire la différence entre les chimères et la réalité, entre ce qui est anecdotique et ce qui a de l'effet, entre ce qui coûte cher et ce qui est économique ? Les Allemands disent pouvoir remplacer le nucléaire par l'éolien et beaucoup de nos concitoyens pensent que c'est plus ou moins possible. Or toutes les éoliennes allemandes fournissent l'électricité de deux ou trois tranches nucléaires[1] seulement, créent de graves perturbations sur tout le réseau européen et exigent, pour combler les sautes de vent, une production d'électricité qui rejette du gaz carbonique. Nous voulons réduire notre dépendance à l'égard du pétrole, mais le biocarburant nous coûte beaucoup plus cher que ce que nous pourrions faire pour le même résultat. On nous dit aussi que, pour diminuer notre consommation d'énergie, nous aurons besoin de normes de construction de plus en plus sévères et même d'étendre ces normes aux logements existants. Mais jusqu'à quel prix ?

Trop souvent, on nous parle *séparément* des économies d'énergie, des éoliennes, des biocarburants, de la consommation d'énergie dans les transports, de la consommation d'énergie dans le bâtiment,

---

1. Une « tranche » nucléaire est le module de production ; une centrale comprend en général deux ou quatre tranches.

La biomasse et l'effet de serre

La combustion de matière organique (bois, paille, végétaux, déchets organiques) émet du gaz carbonique. Mais, si la matière organique brûlée est remplacée par d'autres végétaux, la quantité totale de carbone organique dans la biomasse vivante ou morte ne change pas. En conséquence, la quantité de carbone dans l'atmosphère ne change pas non plus. Il n'en est pas de même lorsque l'on brûle des forêts sans les régénérer ensuite. Là, il s'agit d'un déstockage de carbone, au même titre que le déstockage de carbone fossile.

La décomposition de matière organique *à l'abri de l'air* produit du méthane. Le pouvoir d'effet de serre d'un atome de carbone dans du méthane est sept fois plus important que celui d'un atome de carbone dans du gaz carbonique[1]. Une forêt livrée à elle-même dont le bilan carbone est équilibré peut donc être source d'effet de serre : voir dans la forêt amazonienne le « poumon de la planète » est donc une belle histoire fort éloignée de la réalité.

de l'hydrogène, des pompes à chaleur, du solaire thermique, etc. : un secteur d'utilisation, un mode de production, un type d'énergie. Comment peut-on raisonner sans une vision d'ensemble ?

Faudra-t-il diviser les émissions par deux ou trois ? De combien faudra-t-il augmenter la capacité nucléaire ? La production de biomasse sera-t-elle multipliée par trois, quatre ou davantage ? La production de biocarburant (de nouvelle génération) sera-t-elle de 10, de 15 ou de 20 millions de tonnes ? La réponse ne peut pas être donnée aujourd'hui, bien sûr ; elle dépendra des progrès de la technique, de l'évolution de la politique mondiale et de la volonté de nos concitoyens dans les décennies à venir. Mais peu importe au fond, car aujourd'hui il s'agit surtout de savoir *quelle orientation*

---

1. On lit parfois que le pouvoir d'effet de serre du méthane est 23 fois celui du gaz carbonique ; cela veut dire qu'une certaine masse de méthane a un pouvoir égal à 23 fois celui de la même masse de gaz carbonique ; mais il ne faut pas perdre de vue qu'il y a beaucoup plus de carbone dans cette quantité de méthane que dans la quantité de CO_2 qui a la même masse. Ce rapport de 23 n'est donc pas très utile et peut induire en erreur.

Les unités de quantités d'énergie, de puissance ; la relation entre énergie fossile et émissions de gaz carbonique

- Les quantités d'énergie s'expriment généralement en tonnes d'équivalent pétrole (tep) ou en millions de tonnes d'équivalent pétrole (Mtep). Pour l'électricité on utilise aussi le mégawat/heure (MWh) ou le gigawatt-heure (GWh ; 1 GWh vaut 1 000 MWh). Une tep vaut 11,6 MWh.

- Les capacités de production électrique s'expriment en mégawatts (MW ; 1 MW vaut 1 million de watts) ou en gigawatts (GW ; 1 GW vaut 1 000 MW) ; une tranche nucléaire EPR (comme celle qui sera construite à Flamanville) a une puissance (on dit aussi « capacité ») de 1,6 GW. Quand elle tournera au maximum, elle produira 13 000 GWh par an, soit 1,1 Mtep.

- Le prix du pétrole s'exprime en dollars par baril ($/bl) ; il y a environ 7 barils dans une tonne.

- Comme indiqué plus haut (au chapitre I), dorénavant les émissions de gaz carbonique seront exprimées en tonnes de carbone (tC) ou en millions de tonnes de carbone (MtC).

- La combustion de 1 tep de carburant pétrolier ou de fioul émet environ 1 tC si l'on compte les émissions dues à l'exploitation pétrolière, au raffinage et au transport. La combustion de 1 tep de gaz émet 0,7 tC.

---

choisir. Pour cela il faut au moins quelques informations techniques, quelques informations sur les coûts et sur les quantités disponibles.

Des tableaux de production et consommation

La situation actuelle en France

On s'intéresse ici aux émissions de gaz carbonique fossile. Or, en France, la production d'électricité se fait aujourd'hui et se ferait à l'avenir, selon mes hypothèses, avec très peu d'émission de gaz

45

Énergie utile, énergie finale, énergie primaire

L'énergie utile est, par exemple, celle qui arrive aux roues des véhicules ou celle qui sort des radiateurs de chauffage central. L'énergie utile peut diminuer sans baisse du confort ou du service rendu par l'énergie si l'isolation des locaux est améliorée ou si l'on a enlevé les barres de toit de sa voiture, par exemple.

L'énergie finale est celle qui est utilisée par les consommateurs. Pour un chauffage au fioul, l'énergie finale est celle du fioul qui entre dans la chaudière. La différence entre l'énergie finale et l'énergie utile est due au fait que le rendement de la chaudière est inférieur à 1 et qu'une partie de l'énergie produite est perdue par des tuyaux situés dans les locaux non habités. Quant aux automobiles, la différence entre l'énergie finale (c'est-à-dire la consommation d'essence) et l'énergie utile est toujours grande ; elle l'est encore plus en ville. La consommation finale peut donc diminuer sans baisse de l'énergie utile si le rendement des appareils est amélioré ou si l'on éteint la lumière dans des locaux vides.

L'énergie primaire est celle qui permet de produire l'énergie finale. Pour le fioul, les carburants pétroliers ou le gaz, la différence entre l'énergie primaire et l'énergie finale n'est pas très grande : elle est due au rendement du raffinage ou au taux de perte de gaz pendant le transport. Pour l'électricité produite à partir de charbon, de gaz ou de fioul, la différence entre énergie primaire et finale est beaucoup plus grande, car le rendement de production d'électricité est de 30 à 55 % selon les cas, à quoi il faut ajouter les pertes de transport et de distribution. Pour l'électricité nucléaire, par convention, l'énergie finale est calculée avec un rendement de production d'électricité d'un tiers. Autre convention : pour le solaire (chaleur ou production d'électricité) ou pour les éoliennes, l'énergie primaire est supposée égale à l'énergie finale (rendement de 1) ; cette convention n'a aucun rapport avec la réalité. Comment calculer en effet le rendement d'une éolienne ? Quant aux cellules photovoltaïques, leur rendement est aujourd'hui inférieur à 15 %.

Les émissions de gaz carbonique dépendent directement de *la consommation primaire d'énergie fossile. A priori*, celle-ci peut être considérée comme une partie de la consommation primaire d'énergie, ou peut être calculée à partir de la consommation finale d'énergie fossile, en ajoutant l'énergie fossile consommée pour produire de l'électricité. Comme la consommation primaire d'énergie comprend toute l'énergie primaire nucléaire (par convention trois fois plus que l'énergie électrique produite) et que celle-ci n'a pas d'incidence sur l'effet de serre, passer par l'énergie primaire pour connaître les émissions n'est pas très commode. C'est pourquoi, pour connaître la consommation primaire d'énergie fossile, il est bien préférable de partir d'*un tableau des consommations finales.*

---

carbonique d'origine fossile. Les émissions de gaz carbonique fossile sont donc directement liées à la consommation finale d'énergie fossile dans le transport et dans le chauffage. C'est pourquoi on s'intéressera à l'énergie finale et non pas à l'énergie primaire.

La consommation d'énergie finale est de *161 Mtep.*

Les gros postes de consommation sont l'industrie, pour un quart, le transport pour un petit tiers et le chauffage pour un tiers environ. Le reste est l'«électricité spécifique» utilisée par les ménages et par les entreprises des services et du commerce (les secteurs résidentiel et tertiaire) pour les appareils électroménagers ou électroniques et, de plus en plus, pour la climatisation. Les énergies de chauffage sont d'abord le gaz (35 %), puis le fioul (27 %), puis l'électricité et le bois.

Les émissions de gaz carbonique dues à la consommation d'énergie fossile sont de *105 MtC.*

La production d'électricité consomme peu d'énergie fossile (une douzaine de Mtep) grâce au nucléaire et à l'hydraulique (celle-ci produisant 5 à 6 Mtep par an, selon les années). Parmi les énergies renouvelables, la biomasse, avec 10 Mtep, prend une part significative de la production d'énergie.

En moyenne, la consommation d'énergie augmente moins vite que l'activité économique, représentée par le PIB. La différence entre le taux de croissance du PIB et celui de la consommation d'énergie est d'environ 1 % chaque année depuis vingt-cinq ans. Si la consommation d'énergie continuait d'augmenter selon sa tendance, dans trente ans elle dépasserait 200 Mtep et les émissions

47

de gaz carbonique fossile seraient de 146 MtC (110 MtC de plus que si l'on avait divisé les émissions par trois[1]).

Pour pouvoir discuter utilement de la façon de diminuer nos émissions

Une discussion sur l'avenir des émissions de gaz carbonique ne peut se faire qu'au vu de *tableaux cohérents de ressources et d'emplois de l'énergie*. Par ailleurs, il vaut mieux raisonner à *trente ou quarante ans* qu'à cinquante ans. Si le pouvoir politique se fixe un objectif à cinquante ans, il lui est toujours loisible de se donner encore dix ou vingt ans pour réfléchir. En sens inverse, comme il faut trente ans pour modifier un équipement urbain, faire pousser des arbres ou restructurer le parc de production d'électricité par exemple, se donner un objectif global de diminution des émissions à dix ans n'a pas beaucoup de sens. C'est une des grandes faiblesses des accords de Kyoto : d'une part, des engagements à court terme ne peuvent pas avoir de portée significative, d'autre part ils peuvent faire prendre des décisions d'urgence qui, à moyen terme, sont contre-productives, comme la production d'électricité à partir de biomasse ou la production de biocarburant avec des techniques inefficaces et coûteuses qui seront bientôt dépassées.

Il vaut mieux également ne pas faire d'hypothèses irréalistes sur l'évolution de la consommation d'énergie : il n'est pas difficile en effet de « boucler » un tableau ressources-emplois en diminuant autant que nécessaire, sur le papier, les consommations, mais cela ne sera pas convaincant.

Il est probable que dans trente ans on n'utilisera pas à grande échelle des techniques qui, aujourd'hui, ne sont pas connues. Il est donc possible d'avoir une idée du coût des techniques qui seront utilisées.

---

1. Il s'agit d'une division par trois des émissions par habitant. Le niveau visé est de 38 MtC.

Pour dresser des tableaux de ressources et d'emplois d'énergie, j'ai pris le parti de retenir en priorité les techniques qui coûtent le moins cher et de ne pas supposer de profondes modifications de comportement. Certes, de tels changements pourraient se produire, mais je me place sur le terrain de la politique publique, qui n'est pas de dicter une morale mais de fixer un cadre qui permette de maintenir un bon niveau de santé publique et de sécurité publique en laissant à chacun *le maximum* de liberté. Cela implique de rechercher les solutions les moins coûteuses.

Ces tableaux ne prétendent pas dire ce qui se fera, ni même ce qu'il faudrait faire. Non. Ils montrent seulement ce qu'il serait possible de faire.

Combiner les différentes formes d'énergie

On a souvent tendance à parler de l'énergie sans distinguer les différentes formes d'énergie. Or, de même que les matériaux composites, en combinant les caractéristiques de plusieurs matériaux, présentent des qualités remarquables, de même la combinaison des différentes formes d'énergie permet d'améliorer *considérablement* l'efficacité de l'utilisation de l'énergie, mesurée à l'aune des émissions de gaz à effet de serre.

Le carburant liquide et le fioul, qui contiennent une quantité phénoménale d'énergie dans chaque litre, se transportent et se stockent très facilement. Le gaz se transporte jusqu'à un endroit fixe, peut se stocker, mais moins facilement que le liquide, et présente un risque d'explosion. La biomasse peut se stocker, mais moins facilement, elle aussi, que le liquide. La chaleur solaire demande un investissement ; ensuite elle est bon marché mais la source est variable ; elle peut se stocker, mais seulement quelques heures, etc.

Électricité de base et électricité de pointe

Quant à l'électricité, comment peut-on en parler comme d'une seule forme d'énergie ? Une mobylette et une automobile sont deux moyens de locomotion motorisés à roues. À qui viendrait-il l'idée de compter de la même façon une mobylette qui coûte 500 € et une voiture qui en coûte 15 000, d'ajouter le nombre de mobylettes et le nombre de voitures ? Pourtant, c'est bien ce que l'on fait avec l'électricité ! Qu'y a-t-il de commun entre une électricité qui sera vendue, sortie centrale et hors taxe, moins de 30 €/MWh (euros par mégawatt-heure) et une autre qui sera vendue 10 ou 30 fois plus cher ? Or on ajoute allégrement tout cela pour parler de la consommation d'électricité. Encore plus étonnant : on traite de la même façon une production d'électricité qui n'émet pas de gaz carbonique fossile et d'autres qui en émettent des quantités considérables : on les ajoute comme si de rien n'était, puis on fait une moyenne. Et l'on nous dit que le chauffage électrique est la cause d'émissions de gaz carbonique que l'on calcule comme une moyenne entre la production d'électricité avec ou sans énergie fossile. Cela n'a aucun sens. Ou bien l'électricité est produite à partir de centrales à charbon ou de groupes électrogènes, et il faut dire qu'elle émet énormément de gaz carbonique et qu'il est stupide de l'utiliser, sauf exception, comme source de chaleur ; ou bien elle est produite à partir d'hydraulique, de nucléaire ou d'éoliennes, et alors elle n'émet pas de gaz carbonique et, du point de vue de l'effet de serre, il vaut mieux utiliser cette électricité comme source de chaleur plutôt que du fioul ou du gaz.

Dans le prix de revient de l'électricité[1], une partie dépend de la puissance installée et non pas des quantités produites (il faut dépenser tout autant, même lorsqu'on diminue la production), et une partie dépend des quantités produites (pour acheter le gaz ou

---

1. L'économie de l'électricité (prix de revient, prix de vente, etc.) fait l'objet du chapitre VII.

le charbon ou pour mettre de l'argent de côté pour, le moment venu, financer les dépenses de stockage des déchets nucléaires par exemple). La première partie s'appelle la partie « fixe » des coûts, et la seconde la partie « variable ». Dans le cas du nucléaire, la partie fixe représente plus des trois quarts du coût total ; pour les centrales au gaz ou au fioul, c'est l'inverse : la partie variable peut dépasser les trois quarts du coût total. Si on diminue la production d'une centrale, comme les dépenses « fixes » ne diminuent pas, le coût de production du kWh augmente.

Pour répondre à une pointe de demande qui ne dure au total que 300 heures par an, par exemple (par périodes de quelques heures), on préférera un moyen qui ne coûte pas cher en investissement, même s'il coûte très cher en fonctionnement. C'est un moyen « de pointe » car il ne tournera que pendant la pointe de consommation. Les autres moyens sont dits « de base » ou de « semi-base ». Mais qu'on ne s'y trompe pas : pendant les périodes de pointe, la plus grande partie de l'électricité est fournie par des moyens de production qui fonctionnent beaucoup plus longtemps que la période de pointe [1].

Lorsque les unités de base ou de semi-base suffisent à répondre à la demande d'électricité, le prix de l'électricité est beaucoup plus bas que lorsqu'il est nécessaire de faire tourner les unités de pointe.

Bi-énergie dans le chauffage et le transport sur route

Comme l'électricité produite par les moyens de pointe coûte cher, il est préférable de ne pas en avoir trop besoin. On essaiera donc d'« écraser » les pointes de consommation. Il suffira pour cela que, pendant les périodes de pointe, quelques consommateurs cessent volontairement de consommer de l'électricité ; on dit qu'ils « s'effacent ». Ils le feront sans se priver d'énergie s'ils peuvent remplacer l'électricité par une autre forme d'énergie. Une origi-

---

1. Voir graphique en annexe.

nalité des solutions proposées ici est de *combiner les différentes formes d'énergie* pour tirer le meilleur parti de leurs caractéristiques. Cela permettra d'utiliser une électricité peu coûteuse et produite sans émission de gaz à effet de serre, en particulier pour le transport et le chauffage[1].

Voici une première façon de combiner, pour se chauffer, la chaleur solaire et l'électricité. Les pompes à chaleur, actionnées à l'électricité, permettent de «pomper» de la chaleur d'une eau souterraine ou de l'air ambiant (même s'il est froid) pour chauffer l'eau du chauffage central[2]. Un jour, on verra peut-être des pompes à chaleur géantes chauffer l'eau d'un chauffage urbain avec la chaleur prise dans les eaux de refroidissement des centrales nucléaires.

Il est possible aussi de combiner un chauffage électrique «à accumulation», qui appelle une puissance d'électricité à peu près constante vendue au prix d'une électricité de base pour chauffer une structure en béton par exemple, et un chauffage électrique d'appoint utilisant des convecteurs qui consommeront une électricité beaucoup plus chère. Il s'agit dans l'un et l'autre cas d'électricité, mais de deux formes très différentes. Comme l'électricité de pointe risque d'être produite à partir de fioul ou de gaz, il y a mieux à faire.

Les tableaux que je propose ajoutent donc une autre possibilité, qui n'est certes pas nouvelle, mais qui retrouvera tout son intérêt en utilisant les nouvelles techniques de communication, si l'on veut réellement lutter contre l'effet de serre en limitant les dépenses autant que possible. Dans les locaux déjà équipés d'un chauffage central au fioul ou au gaz, l'électricité sera utilisée dans une résistance introduite dans l'eau du chauffage central (comme on chauffe l'eau d'un chauffe-eau électrique), l'énergie de pointe étant du fioul ou du gaz. Le brûleur et la résistance électrique pour-

---

1. Ces idées ont été proposées dans un article paru dans la *Revue de l'énergie* en février 2004 – voir la bibliographie en annexe.
2. Chacun dispose d'une «pompe à chaleur» chez soi : un réfrigérateur est un appareil qui chauffe la cuisine en «pompant de la chaleur» à l'intérieur de lui-même pour la renvoyer dans la cuisine.

ront être télécommandés en utilisant les lignes téléphoniques ou Internet. Un fournisseur de chaleur ne vendra plus de l'électricité, ou du gaz, ou du fioul : il vendra de la chaleur, ou plutôt un certain niveau de température. C'est lui qui achètera le fioul, le gaz et l'électricité ; c'est lui qui lancera le brûleur ou fournira de l'électricité à la résistance électrique. Il existe des bourses de l'électricité, comme Powernext à Paris ; l'électricité y a un prix à chaque heure de la journée. Chaque fois que le prix de l'électricité dépassera une certaine valeur, notre fournisseur de chaleur coupera l'alimentation de quelques-uns de ses clients qui sont équipés d'une chaudière au fioul ou au gaz.

Or, pour le chauffage, la consommation de fioul est de 15 Mtep par an, celle de gaz de 21 Mtep par an. De cette façon, la consommation d'électricité pourrait augmenter de plusieurs millions de tep. Cela ne dépend que du prix que le fournisseur d'électricité proposera à ceux de ses clients qui peuvent s'effacer pendant les périodes de pointe de consommation[1].

Voici un autre exemple de combinaison d'énergies pour le chauffage. Les nappes d'eau souterraines emprisonnées sous un dôme de terres imperméables et impropres à la consommation sont très nombreuses. Or elles pourraient servir au stockage de la chaleur sur plusieurs mois. Cette eau pourrait être chauffée avec de la chaleur « fatale », c'est-à-dire de la chaleur produite par exemple lorsque l'on fait de l'électricité ou que l'on incinère des ordures ménagères, l'été, sans savoir qu'en faire. La chaleur serait récupérée dans des réseaux de chaleur par des pompes à chaleur : 1 kWh électrique permettrait d'extraire 4 kWh de chaleur. Il se pourrait même qu'il soit intéressant d'utiliser directement de l'électricité produite en heures creuses, pendant l'été, pour chauffer cette eau

---

1. Je dois dire ici qu'une première version de ce scénario, publiée en août 2003 dans *Réalités industrielles*, où je n'avais pas prévu ce chauffage « bimodal » et où la part de l'électricité de chauffage était excessive, m'a valu une belle volée de bois vert de l'association Négawatt qui s'est régalée en calculant la puissance nucléaire nécessaire pour répondre à la pointe de consommation : normal que le bois ait été vert et merci pour ces remarques !

et de récupérer cette chaleur l'hiver. Des études sont engagées pour évaluer l'économie de tels dispositifs.

On retrouvera le même principe de combinaison d'énergies avec des *véhicules hybrides* (carburant liquide et électricité) équipés d'une batterie qui permettra de parcourir par exemple une trentaine de kilomètres[1]. L'énergie utilisée en ville et sur les trente premiers kilomètres des trajets plus longs sera de l'électricité prélevée sur le secteur. Pour le reste, l'énergie sera celle d'un carburant liquide. Comme pour le chauffage, nos véhicules hybrides pourront être branchés à des prises électriques qui seront coupées lorsque le prix de l'électricité à la bourse Powernext dépassera une certaine valeur. Si la batterie n'est pas totalement chargée, cela n'aura pas d'importance puisque le moteur pourra tourner avec du carburant.

Dans ces véhicules, il y aura un moteur thermique, un générateur, une grosse batterie et un moteur électrique. Y aura-t-il seulement une «chaîne» de puissance jusqu'aux roues, comme dans les véhicules électriques, ou deux chaînes, une électrique et une mécanique, comme dans la Prius de Toyota? En tout cas, le moteur électrique agira seul pour le démarrage, ce qui permet de couper le moteur classique dans les embouteillages. Ce moteur aura aussi le grand mérite, en fonctionnant «à l'envers», de récupérer l'énergie de freinage au lieu de la laisser se dissiper, ce qui améliorera le rendement global de la voiture. Autre avantage: il est beaucoup plus propre en ville qu'un véhicule classique, puisque l'essentiel des pollutions en ville vient des véhicules à l'arrêt, moteur en marche, ou roulant à très petite vitesse. Pour ce qui concerne les émissions de gaz carbonique, les progrès seront impressionnants puisque les trajets de courte distance et les premières dizaines de kilomètres des trajets plus longs représentent une part notable des distances parcourues par les voitures et les petits utilitaires ; la consommation de carburant sur ces petits trajets est une part encore plus importante de la consommation puisque le rendement des moteurs est alors médiocre.

---

1. À la différence des véhicules hybrides aujourd'hui sur le marché, dont les batteries ne permettent de parcourir qu'une très courte distance.

La diffusion de cette technique dépendra des progrès réalisés sur les batteries ou autres technologies de stockage de l'électricité : leur coût, leur poids, le nombre de cycles de charges et de décharges. Les enjeux industriels sont tellement considérables, pour lutter non seulement contre l'effet de serre mais aussi contre la pollution urbaine, que ces techniques sont étudiées dans le monde entier. Aujourd'hui, on pense aux batteries « lithium-ion », pour lesquelles la France est bien placée : on espère que ces batteries dureront autant que le véhicule. D'autres technologies se préparent, comme des ultra-condensateurs à nanotubes de carbone, développés notamment par le MIT, qui permettront des recharges quasi instantanées et aussi nombreuses que l'on voudra. On sait que d'autres pays s'y intéressent, notamment la Chine.

Malgré l'absence de données précises, on estime que les trajets de moins de 30 ou 40 kilomètres et les premiers kilomètres des trajets plus longs consomment plus de la moitié du carburant. L'hypothèse est faite ici que la plupart des véhicules légers et des petits utilitaires seront ainsi équipés et que l'électricité prélevée sur le secteur remplacera *le tiers* du carburant.

Ces possibilités considérables de combinaison de l'électricité avec une autre forme d'énergie, par millions de tep, c'est-à-dire par dizaines de millions de mégawatts-heure électriques, donnent de l'électricité une image tout à fait nouvelle. Il sera possible de répondre à la demande d'énergie de chauffage en utilisant de l'électricité *hors des périodes de pointe* de consommation d'électricité ; l'électricité de chauffage sera donc produite sans émission de gaz à effet de serre ; en période de pointe, l'énergie consommée, s'il s'agit de fioul, de gaz ou de carburant pétrolier, relâchera du gaz carbonique fossile, sans doute, mais beaucoup moins que si l'énergie était une électricité de pointe produite à partir d'énergie fossile. Si l'énergie utilisée en complément de l'électricité est de la biomasse ou du biofioul pour se chauffer, ou du biocarburant pour la voiture, c'est *toute* l'énergie consommée qui aura été produite sans émettre de gaz à effet de serre.

Ajoutons que la « bi-énergie » est aussi un *gage de sécurité d'approvisionnement.* Si, pour une raison ou une autre, une partie de la capacité de production d'électricité vient à manquer, elle sera remplacée par le chauffage au gaz ou au fioul d'une part, par du carburant liquide d'autre part. Inversement, l'électricité peut contribuer à combler un manque de gaz ou de produits pétroliers dans la limite des capacités de production d'électricité disponibles.

Comme on le voit, il ne faut pas voir l'électricité comme un produit unique ni la considérer comme une forme d'énergie à part[1] : elle prend une tout autre allure lorsqu'elle est associée à d'autres formes d'énergie – fioul, gaz, solaire, biomasse, carburant pétrolier ou biocarburant. Un autre chapitre (chapitre VII) présente la production et la consommation d'électricité, un sujet crucial pour qui veut diminuer les émissions de gaz à effet de serre.

Sans considérer le nucléaire et la biomasse, moins de 10 Mtep sans émission de gaz carbonique fossile

La liste est longue et bien connue des sources d'énergie qui n'émettent pas de gaz à effet de serre ; elle est souvent énumérée sans hiérarchie et sans indication des quantités accessibles ni des coûts. Voici à peu près cette liste : production d'électricité par cellules photovoltaïques, production de chaleur par panneaux solaires, production d'électricité à partir de la chaleur du soleil, pompes à chaleur, géothermie, énergie de la mer, éoliennes ; on cite également la « biomasse » : bois ou produits agricoles, cultures ou déchets, pour produire de la chaleur, du biocarburant ou de l'électricité ; et encore : l'électricité nucléaire, le biogaz, l'hydrogène, la chaleur récupérée lorsque l'on produit de l'électricité à partir de gaz, l'incinération des déchets ménagers – sauf oubli de

---

1. Pour ces deux raisons, une notion comme la « maîtrise de la demande d'électricité » peut être trompeuse.

ma part. Il faut également dire un mot du captage et du stockage sous terre du gaz carbonique.

La liste des formes d'énergie qui n'émettent pas de gaz carbonique fossile est longue sans doute mais, pour la France et dans les quelques décennies à venir, l'analyse qui suit montre que, à part le nucléaire et la biomasse, ces formes d'énergie contribuent à hauteur de 10 % seulement du résultat à atteindre : 10 MtC, alors que la différence entre l'évolution tendancielle et une division par trois de nos émissions de gaz carbonique est de 100 MtC.

L'éolien

Le vent va et vient comme il veut et nul ne peut le forcer. S'il est trop faible, l'éolienne s'arrête, et s'il est trop fort il faut arrêter l'éolienne. Au total, sur l'année, on n'obtiendra guère plus que *le quart* de la quantité d'électricité qui serait produite si toutes les éoliennes tournaient sans arrêt à leur capacité maximale. En Allemagne, les quantités produites représentent 15 % de la quantité théorique maximale.

Comme la production éolienne est aléatoire, il vaut mieux voir les choses autrement et considérer qu'elle vient en déduction de la demande.

Certaines fluctuations de la demande d'électricité sont tellement rapides et imprévisibles qu'il est nécessaire de disposer de capacités de production capables de répondre immédiatement pour équilibrer le réseau à chaque instant : ce sont les barrages de lacs, des groupes électrogènes et des « réserves tournantes », c'est-à-dire des centrales au charbon ou au gaz en fonctionnement dont on peut très vite moduler la production. Les éoliennes présentent elles aussi ces fluctuations rapides et imprévisibles. Pour y répondre, il faudra donc augmenter la production d'électricité à partir de charbon ou de gaz, mais c'est peu de chose.

Quant aux fluctuations du vent qui sont prévisibles, elles se fondent dans celles de la demande si la puissance des éoliennes est très inférieure aux variations de la demande. On peut alors montrer, ce qui est assez paradoxal, que les éoliennes remplacent une capacité de production *continue et constante* égale au quart de la capacité éolienne installée[1]. Dans cette réflexion qui porte sur les trente à quarante années à venir, il est supposé que la capacité nucléaire peut augmenter. Les éoliennes ne pourraient donc être justifiées que si elles coûtaient moins cher que le nucléaire, ce qui n'est pas le cas. Si la capacité éolienne devient plus importante, pour répondre aux fluctuations du vent il faudra davantage de centrales au charbon ou au gaz qu'en l'absence d'éoliennes : avec des éoliennes, la production d'électricité causera donc *plus* d'émissions de gaz à effet de serre que sans éoliennes.

On construit aujourd'hui des éoliennes pour aller dans le sens du vent, si l'on peut dire, mais aussi pour apporter quelques mégawatts fort utiles puisque l'on manquera de capacité de production de base avant d'avoir pu mettre en service d'autres centrales nucléaires. Ces éoliennes continueront de fonctionner encore longtemps. Elles seront ici comptées pour 2 GW utiles sans prévoir d'en augmenter la capacité.

L'hydraulique

La même expression – «électricité hydraulique» – désigne deux moyens de production complètement différents. La puissance électrique produite au fil de l'eau dépend de la nature et n'est pas modulable ; elle est indépendante de la demande. Par contre la puissance délivrée par l'eau des barrages est disponible à la demande, sous réserve qu'il y ait de l'eau en amont des barrages, bien sûr : tout l'art du gestionnaire est d'utiliser l'eau des barrages à bon escient de façon à s'en garder suffisamment pour les pointes de consommation à venir. Les capacités françaises de production hydraulique sont à peu près toutes utilisées. Tout au

---

1. Ce résultat, que nous livrent les simulations informatiques, m'a tellement étonné que j'ai voulu le retrouver avec un papier et un crayon. Le lecteur intéressé pourra consulter cette étude à *http://www.2100.org/PrevotEnergie/eolienneCO2rsm.html*

plus pourrait-on augmenter de 1 GW la puissance de centaines de petits barrages posés sur des cours d'eau de faible importance – la «petite hydraulique au fil de l'eau» – sauf opposition de ceux qui sont intéressés par d'autres utilisations de l'eau (la pêche, le tourisme, etc.).

La mer

La mer est peut-être un vaste réservoir d'une énergie à transformer en électricité : marées, houle, vagues et courants. Mais elle ne peut pas entrer dans un tableau de production d'énergie d'ici trente ans, ou seulement pour de toutes petites puissances, à titre encore expérimental.

Le soleil : cellules photovoltaïques,
panneaux solaires et pompes à chaleur

L'énergie du soleil peut produire de l'électricité par des cellules photovoltaïques ou, de façon centralisée, dans des centrales thermiques. Mais le soleil ne nous éclaire pas la nuit ; le stockage d'électricité n'est pas possible aujourd'hui en grande quantité et, de toute façon, coûte très cher. Comme le soleil est une source d'énergie inépuisable, il faut certainement faire des recherches intenses sur ces techniques de production et de stockage (sous forme d'hydrogène par exemple), mais pour les trente ans à venir, si l'on retient en priorité les modes de production les moins chers, l'électricité à partir du soleil n'a malheureusement pas sa place ; c'est du moins l'hypothèse que je fais, peut-être à tort si une technique comme la cellule photovoltaïque à nanotubes de titane de la Penn State University remplit rapidement les espoirs que beaucoup mettent en elle.

Mais, depuis toujours, le soleil nous donne de la chaleur. Des constructions «bioclimatiques» seront conçues pour retenir la chaleur du soleil lorsqu'on le désire ; cela sera compté comme une économie d'énergie. Pour capter davantage la chaleur du soleil, la technique des panneaux solaires est éprouvée et c'est là une des formes d'énergie non fossile les moins chères si le choix du chauffage solaire est fait dès la conception des bâtiments[1]; dans les bâtiments existants, il est plus commode d'utiliser cette chaleur pour avoir de l'eau chaude que pour chauffer les locaux. Cette technique pourrait donc être employée d'abord pour les chauffe-eau.

La chaleur du soleil peut encore être exploitée d'une autre façon, par « géothermie de surface ». Un serpentin d'eau est installé à un mètre de profondeur; il prend la température du sol, lui-même chauffé par le soleil. Autre possibilité : le « puits canadien » où, au lieu d'un serpentin, l'eau circule dans un puits de quelques dizaines de mètres de profondeur. Cette eau sert de source froide d'une pompe à chaleur. Il faut de l'électricité pour actionner la pompe à chaleur mais 1 kWh d'électricité permet de produire 4 fois plus de chaleur ou encore davantage. On peut aussi installer des pompes à chaleur dont la source froide est l'air atmosphérique, même si le rendement est en général moins bon, et à condition de veiller au risque de givrage. Si l'électricité est produite sans émissions de gaz carbonique d'origine fossile, voilà donc un moyen de se chauffer sans effet sur le climat.

Il est supposé ici que le soleil pourra ainsi procurer 5 Mtep; c'est beaucoup puisque c'est l'équivalent de 1 m³ de fioul dans 6 millions de logements (il y a en France 20 millions de résidences principales). L'électricité nécessaire s'ajoute aux autres formes de consommation d'électricité.

La géothermie profonde

Il est possible d'aller chercher la chaleur à plusieurs centaines de mètres de profondeur. Dans les départements d'outre-mer, la chaleur des volcans est considérable. Parmi les procédés qui

---

1. Pourtant un document fort intéressant de la Commission européenne, le « WETO 2030 » (voir bibliographie en annexe), « exécute » *en une ligne* le chauffage solaire pour le cantonner dans une « niche » : il le trouve trop cher.

n'émettent pas de gaz carbonique, l'utilisation de la géothermie profonde est une des méthodes les moins coûteuses. Les possibilités d'extension existent notamment dans la région parisienne et dans le Sud-Ouest de la France.

Les déchets urbains et les énergies fatales

Les déchets urbains (c'est-à-dire les ordures ménagères et les déchets des petites entreprises et des commerces) peuvent être brûlés. La partie organique (déchets de jardin, déchets de cuisine, papiers) peut également être transformée par fermentation à l'abri de l'air en compost et en méthane, le biogaz. Les gaz qui émanent des décharges peuvent être collectés et brûlés. Voilà encore une source d'énergie qui ne coûte pas cher et qui n'émet pas de gaz carbonique d'origine fossile. De ce point de vue, brûler les déchets est aussi intéressant que de les recycler, à condition de pouvoir utiliser toute la chaleur produite, et c'est beaucoup moins cher ! Et pourquoi produire de l'électricité avec cette chaleur alors qu'il est beaucoup plus efficace d'utiliser la chaleur directement dans des réseaux de chauffage urbain, cette chaleur pouvant être utilisée, l'été, pour produire du froid ? Les déchets pourraient procurer au maximum 4 Mtep. Il faudrait ajouter d'autres formes de chaleur « fatale », c'est-à-dire de la chaleur produite lorsque l'on produit autre chose et dont on ne sait aujourd'hui que faire, par exemple toute la chaleur des centrales thermiques. Mais il ne faut pas s'illusionner : l'utilisation de cette chaleur fatale peut coûter cher et conduire au résultat inverse de celui qui est recherché : tel est le cas de la « cogénération » à partir de gaz.

La « cogénération » d'électricité et de chaleur à partir de gaz

Lorsqu'on produit de l'électricité à partir de chaleur (ce qui est le cas le plus général), il est physiquement impossible d'utiliser toute la chaleur. Dans les centrales les plus efficaces, le rendement ne dépasse pas 55 %. Une grande quantité de chaleur est donc abandonnée dans la nature. D'où l'idée de la récupérer pour produire à la fois de l'électricité et de la chaleur utilisable. Alors, le rendement de production d'électricité est moins bon, mais le rendement énergétique global peut atteindre 85 %. C'est ce que l'on appelle la «cogénération» – sous-entendu : «d'électricité et de chaleur». Il arrive que l'on considère que la production de chaleur produite en même temps que l'électricité n'émet pas de gaz à effet de serre, en mettant les émissions de gaz carbonique sur le compte de la production de l'électricité. Mais il est plus exact de constater que l'on pourrait produire d'un côté la même quantité d'électricité avec moins de gaz en utilisant des turbines plus efficaces, et de l'autre côté la même quantité de chaleur avec de la biomasse sans émission de gaz à effet de serre. Il apparaît alors que cette «cogénération» à partir de gaz, du point de vue de l'effet de serre, ne présente aucun intérêt. Elle en présente encore moins comparée à une production d'électricité nucléaire qui n'émet pas de gaz carbonique et qui, autre avantage, même pour une production limitée à la période hivernale, coûte moins cher.

Capter le gaz carbonique et le stocker sous terre

Il sera probablement possible d'utiliser de l'énergie fossile avec stockage du gaz carbonique. Si tel est le cas, cette option sera utilisée dans le monde en particulier pour la production d'électricité, tellement le charbon est abondant et le besoin d'électricité grandissant. En France, cela dépendra du choix qui sera fait quant à la place respective de la production d'électricité nucléaire et d'une production à partir d'énergie fossile avec stockage du gaz carbonique, sachant que celle-ci pourrait coûter deux ou trois fois plus cher que la première. De la même façon, il est probable que cette technique de stockage du gaz carbonique sera mise à profit pour *utiliser du charbon pour le chauffage urbain*. Mais dans les trente ans à venir il n'est pas certain que l'on ait pu vérifier et fait reconnaître par tout le monde la sûreté de sites de stockage de grande capacité. C'est pourquoi, pour établir un tableau cohérent des ressources et des emplois de l'énergie, il est prudent de ne pas trop compter sur les possibilités du stockage de gaz carbonique. Si les possibilités de stockage sont suffisantes, il sera possible de produire sans émission de gaz carbonique autant d'électricité qu'à partir d'énergie nucléaire, mais cela coûtera *deux ou trois fois plus cher*.

Au total, hors la biomasse et le nucléaire,
pour ne pas émettre de gaz carbonique fossile...

Après ce premier passage en revue, parmi les énergies les moins chères je n'ai donc pas retenu la production d'électricité photovoltaïque, ni l'énergie de la mer, ni la «cogénération» de chaleur et d'électricité à partir de gaz.

L'éolien, avec l'équivalent de 2 GW en continu, produira moins de 2 Mtep. Quant au chauffage, les panneaux solaires, la géothermie profonde ou de surface, les déchets ménagers et urbains procureront ensemble probablement moins de 10 Mtep, permettant d'éviter des émissions de gaz carbonique fossile à hauteur de 6 ou 9 MtC selon qu'ils remplacent plus ou moins du gaz ou du fioul. Pour faire passer ces émissions de 105 MtC aujourd'hui – ou 146 dans trente ans si on ne fait rien – à moins de 40 MtC, c'est peu !

Comment l'expliquer, alors que l'on met parfois beaucoup d'espoir dans un bouquet énergétique très diversifié ? Certaines formes d'énergie, comme le photovoltaïque ou l'énergie des mers, sont aujourd'hui très chères, et d'autres, qui sont moins chères, sont limitées par les contraintes techniques : la présence d'eau géothermale, le rythme de construction des immeubles, la surface disponible dans les jardins pour y mettre un serpentin, etc.

Dans les trente ou quarante ans à venir, on doit donc constater que, toute idéologie mise à part, les deux seules grandes sources d'énergie sans émission de gaz à effet de serre sont la *biomasse* et la production d'*électricité nucléaire*.

Plus tard le solaire thermique[1], le photovoltaïque, l'utilisation de charbon avec captage et stockage du gaz carbonique seront très probablement de nouvelles sources d'énergie.

Pour réduire les émissions de gaz carbonique, trois moyens

Si l'on s'en tient à ce qui est réellement important, les émissions de gaz à effet de serre dépendent donc de trois facteurs : la consommation – c'est-à-dire les économies d'énergie –, la production de biomasse, la production d'électricité nucléaire.

Il n'y a pas vraiment de débat au sujet de la biomasse : tout le monde est d'accord pour l'utiliser autant que possible, dans le respect de l'environnement. Par contre, il faudra arbitrer entre la consommation d'énergie, la capacité de production d'électricité nucléaire et les émissions de gaz à effet de serre. Il ne s'agit donc pas, maintenant, de faire des prévisions mais, comme disaient les artilleurs, d'« encadrer l'objectif », de baliser le champ du possible.

Dans les paragraphes qui suivent, sont présentées des hypothèses sur la consommation d'énergie et sur les disponibilités en biomasse ; un tableau des ressources et des emplois d'énergie permet alors de calculer les besoins en électricité.

---

1. Surtout le solaire « passif » des constructions bioclimatiques qui, du fait d'une architecture adaptée, consommeront peu d'énergie tant pour le chauffage que pour la climatisation.

La consommation d'énergie : industrie, transport et chauffage

L'industrie

Les entreprises industrielles pour qui l'énergie représente un poste important de dépenses ne doivent pas être soumises à des obligations plus lourdes que leurs concurrentes situées dans d'autres pays. C'est, me semble-t-il, une position de bon sens : voudrions-nous encourager les industries à aller ailleurs pour rejeter du gaz carbonique ? Cela ne présenterait aucun intérêt pour ce qui est de l'effet de serre et cela nous ferait perdre des emplois. Il est tout à fait normal d'exiger de nos entreprises d'être moins polluantes ou moins dangereuses même si cela demande des dépenses supplémentaires car nous en tirons un avantage direct : il appartient au préfet de faire ce choix et de se montrer plus ou moins exigeant, au risque de voir l'entreprise décider d'arrêter sa production. Dans le cas de l'effet de serre, la situation est tout à fait différente puisque les effets de la pollution ne sont pas localisés.

Je supposerai donc que, poursuivant la tendance des dernières années, la consommation d'énergie par l'industrie et par l'agriculture restera constante, à hauteur de 42 Mtep. Certes, l'industrie pourra diminuer ses émissions, aujourd'hui un quart du total, en utilisant davantage d'électricité et de biomasse, mais les progrès devront être recherchés surtout dans les secteurs du transport, du résidentiel et du tertiaire (c'est-à-dire le commerce et l'ensemble des services). Il est tout de même assez frappant que l'on ait tellement parlé des émissions de gaz à effet de serre par l'industrie alors que le problème n'est vraiment pas là.

Le transport

Aujourd'hui, la consommation d'énergie par le transport est de 51 Mtep dont 1 Mtep seulement sous forme d'électricité et 0,4 Mtep de biocarburant, tout le reste étant de l'énergie pétrolière.

Pour les trente ans à venir, il serait évidemment facile de prévoir une baisse des distances parcourues et une baisse encore plus importante des quantités d'énergie consommées. C'est facile pour celui qui fait la prévision mais cela suppose un régime contraignant pour le consommateur, qui sera accompagné du discours moralisateur souvent appelé à la rescousse pour justifier une contrainte. Vouloir limiter, par exemple, la circulation des 4×4 en ville au nom de l'effet de serre relève de la plaisanterie et permet tout au plus de ne pas parler de ce qui importe [1]. On entend aussi beaucoup de diatribes contre les transports en avion, qui consomment de plus en plus d'énergie. Il ne serait certes pas normal que le kérosène ne soit pas concerné par la lutte contre l'effet de serre. Cela étant dit, au nom de quelle morale écologique voudrait-on empêcher ou condamner les voyages d'agrément ? Que chacun soit libre de faire ses choix, en tenant compte du prix de l'énergie fossile, gaz, fioul ou carburant, y compris le coût de l'effet de serre !

Sur le long terme, les distances parcourues en véhicule individuel dépendent du prix du carburant. Il suffit pour s'en convaincre de comparer la consommation de différents pays où la fiscalité sur le carburant est très différente. Mais, dans les trente ans à venir, il ne serait pas raisonnable de prévoir des modifications profondes

---

1. Les 4×4 en ville consomment davantage que les véhicules qu'ils remplacent ; supposons que ce soit 6 l/100 km de plus. Si les 4×4 *en ville* représentent 1 % du parc (soit 200 000 véhicules) et parcourent en ville en moyenne 5 000 km par an, ils consomment en tout en ville 60 000 m^3 de plus de carburant par an et sont donc responsables de l'émission de 50 000 tC soit *0,5 pour mille* des économies qu'il faudrait réaliser : ils ne méritent donc pas plus de trois secondes dans une conférence d'une heure et demie sur l'effet de serre ! Ce qui n'empêche pas que l'on fasse payer à ces 4×4 le coût de l'encombrement et, éventuellement, celui des risques qu'ils créent.

d'urbanisme. Par contre on sentira sans doute l'effet d'une certaine *saturation* car la vitesse moyenne sur route ne peut plus guère augmenter (le respect des limitations de vitesse l'a même fait diminuer). Comme le «budget temps» consacré aux transports est à peu près constant, les distances parcourues sur route augmenteront sans doute beaucoup moins que précédemment. Des études sur l'évolution de la demande de transport[1] laissent penser que si le prix à la consommation finale du carburant est celui auquel conduisent les hypothèses présentées ici[2], pour les déplacements locaux, la croissance de l'usage de la voiture sera assez modérée (0,5 % par an); pour les voyages interurbains, le transport en commun pourrait presque doubler en trente ou cinquante ans et les déplacements en voiture continueraient d'augmenter mais moins vite qu'antérieurement (1 % par an au lieu de 2 %). Il en serait de même des transports en avion, dont la croissance pourrait être de 2 % par an au lieu de 4 %.

Quant aux transports de marchandises, ils seront naturellement freinés par la hausse du prix à la pompe du carburant. Les scénarios étudiés par le Conseil général des Ponts et Chaussées prévoient pour la plupart que leur croissance, qui fut de 2 % par an dans les vingt-cinq dernières années, sera divisée par deux dans les trente ans à venir – un scénario «Europe stagnante» prévoit même une stabilisation du transport de marchandises.

J'ai retenu comme hypothèses une croissance de la demande de transport diminuée de moitié, soit une augmentation de 35 % en trente ans des distances parcourues hors rail (en voiture et en avion), et une forte augmentation (un doublement) du transport par rail.

En tenant compte d'une part du progrès technique, qui continuera d'améliorer le rendement des moteurs, et d'autre part d'une augmentation du confort, notamment de la climatisation, on peut prévoir que la consommation de carburant, sans utiliser la technique

---

1. Voir par exemple une étude du Conseil général des Ponts et Chaussées – une adresse Internet est donnée dans la bibliographie en annexe.
2. 1,45 €/l – voir au chapitre suivant.

des véhicules hybrides, augmenterait seulement de 6 %. Elle serait donc, sans électricité, de 53 Mtep. Un tiers serait remplacé par de l'électricité dans les véhicules hybrides. Comme le moteur électrique a un rendement bien meilleur que celui des moteurs thermiques en ville, 3 tep de carburant liquide seront remplacées par 1 tep électrique. La consommation d'énergie pour les transports sur route et en avion serait donc de 6 Mtep d'électricité et de 35 Mtep de carburant.

Dans une autre hypothèse, qui marque une plus forte inflexion des tendances récentes, les distances parcourues sur route et en avion augmenteraient en trente ans de 10 % seulement et la consommation de carburant, sans véhicules hybrides, diminuerait de 10 %. Compte tenu de l'augmentation de la population, cela voudrait dire que les distances parcourues sur route ou en avion par chaque personne n'augmenteraient pratiquement pas, ce qui serait perçu comme contraignant sans doute. Il n'est pas sûr qu'une telle contrainte soit nécessaire.

La chaleur dans le secteur résidentiel et tertiaire

Pour la chaleur, l'eau chaude et la cuisson, la consommation d'énergie dans les immeubles de bureaux, les magasins, les bâtiments publics et les logements (le « résidentiel et tertiaire ») est aujourd'hui de 57 Mtep. Là aussi, il ne serait pas difficile de décréter en chambre (et même en Chambre des députés) que d'ici trente ans tous ces locaux doivent être réhabilités, restructurés et thermiquement isolés, tout spécialement lorsqu'ils changent de propriétaire. Une loi suffirait, n'est-ce pas ? Les progrès attendus sont tout à fait considérables puisque la consommation dans un immeuble ancien est trois fois supérieure à ce qu'elle est dans un logement neuf et six fois supérieure à ce que l'on peut faire de mieux. Or, les deux tiers des logements sont antérieurs à la première réglementation thermique. Le calcul est vite fait : pour diviser par quatre les émissions, il suffit de mettre tous les bâtiments au meilleur niveau possible. À quel prix ? La question ne se pose pas puisque la loi rendrait cela obligatoire à la première transaction à venir et que le coût serait financé par une baisse du foncier – donc, selon les artisans de cette séduisante idée, « cela ne coûte rien ».

Voilà donc comment on peut, sur le papier, beaucoup diminuer la consommation de chauffage. Et, si cela ne suffit pas, on peut décréter que la température doit être de 17 ou 18 °C au lieu de 20 °C, qu'il est interdit de se baigner et que la douche ne doit pas durer plus de dix minutes. À la guerre comme à la guerre.

Il se pourrait qu'un jour la lutte contre l'effet de serre prenne les allures d'une guerre. Mais, malgré l'urgence, on n'en est pas encore là : il est seulement temps d'agir pour l'éviter.

Les bâtiments neufs consomment très peu d'énergie et il semble peu utile, désormais, de durcir les normes[1]. Mieux vaut dépenser l'argent autrement, vu les économies d'énergie minimes obtenues au prix d'importantes dépenses supplémentaires – et cela sans même parler des incidences encore mal connues d'une très forte isolation sur la santé. Quant aux bâtiments existants, quand ils font l'objet de rénovations profondes, je suppose qu'ils respecteront les normes applicables aux bâtiments neufs.

Pour les autres, c'est-à-dire la très grande majorité des logements et des bâtiments du secteur tertiaire, on peut se référer à une étude magistrale[2] qui rappelle des choses bien simples et souvent méconnues. 80 % des « donneurs d'ordres » de travaux d'amélioration de l'habitat sont des personnes privées qui ne prennent ce genre de décision que tous les vingt ou trente ans ; elles sont donc mal informées par leur expérience. Les bâtiments construits après 1975 ne feront pas l'objet de travaux de restructuration avant très longtemps. Les progrès sont donc possibles sur les bâtiments anciens au rythme de la rénovation diffuse décidée par leurs propriétaires. Si les combles ne sont pas isolés et qu'il est possible

---

1. Voir un calcul au chapitre III qui traite des coûts.
2. Une étude de Jean Orselli, pour le Conseil général des Ponts et Chaussées ; l'adresse Internet est indiquée dans la bibliographie, en annexe.

d'y mettre une très bonne couche d'isolant, ne pas attendre une seconde ! Chaque fois qu'il faut faire des travaux dans les bâtiments et les logements existants, mieux vaut utiliser les meilleurs matériaux et les meilleurs équipements. Le surcoût sera rapidement remboursé par les économies d'énergie. Si l'on doit changer l'encadrement des fenêtres, surtout que l'on mette des doubles vitrages renforcés (mais pas forcément ce qui se fait de mieux et de plus cher, il faut savoir raison garder). Lorsque l'on remplace une chaudière, l'amélioration de rendement sera impressionnante, mais attention avant de choisir la chaudière qui a le meilleur rendement, là aussi, il faut savoir raison garder. Cette étude suppose que la rénovation diffuse n'utilise que les matériaux les meilleurs. Alors, au total, en prenant en compte le fait que les Français préfèrent avoir des logements plus spacieux qu'aujourd'hui et une maison individuelle, elle conclut que la consommation peut diminuer de 7 % d'ici une trentaine d'années.

Pour beaucoup diminuer nos émissions de gaz carbonique fossile, le prix de l'énergie sera sans doute supérieur à celui qui a été retenu dans cette étude. Mais on ne supposera pas ici que, par décret, d'ici trente ans, le logement sera groupé alors que nos concitoyens ont d'autres préférences. Et l'on ne supposera pas que la surface par habitant se réduira. Cela pourrait se faire, progressivement, s'il fallait à tout prix diminuer nos consommations d'énergie, mais aujourd'hui cela ne paraît pas nécessaire et ne serait sans doute pas accepté.

La consommation thermique du secteur résidentiel et tertiaire pourrait donc baisser de 10 %, passant de 55 Mtep en 2005 à 49 Mtep dans trente ans. Avec une baisse de la température intérieure, ou une hausse de la température extérieure (une baisse de 7 % pour une hausse de température extérieure de 1°C), une variante pourrait prévoir 46 Mtep.

Que ce soit 46 ou 49 Mtep, il s'agirait là aussi d'un changement de tendance très significatif car, dans les quinze dernières années, la consommation pour le chauffage du secteur résidentiel et tertiaire a augmenté de 1 % par an en moyenne et de 2,3 % pour l'eau chaude, ce qui conduirait de 55 Mtep aujourd'hui à 70 Mtep selon une évolution tendancielle[1].

L'électricité spécifique : électroménager, électronique, climatisation

Les ménages et le secteur tertiaire consomment aussi de l'électricité pour autre chose que le chauffage et la cuisson : électroménager, appareils électroniques, et cela de plus en plus. Comme pour le chauffage, chaque fois que l'on doit changer un équipement électroménager, à commencer par les ampoules, les réfrigérateurs, les machines à laver ou les lave-vaisselle, on suppose que sera choisi un appareil économe en énergie.

Cela dit, il faut là encore garder en tête les ordres de grandeur : une économie de 30 % (ce qui serait considérable) permettrait d'économiser 4 Mtep, soit 3 % de la consommation nationale sans doute, mais n'aurait pas d'effet direct sur les émissions de gaz carbonique si l'on suppose que le parc de production d'électricité est optimal, puisque alors cette électricité serait produite sans émission de gaz carbonique. Il est donc judicieux de parler des lampes à basse consommation mais, pour lutter contre l'effet de serre, ce n'est pas le point le plus important.

Un nouveau poste de consommation prendra une place importante : *la climatisation*. Aujourd'hui, elle utilise surtout de l'énergie électrique. Comme cette consommation est, dans l'année, complémentaire des consommations de chauffage, elle sera satisfaite par des centrales nucléaires. Elle demandera peu de puissance supplémentaire et ne sera pas la cause d'émission de gaz à effet de serre. Autre possibilité : utiliser la chaleur d'un réseau de chaleur pour produire le froid de la climatisation, ce qui est particulière-

---

1. Si la consommation continuait d'augmenter au même rythme, elle atteindrait 80 Mtep dans trente ans ; mais on peut penser que l'évolution tendancielle, sans renforcer la politique d'économie d'énergie, sera moins rapide.

ment intéressant lorsque le réseau utilise la géothermie et la chaleur des usines d'incinération, deux sources qui ne coûtent presque rien et qui sont disponibles été comme hiver.

Il faut mentionner ici la possibilité de coupler un chauffage et une climatisation, l'un et l'autre par une pompe à chaleur réversible, ce qui peut donner un excellent résultat, et du point de vue de la consommation d'énergie et du point de vue des émissions de gaz à effet de serre et des coûts.

Au total, le scénario fait l'hypothèse que la consommation spécifique d'électricité, qui est aujourd'hui de 13 Mtep, passe à 16 Mtep.

La consommation totale d'énergie finale dans trente ans – hypothèses

Le tableau ci-contre montre une baisse de consommation, exprimée en tonnes d'équivalent pétrole. Mais l'électricité utilisée dans le transport sur route sera beaucoup plus efficace que du carburant.

Dans le chauffage et le transport, là où une évolution tendancielle conduirait à une augmentation de 30 %, les hypothèses principales représentent donc *une stabilisation de la consommation d'énergie*, ce qui est cohérent avec l'objectif inscrit dans la loi d'orientation sur l'énergie d'août 2005 [1]; une variante suppose une baisse de 7 % de cette consommation.

Pour la chaleur, je n'ai pas fait l'hypothèse que ce programme diminue le confort par rapport à la tendance. Pour le transport, il est supposé que les distances parcourues sur route et en avion augmentent, mais moins que selon l'évolution tendancielle; en revanche, les distances parcourues par fer auront doublé. Au total,

---

1. La loi d'orientation sur l'énergie retient comme objectif une diminution de l'intensité énergétique de 2 % puis 2,5 % par an, les prévisions de croissance du PIB étant en général de l'ordre de 2 % ou un peu plus. L'intensité énergétique est le rapport de la consommation d'énergie au PIB.

En Mtep	Aujourd'hui	Tendanciel dans 30 ans	Hypothèses dans 30 ans	Variante dans 30 ans
Industrie et agriculture Consommation d'énergie	42		42	42
Transport Consommation d'électricité du transport par fer	1		2	2
Distances parcourues sur route et en avion		+ 70%	+ 35%	+ 10%
Consommation sur route et en avion (équivalent carburant liquide)	50	68	53	45
Dont électricité* Et carburant liquide			6 Mtep électr. 35	5 Mtep électr. 30
Logement et secteur tertiaire Consommation d'énergie en chauffage et eau chaude	55	70	49 (– 10%)	46 (– 16%)
Consommation d'électricité spécifique	13	16	16	16
Total	161		150	141
Total en équivalent carburant liquide	161		162	151

* 1 tep électrique vaut 3 tep carburant.

selon les hypothèses de référence, les distances parcourues seront inférieures d'environ 20 % à une évolution tendancielle.

Ces hypothèses sur la consommation ne sont donc pas anodines : elles impliquent une modification significative de tendance *sans pour autant que l'on ait à envisager de modification de notre genre de vie.*

La biomasse

Des quantités considérables de bois ou de matières végétales peuvent servir de matière première énergétique, comme source de chaleur ou pour produire du biocarburant[1] ou de l'électricité. Le bois peut aussi bien servir de matière première pour produire de la pâte à papier ou des panneaux de particules. Et toute la biomasse peut également servir de base à une biochimie très diversifiée. C'est dire que les usages de la biomasse, que ce soit du bois ou des plantes, sont nombreux et concurrents.

En réalité, la ressource de base n'est pas la biomasse mais *le sol*, agricole ou forestier, sans qu'il existe de frontière très nette entre l'un et l'autre. C'est le sol qu'il faut savoir utiliser au mieux, en maintenant sa qualité, en tenant compte du climat et des possibilités en eau et en veillant à respecter l'environnement. La production de biomasse sera donc limitée par la concurrence exercée par d'autres utilisations possibles du sol, c'est-à-dire la culture de bois d'œuvre (le bois à scier), les cultures pour l'alimentation, l'élevage et les autres utilisations non agricoles.

De grandes possibilités de production...

Nous avons la chance d'avoir un pays spacieux qui, aujourd'hui, ne manque pas de sols très divers. Les rendements de la culture augmentent plus vite que nos besoins alimentaires.

... de bois...

La forêt conquiert chaque année, librement et spontanément, plusieurs centaines de milliers d'hectares. Elle pourrait nous

---

1. On appelle « biocarburant » tout carburant produit à partir de biomasse.

74

donner beaucoup plus de bois que nous lui en prenons. Il serait possible de récupérer les bois que l'on préfère laisser sur le sol lorsque le prix auquel ils pourraient être vendus est insuffisant pour couvrir les dépenses de façonnage et de transport; il serait souhaitable de réaliser sans attendre les éclaircies en retard, de couper des boisements vieux et mal venus pour les remplacer par de belles futaies; de couper sans trop attendre des parcelles où les arbres sont si âgés qu'ils ont à peu près cessé leur croissance et risquent de s'abîmer ou de s'abattre à la première tempête. Ils ne sont même plus utiles pour capter le gaz carbonique. Il serait possible également de planter des arbres à croissance rapide, à couper dix ou douze ans plus tard et qui rejailliront spontanément. Il serait possible encore d'utiliser plus complètement les chutes de scierie, de brûler les déchets de bois des villes (bois d'emballage et de coffrage, bois d'élagage des parcs et jardin) plutôt que de les mettre en décharge.

S'il y a tant de bois dans nos forêts, pourquoi n'est-il pas complètement exploité? Il serait assez facile de se dire que, si le prix du bois augmente, les quantités vendues augmenteront. C'est parfois vrai, mais rarement. Lorsqu'un bois est venu à maturité, il peut être conservé encore de nombreuses années; de même, il est possible d'attendre quelques années avant de faire les coupes de bois qui sont nécessaires pour «éclaircir» les boisements et produire des arbres de belle taille. Si la demande de bois devient plus forte, le gestionnaire de la forêt peut se dire que les prix vont augmenter et qu'en conséquence il a intérêt à attendre. L'expérience le montre: une demande de bois plus forte n'a pas pour effet d'augmenter l'offre. Il faut trouver autre chose[1].

---

1. J'ai développé cela et fait des propositions dans *L'Économie de la forêt. Mieux exploiter un patrimoine* – cf. la bibliographie en annexe.

… *et de matière agricole…*

Dans un rapport présenté au congrès de l'AGPB (Association générale des producteurs de blé), en juin 2005, on trouve une page sur l'utilisation du blé comme source de chaleur. Le blé est en effet un très bon combustible et, dès que le prix du pétrole est supérieur à 50 $/bl, l'agriculteur peut avoir intérêt à le brûler au lieu d'acheter du fioul, alors même qu'une chaudière à biomasse est plus chère qu'une chaudière à fioul[1]. C'est encore plus intéressant, évidemment, si l'achat de la chaudière est aidé par une subvention ou par un crédit d'impôt. Mais lorsque vous dites dans les salons ou dans une administration parisienne qu'il est intéressant de brûler du blé, vous êtes accusé de commettre un sacrilège. Il y a évidemment une question d'image derrière tout cela. Le blé, c'est la farine, c'est blanc et cela donne du pain ; la chaudière évoque le charbon et les enfers. Personne ne réagit contre l'utilisation du blé pour faire un liquide qui ressemble à un produit pétrolier car le pétrole c'est le « sang » de notre économie. Face à de telles images, il vaut mieux battre en retraite… D'accord, ne parlons plus de blé mais de sorgho par exemple, ou bien encore de triticale ou de miscanthus[2].

Parlons donc de céréales ou de « grandes cultures », qui incluent aussi les oléagineux. En France, 6 millions d'hectares sont cultivés pour l'exportation. Or les aides à l'exportation vont aller en diminuant, de sorte que les agriculteurs sont à l'affût de nouvelles utilisations de leurs produits. Les mises en jachère, au-delà de ce que la terre demande pour se reconstituer, les désolent : si l'on veille à ne pas l'épuiser, la terre n'est pas faite pour être au repos.

---

1. Voir sur le site Internet de l'AGPB : *http://www.agpb.fr/fr/dossier/congres/2005/PDF/AGPB2004_bio.pdf*
2. Et cessons d'arroser des champs de maïs en été pour produire de l'éthanol alors que nous allons manquer d'eau !

... *par dizaines de millions de tep*

Que ce soit des taillis à courte révolution (peupliers, eucalyptus ou autres) ou des plantes (sorgho, triticale ou miscanthus), une culture conçue pour produire le maximum de matière peut donner aujourd'hui de 10 à 12 tonnes de matière sèche par hectare et par an, ce qui correspond, si cette matière est brûlée, à 4 à 5 tep[1] par hectare et par an. Je fais l'hypothèse que la culture de ces arbres ou de ces plantes utilisera peu d'engrais et de produits phytosanitaires[2]. Quant à l'énergie mécanique utilisée pour la culture, la récolte et le transport, contrairement à ce que l'on peut croire, elle demande très peu d'énergie, pas plus de quelques pour cent de l'énergie contenue dans la biomasse. L'énergie de la biomasse est donc une énergie nette, déduction faite de l'énergie fossile utilisée pour la produire.

On supposera que la productivité des sols se maintiendra au niveau actuel tout en sachant qu'elle pourrait être gênée par une hausse des températures ou par un manque d'eau, ou au contraire accrue par une augmentation de la concentration du gaz carbonique dans l'atmosphère et par l'amélioration des variétés agricoles ou forestières. À cela on peut ajouter la récupération d'une partie des pailles abandonnées sur les sols agricoles, en en laissant assez pour réalimenter les sols en matières minérales et pour la litière des animaux.

Il faut y ajouter encore ce que fournit la sylviculture classique, qui a pour objet principal de produire du bois d'œuvre, c'est-à-dire du bois qui peut être scié pour faire des planches, du bois de construction ou des meubles. Elle fournit tout autant de bois impropre au sciage (bois d'éclaircies, houppiers et souches) et de

---

1. Une tonne de matière sèche fournit une quantité d'énergie thermique de 0,4 tep.

2. Ce qui sera bon à tout point de vue : la pollution des sols, les émissions de gaz à effet de serre liées aux engrais et la qualité des fumées de combustion, qui seront moins corrosives.

chutes de scierie, qui seront employés pour faire du papier, des panneaux de particules ou qui seront brûlés.

La forêt, y compris des plantations à haute production, la coupe des arbres trop âgés, le rattrapage des éclaircies en retard et les transformations de taillis en futaies, peut fournir chaque année 100 millions de mètres cubes de bois de plus qu'aujourd'hui[1], soit 25 Mtep thermiques, et l'agriculture peut fournir, sur 5 millions d'hectares, 55 millions de tonnes sèches, soit 22 Mtep thermiques. Avec des pailles et des déchets agricoles que l'on pourrait récupérer et utiliser, l'énergie produite à partir de biomasse pourrait atteindre 50 Mtep thermiques de plus qu'aujourd'hui, soit en tout 60 Mtep thermiques. Il est plus réaliste de retenir comme hypothèse de référence une production de 50 Mtep thermiques. Une variante prévoit une production de 40 Mtep thermiques.

Pour quel usage : chaleur puis biocarburant

La façon la plus efficace d'utiliser la biomasse pour produire de l'énergie, que ce soit du bois ou des produits agricoles, est indéniablement de la brûler pour remplacer du fioul ou du gaz. Tout le monde en convient.

Des chaufferies collectives ou des installations industrielles pourront aisément utiliser de la biomasse. Mais celle-ci n'est pas d'un usage commode en chauffage individuel et ne peut pas être apportée et stockée aisément en ville. C'est donc avec des *réseaux de chaleur* que nous pourrons consommer de grandes quantités de biomasse. Les réseaux de chaleur, appelés aussi « réseaux de chauffage urbain », sont formés de chaufferies centrales et de conduites qui transportent la chaleur sous forme d'eau chaude (parfois à 80 °C, parfois au-dessus de 100 °C) ; à Paris, le réseau transporte de la vapeur. La chaleur est distribuée dans les bâtiments par de simples échangeurs qui ressemblent à des radiateurs de voitures.

---

1. Un mètre cube de bois produit en chaleur 0,25 tep.

Plus d'un tiers des logements parisiens sont chauffés par la chaleur d'incinération des ordures ménagères ; le réseau de la ville de Grenoble dessert 40 % des habitants ; Lyon et plusieurs villes de sa banlieue ont également des réseaux ; en tout, dans des villes grandes ou petites, et même dans des bourgs, la France compte plusieurs centaines de réseaux de chaleur. Un million de logements sont alimentés en chaleur par un chauffage urbain. Ce n'est pas rien mais c'est beaucoup moins que dans d'autre pays d'Europe. En Allemagne, 40 % des habitations sont raccordées à un réseau de chaleur, plus encore en Autriche, au Danemark ou dans d'autres pays du Nord de l'Europe.

Certains réseaux existants sont alimentés par du charbon ; or, il n'est pas très difficile de remplacer le charbon par du bois. La plupart des réseaux sont alimentés par des installations qui produisent à la fois de l'électricité et de la chaleur à partir de gaz. L'obligation faite à EDF de racheter l'électricité assez cher permet aux réseaux d'avoir la chaleur à bon prix, mais il serait plus avantageux pour tout le monde, et pour l'atmosphère également, de produire l'électricité de la façon la plus efficace et de se chauffer avec de la biomasse : ce ne serait pas plus cher et l'on émettrait moins de gaz à effet de serre. Les calculs de coûts montrent aussi qu'il serait souvent intéressant de construire des réseaux de chaleur là où il n'y en a pas, dans les grandes ou les petites villes[1]. Ce sera plus cher que d'utiliser du gaz ou du fioul, mais la différence sera moins grande que pour produire du biocarburant.

En remplaçant le charbon et le gaz utilisés par les réseaux existants, en créant de nouveaux réseaux et en développant le chauffage collectif au bois, je fais l'hypothèse que l'utilisation de biomasse comme chaleur sera *doublée*, passant de 10 à 20 Mtep en tout – de 8 à 15 Mtep dans le secteur résidentiel et tertiaire.

---

1. On peut consulter deux rapports récents : un rapport du Sénat et un autre remis au ministre de l'Industrie ; les adresses Internet en sont indiquées en annexe.

Pourquoi donc les biocarburants jouissent-ils d'une telle faveur alors que l'on n'a pas encore pleinement utilisé toutes les façons moins onéreuses d'utiliser la biomasse comme source de chaleur ? On dit parfois que cela s'explique si l'on considère qu'il ne s'agit pas de politique de l'énergie mais de politique agricole, mais l'explication n'est pas convaincante : l'usage thermique de la biomasse présente pour l'agriculteur tout autant d'intérêt que la production de biocarburant (sauf lorsqu'il s'agit de betteraves, qui ne sont pas vraiment un bon combustible).

Si, aujourd'hui, produire du biocarburant est inutilement coûteux, à terme, avec de nouvelles techniques, la biomasse pourra nous fournir de grandes quantités de carburant.

L'avenir du biocarburant avec de nouvelles techniques de production

Le biocarburant dont on nous parle tant aujourd'hui n'utilise qu'une partie de la plante, ou bien l'huile d'un oléagineux, chez nous le colza, ou bien le sucre de la betterave ou l'amidon fourni par une céréale, que l'on transforme en éthanol. Si l'on met de l'huile dans un moteur diesel, celui-ci fonctionnera, mais un moteur moderne sera loin de son optimum, s'encrassera et ne répondra pas aux normes anti-pollution. Les constructeurs de moteurs n'en garantissent pas le bon fonctionnement. Quant à l'éthanol, il peut être mélangé en petites quantités à de l'essence, mais le consommateur, s'il n'est pas informé de l'addition d'éthanol, ne peut pas savoir que l'efficacité du carburant qu'il achète en a été quelque peu diminuée. Certains moteurs acceptent des mélanges éthanol-essence riches en éthanol, les *flexible fuel vehicles*, FFV, en anglais, ou véhicules à carburant modulable, en français. Mais, si l'on tient à utiliser de l'éthanol ou de l'huile végétale comme carburant, la méthode la plus commode est de les combiner avec un autre produit de façon à obtenir un corps qui se mélange très bien avec l'essence ou avec le gazole. Pour l'essence, c'est l'ETBE ; pour le gazole, c'est l'EMHV [1].

Pour cultiver ces plantes, il a fallu utiliser des engrais dont la production consomme de l'énergie fossile et qui envoient dans l'atmosphère des oxydes d'azote, puissants gaz à effet de serre, et, pour produire l'éthanol, on aura consommé de l'énergie fossile. Tous comptes faits, pour éviter l'émission d'une quantité de gaz à effet de serre équivalente à une tonne de carbone par an, on aura eu besoin de plus d'un hectare. La production d'éthanol à partir de betteraves est plus productive, mais beaucoup moins que les productions concurrentes au plan mondial, à partir de canne à sucre, et la surface des terres à betteraves est limitée. Même en utilisant autant que possible l'électricité dans les véhicules hybrides, pour diviser par trois les émissions dues au transport il faudrait plus de 30 millions d'hectares de colza ou de blé sur les 35 millions d'hectares de terres agricoles et forestières.

D'autres procédés sont en cours de mise au point pour utiliser *toute la biomasse*. Pour éviter l'émission d'une quantité de gaz à effet de serre équivalente à une tonne de carbone par an, il suffira alors de la moitié ou d'un tiers d'hectare. Ce sera aussi cher que les procédés actuels mais, lorsque l'on aura utilisé les possibilités les moins coûteuses d'utiliser la biomasse comme source de chaleur, la production de biocarburant « plante entière » deviendra très intéressante.

L'hydrolyse enzymatique à l'aide d'enzymes modifiées par génie génétique permettra de transformer la cellulose en éthanol, ce qui améliorera beaucoup le rendement de production. Ce procédé, qui présentera l'avantage d'être économe en énergie, attend encore que l'on ait appris à domestiquer les bactéries et à stabiliser leur fonctionnement.

Un autre procédé, thermochimique, repose sur un principe bien connu, qui a été utilisé pendant la guerre de 40 dans les « gazogènes ». Il passe par la production de « gaz de synthèse », mélange

---

1. Éthyle tertio butyle éther et ester méthylique d'huile végétale.

d'oxyde de carbone et d'hydrogène obtenu en chauffant la biomasse à l'abri de l'air. La recombinaison de ces deux corps permet de produire à peu près ce que l'on veut, en particulier un hydrocarbure dont les caractéristiques peuvent être précisément choisies. Les fabricants de moteurs attendent cela avec impatience car ils pressentent que les hydrocarbures pourront être adaptés aux moteurs alors qu'aujourd'hui c'est aux moteurs de s'adapter aux hydrocarbures. Il sera possible de faire du carburant pour les avions, par exemple, ce qui n'est pas possible avec les techniques actuelles qui produisent de l'éthanol ou de l'huile végétale.

Ce procédé thermochimique demande beaucoup de chaleur. Celle-ci peut être fournie par la biomasse mais la quantité de carburant sera augmentée si la chaleur provient d'une autre source qui n'émet pas de gaz carbonique. Le rendement matière peut encore être amélioré si l'on apporte de l'extérieur de l'hydrogène. En effet le rapport entre le nombre d'atomes d'hydrogène et de carbone dans la matière organique est de l'ordre de 3 pour 2 alors que dans un hydrocarbure il est de l'ordre de 4 pour 2. Sans apport d'hydrogène, un atome de carbone sur quatre est donc perdu ; il peut être utilisé si l'on apporte un complément d'hydrogène[1]. Or dans le gaz naturel, qui est du méthane, il y a quatre atomes d'hydrogène pour un de carbone. En combinant le gaz de synthèse produit à partir de la matière végétale et du gaz naturel, on pourra utiliser tout le carbone organique pour faire du carburant de sorte que pour une même quantité de biomasse et de méthane, on produira plus d'énergie sans émettre davantage de gaz carbonique d'origine fossile.

Sans émission de gaz carbonique, l'hydrogène sera produit à partir de l'eau par voie chimique ou par électrolyse à haute température, l'énergie pouvant venir de centrales nucléaires.

Selon les estimations faites aujourd'hui, une tonne de matière

---

1. Sans apport d'hydrogène, $2\,[C_2H_3]$ donnent $3\,[CH_2]$ et un C qui part sous forme de CO_2. Avec apport d'hydrogène, $2\,[C_2H_3]$ et $1\,[H_2]$ donnent $4\,[CH_2]$: tout le carbone organique est employé pour faire un hydrocarbure.

Rappel
Le carbone émis sous forme de gaz carbonique par la combustion de matières végétales n'augmente pas la quantité totale de gaz carbonique dans l'atmosphère si les matières brûlées sont remplacées par des végétaux qui, en poussant, récupèrent une quantité de carbone égale à celle qui a été émise. C'est l'hypothèse ici retenue.

sèche (qui donne 0,4 tep de chaleur si on la brûle) donnera 0,15 tonne de carburant sans apport de chaleur extérieure, 0,30 tonne avec apport de chaleur et plus de 0,40 tonne avec apport d'hydrogène, soit, par hectare et par an, de 1,8 à près de 5 tonnes de carburant.

Il s'agit maintenant de dessiner les équipements les plus efficaces et de voir comment s'organiser pour traiter des quantités considérables de biomasse. Peut-être faudra-t-il décomposer le processus de production en deux étapes. Un premier traitement de la biomasse permettrait de concentrer la matière utile pour diminuer les masses à transporter. Le produit de cette première étape pourrait ensuite être traité dans de grosses installations industrielles, sans doute les raffineries existantes qui, peu à peu, seront devenues de véritables usines chimiques pour traiter des pétroles de plus en plus difficiles. Là, il sera possible de combiner les « jus » issus de la biomasse avec des produits pétroliers et, si on le veut, d'apporter en grande quantité cette chaleur extérieure sans émission de gaz carbonique fossile qui permet de mieux utiliser la biomasse.

Entre-temps, les raffineries auront appris à incorporer dans leurs procédés d'autres matières biologiques, huiles végétales, matières grasses animales par exemple, et d'autres procédés auront peut-être vu le jour.

Une vingtaine de millions de tonnes de biocarburant par an

Si l'on produit l'équivalent de 40 ou 50 Mtep thermiques de bio-masse et qu'on en utilise 20 comme source de chaleur, il en restera beaucoup pour faire du biocarburant : selon la technique utilisée, de 11 à 30 millions de tonnes de carburant. La fourchette est large sans doute mais, pour savoir dans quelle direction orienter ses efforts, il suffit de constater que les possibilités sont très grandes.

Pas d'hydrogène sous forme de gaz dans le transport automobile

Il est certes imprudent de dire : « Fontaine, je ne boirai pas de ton eau », mais il me semble que ces perspectives techniques montrent que, dans un avenir prévisible, on ne verra pas d'hydrogène sous forme de gaz dans nos moteurs. En effet, il faudrait aupara-vant produire de l'hydrogène. Or on a vu qu'à partir d'une même quantité de biomasse il sera possible de produire beaucoup plus de carburant en « greffant » de l'hydrogène sur du carbone orga-nique. Une fois que l'on aura produit de l'hydrogène, il sera tout de même plus facile de l'apporter ainsi dans nos moteurs de voi-ture, sous forme d'hydrocarbure liquide, en utilisant l'infrastruc-ture de transport et de distribution de carburant existante et les moteurs des véhicules classiques, que de comprimer l'hydrogène ou le liquéfier, le transporter, le stocker, le distribuer et l'utiliser dans des moteurs d'une conception nouvelle ! C'est à se demander comment est venue cette idée de la « civilisation de l'hydrogène » ! Cela dit, il est difficile de parler de l'avenir sans se tromper et peut-être une percée technologique ou la disparition des arbres accompagnée d'une baisse dramatique de rendement de nos cultures rendront-elles possible et nécessaire l'utilisation massive de l'hydrogène dans les véhicules, mais, dans les trente et même cinquante ans à venir, c'est peu probable. Peut-être aussi est-il nécessaire de faire rêver.

En tout cas, les tableaux des ressources et des emplois d'énergie présentés ici ignorent complètement l'hydrogène.

Dresser un tableau ressources-emplois d'énergie

Les besoins en électricité, pour équilibrer le tableau des ressources et des emplois d'énergie

On aura toujours besoin d'énergie fossile pour produire les quantités d'électricité qui permettent d'équilibrer en permanence l'offre et la demande. L'utilisation de l'électricité dans les véhicules est possible mais sera limitée aux petits trajets, et les quantités de biocarburant seront limitées par la production de biomasse. Même en utilisant les techniques les plus efficaces, biocarburant et électricité ne suffiront donc pas à répondre aux besoins du transport routier et aérien. Il faudra encore du carburant pétrolier. Il faut aussi penser aux besoins de l'industrie en énergie fossile.

Pour construire un tableau de ressources-emplois d'énergie, on peut donc procéder ainsi : après avoir fait des hypothèses sur la consommation d'énergie et sur les possibilités de la biomasse, se fixer un maximum pour les émissions de gaz carbonique d'origine fossile, puis servir en énergie d'origine fossile la production d'électricité, les transports et l'industrie. Alors on calcule, par différence, combien d'énergie fossile, surtout du gaz, reste disponible pour le chauffage. Finalement, les hypothèses sur la consommation d'énergie renouvelable pour la chaleur (biomasse, chauffage solaire, pompes à chaleur, géothermie) permettent de calculer, par différence, la quantité d'électricité nécessaire pour le chauffage.

Avec les hypothèses de consommation d'énergie présentées plus haut et avec 50 Mtep/an de biomasse, diviser par trois les émissions implique que la consommation finale d'électricité, qui est aujourd'hui de 36 Mtep, s'élève à 61 Mtep dans trente ans, soit une augmentation de 70 %, c'est-à-dire de 2 % par an[1].

Il serait donc possible de prévoir une division par trois de nos émissions de gaz à effet de serre en stabilisant la consommation d'énergie ; il faudrait pour cela augmenter la consommation d'électricité de 2% par an à condition que cette électricité soit produite sans émission de gaz carbonique.

J'ai déjà dit qu'il serait probablement possible de produire de l'électricité avec du charbon en stockant le gaz carbonique, mais que ce n'est pas pour tout de suite et que cela coûterait beaucoup plus cher que l'électricité nucléaire. Dans le chapitre suivant, sera calculée l'incidence sur les coûts d'un refus du nucléaire.

Le seul fait de remplacer des tranches nucléaires d'une capacité de 0,9 ou 1,3 GW par des EPR dont la capacité est de 1,6 GW porterait la capacité à 93 GW, soit une augmentation de la capacité totale de 50 %. Pour diviser nos émissions par trois, la capacité de production sans émissions de gaz à effet de serre devrait augmenter davantage. Si cette production est nucléaire, la capacité nucléaire *augmenterait d'un EPR par an*. Avec le renouvellement des centrales existantes, cela implique la construction de deux ou trois tranches par an.

Ce n'est pas un objectif, c'est une possibilité. Les émissions ne seront pas autant diminuées si la ressource en biomasse ou si la production d'électricité sans émission de carbone sont inférieures à ces hypothèses ; mais elles le seront davantage si les économies d'énergie fossile sont supérieures à ces hypothèses, etc. Deux variantes montrent comment les émissions dépendent de la consommation d'énergie, de la capacité de production de biomasse et de la capacité de production d'électricité sans émission de carbone fossile.

---

1. Voir en annexe II.2 Je rappelle que le chapitre VII est consacré à l'électricité.

Trois tableaux

Les tableaux de ressources et d'emplois d'énergie donnent une vue de la situation telle qu'elle pourrait être dans trente ou quarante ans. Un autre chapitre (chapitre VIII) montre quelques chemins possibles pour évoluer depuis la situation actuelle dans les directions indiquées par ces tableaux. C'est alors que l'on pourra parler de scénarios, avec leur aspect dynamique.

Le tableau de référence (tableau A) vise une division par trois des émissions de gaz carbonique (par personne) et suppose une stabilisation de la consommation d'énergie et une très forte mobilisation de la biomasse. Les deux variantes présentées ici supposent que la quantité de biomasse, tout en augmentant beaucoup par rapport à aujourd'hui, est moins importante que dans le tableau de référence et que la capacité de production d'électricité est augmentée de 50 % au lieu de 80 %. Dans le tableau B, les hypothèses de consommation sont les mêmes que dans le tableau de référence. Une autre variante, tableau C, suppose des économies d'énergie plus marquées que dans le tableau de référence, insuffisantes néanmoins pour diviser nos émissions par trois. Ces tableaux, de même que celui qui représente la situation actuelle, sont regroupés en annexe.

Résultats de trois jeux d'hypothèses sur le transport et les secteurs résidentiel et tertiaire

- **Tableau A** : stabilisation de la consommation, forte mobilisation de la biomasse, augmentation de la capacité nucléaire d'une tranche EPR de plus par an : *division par trois des émissions*.
- **Tableau B** : stabilisation de la consommation, bonne mobilisation de la biomasse, remplacement nombre pour nombre des centrales nucléaires (augmentation de la capacité nucléaire de 50 %) : *division par deux des émissions*.

- **Tableau C** : baisse de la consommation de 10 %, bonne mobilisation de la biomasse, remplacement nombre pour nombre des
centrales nucléaires : *diminution des émissions de 60%*.

Dans les trois cas la consommation d'énergie de l'industrie est
stabilisée mais les émissions diminuent grâce à une plus forte utilisation de l'électricité et de la biomasse.

	Aujourd'hui	Dans 30 ou 40 ans		
		Tableau A	Tableau B	Tableau C
Production de biomasse (Mtep thermiques)	10	50	40	40
Consommation				
Transport sur route et en avion				
Évolution des distances parcourues		*+ 35 %*	*+ 35 %*	*+ 15 %*
Chaleur				
Évolution de la consommation		*– 10 %*	*– 10 %*	*– 16 %*
Consommation totale d'énergie finale (Mtep)	161	150	154	141
Capacité nucléaire (GW)	62	113	93	93
Émissions de gaz carbonique (MtC)	**105**	**38**	**55**	**44**
Consommation finale de biomasse et d'électricité pour le chauffage des secteurs résidentiel et tertiaire et pour le transport (Mtep)				
Biomasse dans le chauffage (Mtep)	8,4	15	15	15
Électricité dans le chauffage (Mtep)	11,4	19	14	13
Production de biocarburant* (Mtep)	0,4	23	11	11
Électricité dans le transport sur route (tep électrique**)	0	6	5	4

* Y compris biogaz
** 1 tep électrique vaut 3 tep carburant.

Le tableau de référence (tableau A) annonce des résultats spectaculaires qui nous mettraient sur le chemin de la «division par
quatre» en cinquante ans et d'une réelle autonomie énergétique
qui sera très précieuse comme nous le verrons au chapitre IX.

Cela ne fait-il pas trop de chiffres ? Résumons-nous

Il est possible de diviser par deux ou trois nos émissions de gaz à effet de serre d'ici trente ou quarante ans avec : une forte augmentation de la biomasse agricole et forestière, le développement des réseaux de chaleur, la stabilisation ou une baisse de la consommation d'énergie, la pénétration de l'électricité dans le transport sur route grâce à des véhicules hybrides rechargeables, la production de biocarburant de nouvelle génération de 10 à 20 millions de tonnes par an, peu d'éoliennes, pas d'hydrogène, le développement des pompes à chaleur et l'utilisation directe de l'électricité dans le chauffage central, autant de chauffage solaire que possible (mais assez peu au total), une augmentation de la capacité de production d'électricité sans émissions de gaz à effet de serre de 1 à 2% par an. La production d'électricité à partir de charbon avec captage et stockage du gaz carbonique ne sera pas opérationnelle avant quinze ou vingt ans et coûtera deux ou trois fois plus cher qu'une production nucléaire. Avec ces hypothèses, l'option d'une division par trois des émissions implique le lancement dès aujourd'hui de deux ou trois tranches nucléaires par an.

Il suppose un grand engagement de tout le pays tant sur la production de biomasse que sur celle de l'électricité. Quant au tableau B, les possibilités de biomasse qu'il prévoit existent assurément et l'augmentation de capacité nucléaire, de 50 %, serait atteinte par le remplacement de chaque tranche existante par une tranche EPR de 1,6 GW, en tenant compte des contraintes de localisation. Les émissions de gaz à effet de serre dues à la consommation d'énergie seraient alors divisées par deux, ce qui nous maintiendrait en très bonne place parmi les pays développés.

Pour obtenir une forte diminution de nos émissions, l'adhésion de la population est de toute façon nécessaire non seulement pour accepter des implantations de centrales mais aussi pour accepter une hausse – modérée mais réelle – du prix de l'énergie et quelques réglementations contraignantes et coûteuses. Savoir s'il faut ou non s'y engager est une question cruciale qui sera abordée au chapitre IV.

Ces tableaux équilibrent bien la production et la consommation en respectant les contraintes physiques. Il faut vérifier s'ils sont cohérents du point de vue économique. C'est l'objet du chapitre suivant.

Une multitude de possibilités :
dressez vous-même votre tableau

À la suite de la publication d'un article dans la *Revue de l'énergie* en février 2004, il m'a été aimablement reproché de ne présenter qu'un seul tableau ; qui plus est un tableau «tout nucléaire».

Le qualificatif de «tout nucléaire» n'est pas approprié puisque, comparée à l'évolution tendancielle, la diminution des émissions de gaz à effet de serre est due beaucoup plus aux économies d'énergie et à la biomasse qu'à l'électricité nucléaire – et, de plus, le tableau que je dresse n'exclut pas la production d'électricité à partir de charbon avec stockage du gaz carbonique, tout en rappelant systématiquement que les possibilités techniques ne sont pas connues et que ce serait beaucoup plus cher.

Cela dit, pour donner à chaque forme d'énergie sa bonne place, il est nécessaire de passer par un tableau croisé des ressources et des emplois de l'énergie, *mais il ne faut pas qu'un tableau cohérent, par la force même de sa cohérence, donne l'impression de s'imposer tel quel.* C'est pourquoi j'en présente ici trois. Mais il y a mieux.

Une méthode est disponible sur Internet pour dresser ce genre de tableau[1]. Ainsi, tout le monde peut faire son jeu d'hypothèses ou de prévisions. En fonction des hypothèses de consommation, de production de biomasse, de production d'électricité éolienne ou à partir de biomasse, etc., le tableur calcule la capacité nucléaire nécessaire pour répondre à la demande et les émissions de gaz car-

---

1. À cette adresse : *http://www.2100.org/PrevotEnergie/vousmeme.html*

bonique fossile. Il calcule aussi la part de la consommation finale d'énergie ou d'électricité qui serait produite à partir de ressources renouvelables. Selon les hypothèses retenues pour le tableau de référence (tableau A) présenté ci-dessus, pour l'énergie cette part serait d'environ 40 %[1]; pour l'électricité elle serait seulement de 11 %[2], à comparer à 21 %, objectif « indicatif » fixé par Bruxelles et repris par la loi: on s'apercevra que cet objectif est pratiquement *incompatible* avec l'objectif d'une forte diminution de nos émissions de gaz carbonique d'origine fossile[3].

Ce tableur est un outil parfaitement innocent. On peut l'utiliser sans crainte qu'il ne contienne lui-même la réponse aux questions posées. Les formules de calcul ne sont pas enfouies dans les mystères de programmes informatiques obscurs et cachés à l'utilisateur; elles sont visibles au premier coup d'œil. Une preuve de l'innocence congénitale de ce tableur: il rend bien compte de la situation actuelle, de la situation qui serait créée par une évolution à peu près tendancielle telle que l'a dessinée le ministère de l'Industrie, et aussi des hypothèses de sortie du nucléaire telles que les a publiées l'association Négawatt.

Pour fonctionner, ce tableur a besoin qu'on lui fournisse un grand nombre de données dont plusieurs ne sont pas, dans la réalité, indépendantes les unes des autres. Celui (ou celle) qui l'utilise doit donc faire attention à respecter quelques règles: il faut de l'énergie fossile pour l'électricité de pointe, il ne faut pas trop d'éoliennes pour que la variabilité du vent ne perturbe pas trop la production, l'utilisation de l'électricité dans les véhicules est limitée, les ressources en biomasse sont limitées, etc. Cela fait, ce tableur,

---

1. En comparant le total de la biomasse, de l'hydraulique, de l'éolien, de la géothermie et du solaire à la consommation finale totale d'énergie.

2. En comparant le total de la production éolienne et hydraulique à la production d'électricité, celle-ci, du fait des pertes en ligne, étant supérieure à la consommation.

3. Sur ce site, j'ai proposé une bouteille de champagne au premier qui pourra obtenir ce ratio en divisant par trois ou quatre nos émissions de gaz à effet de serre dues à l'énergie, à un coût proche de celui auquel conduisent les hypothèses présentées ici. La bouteille est encore au réfrigérateur.

dans sa simplicité, oblige à une discipline rigoureuse : équilibrer poste par poste les utilisations et les productions d'énergie, car, qu'on le veuille ou non, 2 + 2 feront 4 que l'on aime ou non les éoliennes, le nucléaire, le solaire, la voiture ou les vélos. Autre avantage : ce tableur montre d'un coup d'œil les ordres de grandeur. On s'apercevra également à quel point les émissions de gaz carbonique dépendent du rendement de la production de biocarburant. C'est spectaculaire.

Toujours équilibrer consommation et production de chaque forme d'énergie, garder en tête les ordres de grandeur des quantités et des coûts, si tous les protagonistes respectent cette discipline et si toute la population en est non seulement informée mais aussi consciente, le débat sur l'énergie se déroulera harmonieusement.

Il est également facile de dresser des *tableaux synoptiques* pour *comparer* d'un coup d'œil plusieurs jeux cohérents d'hypothèses : j'ai ainsi publié un tableau qui présente ensemble la situation d'aujourd'hui, la situation qui résulterait d'une évolution tendancielle telle que la voit le ministère de l'Industrie, la situation de « division par trois » présentée ici et la situation de « sortie du nucléaire » publiée par Négawatt[1]. Ces tableaux synoptiques ne seraient-ils pas un bon support au débat qui sera nécessaire pour s'engager résolument vers une très forte diminution de nos émissions ?

Vers encore moins d'émissions de gaz à effet de serre

Diviser par deux ou trois nos émissions de gaz à effet de serre dues à la consommation d'énergie serait déjà un très beau résultat, surtout si on le compare aux émissions d'autres pays. Est-il donc utile de dire que l'on pourrait aller encore plus loin ?

Il faut ici rappeler les possibilités données par la technique.

Au fur et à mesure de la construction de nouveaux bâtiments, la

---

1. On peut consulter *http://www.2100.org/PrevotEnergie/comparaisons.htm*

consommation d'énergie de chauffage devrait diminuer ; mais cela ne se fera que très progressivement. Par ailleurs, la voie ferrée pourrait être davantage utilisée. Quant au progrès technique, voyons les choses avec optimisme. Le rendement de production de biocarburant par hectare de sol agricole ou forestier pourra être supérieur à celui qui est retenu ici, et les progrès des batteries et des ultra-condensateurs permettront d'utiliser davantage l'électricité. La production d'électricité par les centrales nucléaires de la « génération IV » allégera considérablement la question des déchets et résoudra celle de l'approvisionnement en matières fissiles. La principale nouveauté pourrait venir de la production d'électricité à partir du soleil. Si l'on y parvenait à un prix abordable, les surfaces pour recueillir cette énergie ne manqueraient pas (toutes les toitures), à moins que la technique choisie ne soit celle qui passe par un procédé thermique, après avoir concentré la chaleur du soleil. La ressource primaire d'énergie solaire est inépuisable. Il faudrait la stocker : verra-t-on la percée technologique que tout le monde espère ? Peut-être saurons-nous un jour produire nous-mêmes cette énergie solaire, avec des réacteurs à fusion nucléaire, au bout d'un long chemin dont ITER, à Cadarache, sera une nouvelle étape.

Cet aperçu sur le très long terme le confirme : nous ne manquerons pas d'énergie ! Le problème de l'humanité, c'est qu'elle a *trop d'énergie fossile*.

* * *

Revenant aux trente prochaines années, si j'emploie le futur de l'indicatif, ce n'est certes pas que je serais sûr de ce que j'annonce ; mais ce n'est pas non plus seulement par commodité de langage : c'est aussi pour inviter à *se figurer de façon très concrète et réaliste* ce que peut être un paysage où nos émissions de gaz carbonique auraient considérablement diminué.

La technique nous apporte une aide précieuse, tant pour produire l'énergie que pour l'utiliser. Mais elle n'est pas toute-puissante évidemment, car ce n'est pas elle qui décidera qu'on en tirera tout ce qu'elle peut donner. Il faut pour cela *des décisions politiques.* Ces décisions seront prises si les politiques connaissent les possibilités de la technique[1] et si eux-mêmes et leurs électeurs sont persuadés que les décisions relèvent de la politique et non pas du marché, puisqu'il faudra aller *contre* les tendances du marché.

Depuis que je me suis rendu compte que, finalement, passer d'une voiture classique à un véhicule hybride rechargeable, mettre une pompe à chaleur dans mon jardin et isoler les combles de mon pavillon, aller au bureau en RER et au conseil municipal à vélo plutôt qu'en voiture, ce ne serait tout de même pas un changement de civilisation, je me suis demandé où se trouvait ce changement que réclament des discours trop moralisateurs. Le changement dont nous avons besoin, le voici : l'expérience montre que la population accepte une hausse des prix décidée par la main invisible du marché car cette main, précisément invisible, on ne peut pas la mordre. Désormais, il faut que la population accepte une augmentation des dépenses de consommation ou d'économie d'énergie faisant suite à des décisions prises par le pouvoir politique. Ce serait un vrai changement !

En parlant des quantités, nous avons vu qu'il n'y a rien de dramatique ; parlons donc maintenant des prix. Nous aurons aussi une bonne surprise.

---

1. Voir notamment le récent rapport de l'Office parlementaire d'évaluation des choix scientifiques et technologiques ; voir dans la bibliographie en annexe.

Chapitre III

Le coût de cette diminution des émissions de gaz carbonique

Que veut dire « le coût » de la lutte contre l'effet de serre ?

À noter : toutes les valeurs mentionnées ici sont exprimées en monnaie constante, valeur 2006.

Il sera plus facile de diminuer les émissions françaises de gaz carbonique dues à la consommation de charbon, de gaz et de pétrole (les énergies fossiles) si cela ne coûte pas trop cher.

Encore faut-il s'entendre sur ce que cela veut dire. Il vaut mieux être assez précis sur cette définition du « coût du carbone » ou du « coût des actions justifiées par la lutte contre l'effet de serre » pour éviter les malentendus et ne pas s'engager, au nom de la lutte contre l'effet de serre, dans des opérations inutilement coûteuses.

L'énergie nous permet d'avoir une certaine température dans nos logements ou de nous déplacer, elle fait fonctionner les appareils électroménagers ou informatiques, etc. On évitera évidemment des émissions de gaz carbonique d'origine fossile si l'on abaisse la température des logements ou si l'on se déplace moins, par exemple. Dans ce cas, le service que le consommateur attend de l'énergie aura diminué. C'est la première méthode. Elle ne coûte rien, financièrement ; mais la satisfaction du consommateur a diminué.

Deuxième méthode, on peut diminuer la consommation d'énergie fossile sans réduire le service rendu par l'énergie si l'isolation des bâtiments est améliorée, si une vieille chaudière est remplacée par une chaudière plus performante, si un véhicule est remplacé par un autre dont le moteur est plus efficace. C'est ce que l'on appelle les « économies d'énergie ». Pour cela, il faudra consentir des dépenses plus importantes que si l'on ne se préoccupait pas de diminuer la consommation.

Troisième méthode, on peut remplacer l'énergie fossile par une autre forme d'énergie : le fioul par du bois, ou le carburant pétrolier par du biocarburant, ou encore du fioul ou du gaz par de l'électricité nucléaire ou par de la chaleur solaire par exemple ; dans quelques années, on utilisera peut-être de l'énergie fossile en captant et en stockant le gaz carbonique.

L'énergie non fossile coûtera parfois plus cher que l'énergie fossile. Parfois elle coûtera moins cher, comme le bois ou, bien sûr, le soleil ou le vent, mais, pour être utilisée, elle demandera un équipement spécial : un panneau de chauffage solaire ou un panneau photovoltaïque, une voiture hybride, un « puits canadien »

Figure 3
Le coût des émissions de gaz carbonique fossile évitées

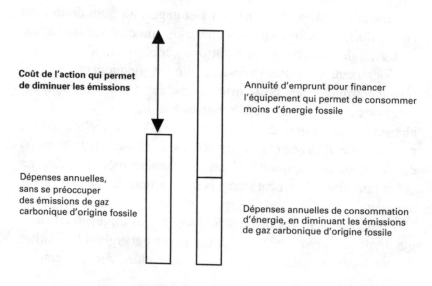

Coût de l'action qui permet de diminuer les émissions

Annuité d'emprunt pour financer l'équipement qui permet de consommer moins d'énergie fossile

Dépenses annuelles, sans se préoccuper des émissions de gaz carbonique d'origine fossile

Dépenses annuelles de consommation d'énergie, en diminuant les émissions de gaz carbonique d'origine fossile et une pompe à chaleur par exemple. Pour calculer les dépenses totales, on devra ajouter à celles qu'il faut faire tous les ans celles qui n'arrivent que de loin en loin, c'est-à-dire les dépenses d'investissement. Pour cela on supposera que l'investissement est financé par un emprunt dont l'échéance correspond à la durée de vie de l'investissement et on comptera comme dépenses non pas le montant de l'investissement mais l'annuité (intérêt et capital) de l'emprunt avec un taux d'intérêt égal au taux d'actualisation préconisé par le Commissariat général du Plan (aujourd'hui le Centre d'analyses stratégiques), c'est-à-dire 4 % en monnaie constante.

Il est alors possible de comparer ce que l'on dépenserait sans se préoccuper de l'effet de serre à ce que l'on doit dépenser pour diminuer ces émissions sans réduire le service rendu par l'énergie. C'est la *différence de dépenses* que l'on appellera le «coût du programme de diminution des émissions». Si le service rendu par l'énergie est diminué, il faut ajouter aux dépenses quelque chose qui représente la diminution de satisfaction[1].

En divisant le coût par la quantité d'émissions ainsi évitées, on calcule le coût de la tonne de carbone fossile évitée par cette action; on l'exprime en euros par tonne de carbone évitée (€/tC), et on l'appelle souvent le «coût du carbone».

Par ailleurs, utiliser de l'électricité dans les voitures électriques ou des voitures hybrides fera moins de bruit et moins de pollution. Cet avantage a une valeur qui diminue le surcoût de l'utilisation de l'électricité. Il est possible d'en tenir compte en diminuant les taxes sur l'électricité utilisée par les véhicules[2].

Les actions qui permettent de diminuer les émissions de gaz carbonique sont très diverses et ont des coûts de carbone évité extrêmement différents. On peut les classer par ordre croissant de coûts du carbone évité puis, en commençant par les moins chères,

---

1. Comment «ajouter» une augmentation des dépenses et une diminution de la satisfaction? C'est poser la question de la mesure du «bien-être», qui fait l'objet de débats.
2. En annexe, on trouvera une présentation de la fiscalité des carburants.

Comment le coût du carbone dépend du prix de l'énergie fossile

Supposez que vous dépensiez 1 000 €/an pour vous chauffer avec du fioul à 500 €/m^3; vous pourriez économiser un demi-mètre cube en installant des panneaux solaires financés par un emprunt dont l'annuité est de 350 €/an; alors vous économiseriez 250 € de fioul mais, au total, vous dépenseriez 100 € de plus par an, cela pour économiser 0,5 m^3 de fioul. Or la combustion de ce demi-mètre cube émet 0,4 tonne de carbone (tC) dans l'air. 100 € de plus pour éviter 0,4 tC : le coût du carbone évité par cette action est de 250 €/tC. Si le prix du fioul n'est pas de 500 €/m^3 mais de 600 €/m^3, en installant les panneaux solaires, vous auriez à dépenser chaque année 50 € de plus pour éviter 0,5 m^3 de fioul par an, soit 0,4 tC, ce qui fait un coût de 125 €/tC. Dans ce cas, *pour la même action*, le « coût du carbone » est divisé par deux lorsque le prix du fioul augmente de 20%. Si le prix du fioul était passé à 700 €/m^3, installer ces panneaux solaires n'aurait rien coûté, en ce sens que le coût aurait été remboursé par l'économie de fioul.

ne retenir que celles qui, ensemble, suffisent à diminuer le total des émissions comme cela aura été décidé par l'autorité politique.

Il est facile de montrer maintenant que le « coût du carbone » dépend énormément du prix du pétrole et des autres énergies fossiles, gaz et charbon. Si celui-ci augmente, le coût de la lutte contre les émissions de gaz carbonique fossile diminue, c'est-à-dire que le « coût du carbone » diminue. Il peut être divisé par deux lorsque le prix du pétrole augmente de 20 %, et s'annuler complètement si le prix du pétrole augmente encore.

Lorsque l'on parle du coût de la lutte contre l'effet de serre, il serait donc préférable d'indiquer systématiquement l'hypothèse faite sur le coût du pétrole et des autres énergies fossiles. Il en est de même lorsque l'on parle de « coût du carbone », notion qui n'a aucun sens si l'on ne connaît pas le prix du pétrole auquel elle se réfère.

Quel sera le prix du pétrole?

Exercice périlleux. Il vaut mieux prendre quelques points de repère solides. Qui peut ignorer que la demande chinoise augmente rapidement et massivement, que des guerres risquent d'arrêter la production dans certaines zones, qu'il faut du temps pour ouvrir de nouveaux champs de pétrole et encore plus de temps pour créer de toutes pièces des filières de production d'hydrocarbure liquide à partir de charbon? Les réserves de pétrole classique et de pétroles non conventionnels[1] accessibles à moins de 30 ou 40 \$/bl sont abondantes mais seront sans doute presque épuisées dans trente ans. Les réserves de gaz dureront plus longtemps; au besoin, on fera donc du liquide à partir de gaz. Les réserves de charbon sont beaucoup plus abondantes et l'on peut faire du liquide à partir de charbon à un coût correspondant à du pétrole dont le prix est inférieur à 50 \$/bl. Autant on peut être incertain sur l'évolution du prix du pétrole dans les cinq ans à venir, autant on peut trouver des motifs de penser que le prix du pétrole ne se stabilisera pas durablement à un niveau supérieur à 50 ou 60 \$/bl (valeur 2006). Il pourrait même revenir sensiblement au-dessous. Le prix de référence du pétrole est donc ici de 50 \$/bl.

Il se pourrait néanmoins que le prix mondial du pétrole et de l'énergie fossile soit maintenu à un niveau élevé par la décision *politique* des États détenteurs de la ressource. Il est donc utile de regarder aussi quel serait le coût d'une forte réduction de nos émissions si le prix du pétrole était aux alentours de 65 \$/bl. Mais on peut garder à l'esprit que, si le monde est vraiment décidé à lutter contre l'effet de serre, la demande de carburant et de combustibles fossiles diminuera, ce qui tirera les prix vers le bas; il en serait de même, pour des raisons bien différentes, en cas de crise économique. Le prix du pétrole sera donc inférieur à celui

---

1. Des pétroles très lourds, très visqueux ou même solides, sables bitumineux, etc.

99

qui rendrait économiquement intéressantes toutes les actions dont on a besoin pour beaucoup diminuer les émissions de gaz à effet de serre. C'est une autre façon de dire qu'une intervention de l'État est nécessaire.

Voici donc quelle est la situation de référence par rapport à laquelle seront calculées les différences de dépenses engagées selon que l'on se préoccupe ou non de lutter contre l'effet de serre.

La situation de référence

Prix du pétrole : 50 $/bl.

Prix du gazole et prix du fioul à Rotterdam : 500 $/t, soit 400 €/t, soit 340 €/m^3.

La lecture des chroniques publiées par le ministère de l'Industrie[1] montre que le prix à Rotterdam de la tonne de produit raffiné, essence, fioul ou gazole, exprimé en dollar, est à peu près 10 fois le prix du baril exprimé en dollar.

L'euro est compté pour 1,25 dollar.

La densité du fioul et du gazole est de 0,84.

Marge de distribution : 80 €/m^3.

TIPP sur le fioul : 70 €/m^3.

TIPP sur le gazole : 430 €/m^3.

Prix hors TVA du fioul : 490 €/m^3 ; prix TTC du fioul : 587 €/m^3.

Prix hors TVA du gazole : 850 €/m^3 ; prix TTC du gazole : 1,02 €/l.

Cette situation est celle que l'on observait en mai-juin 2005.

Nous allons passer maintenant en revue les principales actions qui permettront de beaucoup diminuer nos émissions, d'abord celles qui remplacent l'énergie fossile par d'autres formes d'énergie *au moindre coût*, puis les économies d'énergie.

---

1. *http://www.industrie.gouv.fr/energie/statisti/se_stats3.htm*

Le coût de la tonne de carbone évitée

L'utilisation, pour se chauffer, de la biomasse, de la chaleur des usines d'incinération, de la géothermie : les réseaux de chaleur

Avec un pétrole à 50 $/bl, se chauffer au bois ou même au blé devient souvent plus intéressant que de consommer du fioul ou même du gaz. Mais il n'est pas commode d'apporter du bois ou toute autre forme de biomasse dans les logements ou les bâtiments situés en ville ; on utilisera alors des *réseaux de chaleur*, qui sont aussi très commodes pour utiliser d'autres formes de chaleur : géothermie, chaleur des usines d'incinération des ordures, etc.

Quel sera le prix de la biomasse ? Un agriculteur ne vendra sa production pour faire de la chaleur que si cela lui rapporte autant qu'une production destinée à l'alimentation. Quant au bois, il est plus difficile de dire quel est son juste prix lorsque ce bois est un sous-produit de la sylviculture ou du sciage ou lorsqu'il s'agit de déchets urbains : doit-on considérer que son prix est nul puisque, de toute façon, ce bois sera disponible même si le prix est nul, ou doit-on considérer que sa valeur correspond à ce que peut payer le client ? En tout cas, son prix ne sera pas supérieur à celui de la biomasse agricole.

Là où il existe des réseaux de chaleur alimentés par du charbon ou par du gaz, remplacer ces énergies fossiles par de la biomasse, de la géothermie ou par la chaleur sortie d'une usine d'incinération d'ordures ménagères procurera une chaleur guère plus chère qu'un chauffage individuel ou collectif au gaz ou au fioul[1]. De même il n'est pas très coûteux de raccorder des logements sur des réseaux

---

1. On peut se référer au rapport sur les réseaux de chaleur remis au ministre de l'Industrie (les références sont indiquées en annexe).

existants ou de prolonger des réseaux[1] ni de créer de nouveaux réseaux de chaleur dans une zone en cours d'aménagement, même pour desservir des maisons individuelles. Il est plus difficile de créer des réseaux en ville, mais, là où il n'existe pas encore de desserte de gaz, que vaut-il mieux ? Faire une tranchée pour mettre des réseaux de gaz ou installer un réseau de chaleur qui sera alimenté par du bois ou par des plantes cultivées exprès ? La chaleur de réseau coûtera plus cher mais évitera des émissions de gaz à effet de serre. Là où le gaz est déjà présent, un nouveau réseau de chaleur alimenté à la biomasse ou, si c'est possible, à la géothermie peut le concurrencer pour desservir des équipements publics (hôpitaux, services publics, écoles, maisons de retraite, piscines, etc.), un habitat suffisamment dense et éventuellement quelques entreprises si l'on accepte un surcoût correspondant à 300 ou 400 €/tC.

Plus on voudra utiliser de biomasse pour le chauffage – chauffage individuel, réseaux de chaleur, chauffage industriel –, plus cela coûtera cher, à la marge, en comparaison avec un chauffage au fioul ou au gaz. Il arrivera un moment où il sera moins coûteux d'utiliser la biomasse pour faire du biocarburant.

Le biocarburant d'aujourd'hui, inefficace, et celui de demain, nécessaire

Il est très difficile de connaître le coût de production de l'éthanol avec les techniques utilisées aujourd'hui. Lorsqu'il s'agit de montrer que c'est un produit d'avenir, il est réputé coûter fort peu ; lorsqu'il s'agit de calculer une aide publique, il apparaît fort coûteux. Quoi qu'il en soit, produire du biocarburant est aujourd'hui une façon très peu efficace d'utiliser le sol, trois ou quatre fois moins efficace que d'utiliser la biomasse comme source de

---

1. Si l'on se donne le temps d'attendre le moment où il faut remplacer la chaudière de l'immeuble.

chaleur. Par contre les nouvelles techniques de production dites « plante entière » auront un rendement bien meilleur.

Je ne connais pas d'estimation du prix de revient de la production d'éthanol par hydrolyse enzymatique. La production par gazéification et synthèse de la biomasse consomme beaucoup d'énergie et demande des équipements plus lourds[1]. Si la matière première est achetée au prix de 75 € la tonne sèche, un prix sans subvention agricole, le coût de production pourrait être de 700 €/m^3 HT. C'est 360 €/m^3 de plus que le prix du gazole avec un pétrole à 50 $/bl. Pour utiliser le biocarburant au lieu de carburant pétrolier, il faut donc consentir une dépense supplémentaire de 360 €/m^3 soit 430 €/tC[2].

Un coût de production de 700 €/m^3, des frais de distribution de 80 €/m^3, une taxe intérieure (l'actuelle TIPP, sans exonération) de 430 €/m^3, cela fait, hors TVA, 1 210 €/m^3. C'est un carburant à la pompe à 1,45 €/litre TTC. Ce sont des prix, je le rappelle, exprimés en monnaie constante.

Les véhicules électriques et les véhicules hybrides : carburant liquide sur route et, en ville, électricité du réseau

Pour beaucoup diminuer les émissions de gaz carbonique dans le transport, les techniques envisageables sont le biocarburant, l'hydrogène ou les véhicules hybrides rechargeables, l'électricité étant produite sans émission de carbone fossile soit à partir de charbon avec stockage du gaz carbonique, soit à partir d'énergie nucléaire. Comme l'utilisation de l'hydrogène coûterait beaucoup plus cher et comme les possibilités de production de biocarburant ne suffiront pas à répondre aux besoins du transport sur route et en avion, la technique « hybride rechargeable » s'imposera partout

---

1. Mais présente l'avantage de faire *le produit que l'on désire* (gazole, essence ou kérosène), et non pas seulement de l'éthanol, comme on l'a dit au chapitre II.
2. Car il y a un peu moins d'une tonne de carbone dans une tonne de fioul.

dans le monde, sauf découverte technologique tout à fait inattendue à ce jour. S'ajoute le fait que la propulsion électrique en ville élimine et le bruit et la pollution locale. Lorsque les entreprises seront sûres que les États auront, par leurs décisions sur l'énergie fossile et sur l'électricité, ouvert ce marché[1], les enjeux industriels seront tellement grands que l'on peut compter sur la concurrence pour diminuer les coûts.

À quel niveau faudra-t-il porter le prix du carburant pour que l'hybride rechargeable trouve sa place ?

Le point d'équilibre entre véhicule hybride rechargeable et véhicule classique dépend du nombre de kilomètres parcourus par le véhicule avec une propulsion électrique, du prix du carburant taxes comprises, du prix de l'électricité taxes comprises et du prix du véhicule hybride, c'est-à-dire surtout du coût de la batterie. Le prix de l'électricité sera le résultat de décisions politiques. Comme je l'ai dit, je suppose qu'il est fixé en fonction du meilleur coût de production de l'électricité, que c'est un prix d'électricité « effaçable » et que la taxe qui s'applique à cet usage de l'électricité tient compte du fait qu'il ne génère pas de pollutions locales. Quant au coût de la batterie... Parmi toutes les hypothèses qu'il faut faire pour voir comment diminuer beaucoup nos émissions, c'est sans doute ici que se trouvent les plus grandes incertitudes. Cela fait tellement longtemps que l'on cherche à abaisser le coût des batteries ! Celui-ci dépendra des progrès de la technique et des quantités produites. Ici, il s'agira à terme d'une production par millions d'exemplaires par an, et non plus d'un marché de niche. Je fais l'hypothèse que, progressivement, le prix de revient sera divisé par deux par rapport à ce que l'on sait faire aujourd'hui ou que d'autres technologies deviendront plus intéressantes.

Si le prix du carburant TTC augmente jusqu'à atteindre le niveau qui permet de payer le biocarburant sans aides fiscales, soit 1,45 € par litre, l'introduction des véhicules hybrides se fera donc progressivement en commençant par les véhicules qui circulent

---

1. Comment pourront-elles en être sûres ? Voir au chapitre VIII.

surtout en ville – disons, pour donner un ordre de grandeur, plus de 8 000 km par an en ville. Puis, avec la baisse du prix, ces véhicules hybrides, même s'ils reviennent plus cher que les véhicules classiques, pourraient être choisis pour leur agrément de conduite, assez largement reconnu, de sorte que la clientèle s'élargira progressivement aux automobilistes qui parcourent 7 000 km puis 6 000 km en ville ou sur des trajets courts, ce qui me paraît compatible avec l'hypothèse que le tiers du carburant sera remplacé par de l'électricité[1].

Si le prix de l'électricité est plus élevé que le meilleur prix de revient, cela augmentera le prix d'équilibre du carburant. Par exemple, remplacer de l'électricité nucléaire vendue à son prix de revient par une électricité produite à partir de charbon en captant le gaz carbonique pour le stocker oblige à fixer le prix du carburant 0,3 ou 0,4 €/l plus cher, c'est-à-dire que cela augmenterait le «coût du carbone» de 400 €/tC.

L'électricité de chauffage : pompe à chaleur et résistance dans l'eau du chauffage central

Le tableau ressources-emplois de l'énergie[2] prévoit une augmentation de 70 % de la quantité d'électricité utilisée comme source de chaleur. Est-ce plausible ?

Dans les bâtiments existants, si le pétrole est à 50 $/bl et le fioul à 600 €/m³ TTC, utiliser de l'électricité pour se chauffer coûtera plus cher que le fioul ou le gaz, que l'électricité soit utilisée pour alimenter des pompes à chaleur ou pour chauffer l'eau du chauffage central en dehors des heures de pointe. Par contre, si le fioul est à 900 €/m³, il y aura certainement des fournisseurs de chaleur qui sauront proposer un chauffage mixte électricité-fioul avec électricité effaçable sans préavis comme je l'ai décrit au chapitre

---

1. Voir en annexe un tableau de calcul.
2. Voir le chapitre II.

précédent, à condition que la capacité de production nucléaire soit suffisante et que le prix de l'électricité, sortie centrale, soit calculé au plus juste.

Le prix d'une électricité « effaçable »

En 2005-2006, le prix moyen de l'électricité à la bourse Powernext pendant les 500 heures où il a été le plus élevé fut de 150 €/MWh. Or le prix de revient, sortie centrale, pour un fonctionnement d'une centrale nucléaire la moitié du temps, est de 60 €/MWh [1]. L'électricité vendue avec une clause d'effacement sur 500 heures sans préavis peut donc être vendue à un prix très intéressant (moins de 30 ou 40 €/MWh HT sortie centrale, donc moins de 80 €/MWh TTC rendu), un prix compétitif avec un fioul à 75 €/MWh TTC (en tenant compte du rendement de la chaudière), soit moins de 900 €/m^3 TTC.

Si le fioul est à plus de 900 €/m^3 TTC, une bonne partie de la consommation actuelle de fioul pourrait donc être remplacée par de l'électricité nucléaire, sauf si le branchement à un réseau de chaleur chauffé par la biomasse ou la chaleur d'une usine d'incinération coûte moins cher. Ce prix du fioul correspond à un coût du carbone de 340 €/tC. Il en serait de même d'une partie du gaz utilisé pour se chauffer.

Si l'électricité est produite par des centrales au charbon avec captage et stockage du gaz carbonique, le prix sera très supérieur : le double ou le triple. Pour que le remplacement de fioul par de l'électricité soit intéressant, il faudrait que le prix du fioul soit supérieur à 2 000 €/m^3 TTC, ce qui correspondrait à un « coût du carbone » de 1 500 €/tC, pour un pétrole à 50 $/bl. Alors, il sera préférable de faire des travaux pour économiser l'énergie tant que ceux-ci coûteront moins de 2 000 € TTC par m^3 économisé. Ces chiffres démontrent la relation très forte qui s'établit entre la capa-

---

1. Valeur calculée à partir des « coûts de référence » publiés par le ministère de l'Industrie : *http://www.industrie.gouv.fr/portail/index_plan.html*

cité de production d'électricité nucléaire, la tarification de l'électricité, le plafond des dépenses d'économie d'énergie et le coût global du programme de diminution des émissions.

Une valeur de référence : 400 € par tonne de carbone fossile remplacée – si le pétrole est à 50 €/bl

Il sera probablement possible de remplacer le carburant par du biocarburant ou de l'électricité avec un « coût du carbone » de 400 €/tC ou 430 €/tC (le pétrole étant supposé à 50 \$/bl) ; il est également possible de remplacer du gaz ou du fioul par de l'électricité avec un « coût du carbone » de 300 à 400 €/tC si l'électricité est vendue à un prix proche de son meilleur coût de production. Ces opérations sont nécessaires si l'on veut diviser par trois nos émissions. Elles permettent d'éviter des émissions de gaz carbonique par dizaines de millions de tonnes de carbone. Ce point de convergence est assez remarquable.

Par ailleurs les économies d'énergie et l'utilisation de la biomasse ont un « coût du carbone » qui, selon les cas, peut être très bas, moyen ou très élevé. Pour diviser par trois nos émissions, il est inutile de faire des actions dont le « coût du carbone » est supérieur à 400 €/tC. Mieux vaut chauffer d'anciens bâtiments par un réseau de chaleur alimenté par de la géothermie ou avec une résistance électrique dans le chauffage central ou encore avec du biofioul, tout cela pour un « coût du carbone » inférieur à 400 €/tC, que de dépenser beaucoup d'argent pour des travaux d'isolation[1].

De même il est possible d'utiliser des pompes à chaleur et du chauffage solaire (dans des conditions favorables) pour un coût inférieur à 400 €/tC, et inutile de dépenser davantage.

400 ou 430 €/tC, tel est donc, avec ces hypothèses, le « coût marginal » de la tonne de carbone fossile évitée en substituant de l'énergie non fossile au gaz, au fioul ou aux carburants pétroliers,

---

1. Voir quelques commentaires sur les économies d'énergie en annexe.

si un ensemble de conditions favorables sont réunies – valeur calculée pour un pétrole à 50 $/bl et 1 € valant 1,25 $. Par la suite, le coût du carbone sera compté à 400 €/tC.

Pour être complet, il faut revenir sur le « coût » d'une moindre satisfaction de la demande de transport, car les distances parcourues seraient inférieures à ce que donnerait une évolution tendancielle. Le « coût » de cette insatisfaction[1] est toujours inférieur à 400 €/tC et peut être, dans certains cas, très faible. En moyenne il sera donc compté pour 200 €/tC.

Le coût global de la diminution des émissions

Il est donc maintenant facile de calculer le coût du programme de forte diminution des émissions de gaz carbonique fossile, c'est-à-dire le montant des dépenses supplémentaires qu'il rend nécessaires.

Ce programme, je le redis, ne demande pas d'effort spécifique aux industries pour qui l'énergie est un poste de dépense important et qui sont soumises à la concurrence internationale. Celles-ci trouveront intérêt à remplacer autant que possible l'énergie fossile par de l'électricité si le prix de cette dernière est calculé en fonction du prix de revient d'une électricité nucléaire.

Le coût est donc supporté par les secteurs du transport et par le chauffage du secteur résidentiel et tertiaire.

Par rapport à l'évolution tendancielle, selon le tableau de division par trois des émissions, la consommation d'énergie dans ces secteurs sera inférieure de 100 Mtep par an et les émissions seront inférieures de 90 MtC par an. La plupart des actions qui permettent d'éviter des émissions sont des actions de substitution qui ont un « coût du carbone » de 400 €/tC. Le « coût du carbone » du remplacement d'énergie fossile par de la biomasse est en moyenne

---

1. Voir note I p. 97.

de 200 €/tC. Il en est de même des économies d'énergie et du « coût » représentant la moindre satisfaction de la demande de transport.

Au total le coût du programme de réduction des émissions est de 28 milliards d'euros (G€) par an[1].

Sauf ce qui représente une moindre satisfaction d'un besoin de transport (pour 2 G€), ce sont des dépenses annuelles, c'est-à-dire des dépenses de fonctionnement et les annuités de dépenses d'investissement. Il n'y a pas dans ce compte de transfert d'un acteur économique à l'autre.

Ces chiffres étant approximatifs, disons qu'au total le coût du programme de division par trois des émissions de gaz à effet de serre est de l'ordre, en dépenses annuelles une fois qu'il sera pleinement réalisé, dans trente ou quarante ans, de 25 à 30 G€ par an. Ce montant peut être rapporté à ce que sera alors le PIB. Si le taux de croissance du PIB est par exemple de 1,5 ou 1,8 % par an, celui-ci aura augmenté, sur la période, de 60 à 80 % : aujourd'hui de 1 600 G€, il sera de 2 500 ou 3 000 G€ (valeur 2006) dans trente ou quarante ans.

Essayons d'exprimer cela sans ambiguïté.

Si nous ne nous préoccupons pas de l'effet de serre, dans trente ans, nous ferons un certain volume de dépenses en relation avec l'énergie. Si nous voulons diviser par deux ou trois nos émissions, nous devrons dépenser davantage.

Le coût du programme est la différence entre les dépenses liées à l'énergie qui seront faites dans trente ans selon que l'on aura divisé les émissions françaises de gaz carbonique d'origine fossile par trois ou que l'on ne se sera pas préoccupé de l'effet de serre ; cette différence sera de 1 % de ce que sera, alors, le PIB.

Si le coût de production du biocarburant est non pas de 700 €/m³ HT mais de 800 €/m³ ou si le prix des batteries n'est pas divisé par deux, le coût du programme peut être de 15 ou 20 % supérieur, soit, tout de même, inférieur à 1,5 % du PIB. On dira

---

1. En monnaie valeur 2006. On trouvera un tableau de calcul en annexe.

donc que le coût du programme est compris entre 1 et 1,5 % du PIB.

Est-ce beaucoup, est-ce peu ?

On peut calculer que 30 G€, ce sont les deux tiers de notre déficit budgétaire actuel ; c'est donc beaucoup. On peut comparer cela au résultat de calculs informatiques compliqués qui nous disent que, pour diviser par trois nos émissions, il faudrait dépenser bien davantage, trois ou quatre fois plus. Alors, 30 milliards d'euros, c'est peu.

On peut aussi présenter le coût du programme en fonction de l'augmentation du PIB. Cette dépense supplémentaire est égale à 2 ou 3 % de l'augmentation prévisible du PIB. Ce n'est donc pas beaucoup. D'ailleurs, on peut encore diminuer ce coût si l'on tient compte des effets indirects favorables générés par ce programme. En sens inverse, on peut constater qu'il serait théoriquement possible d'obtenir les mêmes réductions d'émission pour cinq ou dix fois moins cher ! Mais que ce n'est politiquement pas possible.

Avant de voir cela, rappelons de quoi dépend, surtout, le coût de réduction des émissions de gaz carbonique :

- Le prix du pétrole : il a un effet purement arithmétique sur le coût du programme. S'il continuait à augmenter, le coût du programme diminuerait, comme on l'a vu au début de ce chapitre : si le prix du pétrole est de 65 $/bl au lieu de 50 $/bl, le coût du programme est réduit de 30 %, à 20 G€ au lieu de 28 G€.

- Les quantités d'émissions évitées : même si le but recherché est de diviser les émissions seulement par deux, il sera toujours nécessaire de faire du biocarburant, d'utiliser des véhicules hybrides, etc. Le coût marginal sera donc toujours de 400 €/tC ; le coût total sera de 21 G€ au lieu de 28 G€.

- Le prix de l'électricité : si le prix de l'électricité est fixé en fonction non pas du coût de production d'une électricité nucléaire, mais du coût de production à partir de charbon avec séquestration du gaz carbonique (à supposer que cette technique soit viable), le coût du programme sera de 70 G€ ou davantage au lieu de 28 G€.

- Le coût d'une voiture hybride intervient également de façon sensible dans le coût du programme.

Les effets induits favorables

Diminution des pollutions, création d'emplois, aménagement du territoire, sécurité d'approvisionnement en énergie, etc. : qu'en est-il ?

Les décisions prises par une entreprise ou par un consommateur sont guidées par les prix qui ressortent de la loi de l'offre et de la demande. Or ces décisions entraînent des effets sur la société qui ne se reflètent pas spontanément dans ces prix ; ce sont les « effets externes » (sous-entendu : « au marché »). Ces effets peuvent être favorables. Par exemple lorsqu'une entreprise fait des recherches qui débouchent, elle en profite – effet interne – et elle en fait aussi profiter, de façon indirecte, toute la société – effet externe. Les effets peuvent, au contraire, être défavorables. C'est évidemment le cas des pollutions et des déchets. Dans l'un et l'autre cas, l'État doit donc intervenir.

Dans le cas de l'effet de serre, effet externe défavorable, il est impossible de connaître le coût des dommages. L'intervention publique consiste donc à fixer un plafond d'émissions de gaz à effet de serre et à faire en sorte que la consommation d'énergie fossile soit réduite en conséquence. Or il se trouve que cela présente d'autres effets externes, qui sont favorables : moins de pollution, aménagement du territoire, sécurité d'approvisionnement, dans une certaine mesure création d'emplois, diminution des dépenses d'importation. Ces avantages externes peuvent être comptés ; ils viennent diminuer le coût du programme.

L'utilisation de l'électricité par les voitures en ville diminuera beaucoup les pollutions locales. J'ai tenu compte de cet effet externe, qui vient diminuer le « coût » du programme, lorsque j'ai supposé que l'utilisation de l'électricité dans les transports paierait moins de taxes que l'utilisation de carburant liquide.

Toutes les actions justifiées par la lutte contre les émissions se traduisent par des créations d'emplois : création de réseaux de chaleur, culture de biomasse pour l'énergie, construction de

111

centrales nucléaires et d'usines de production de biocarburant de nouvelle génération, aménagement des villes, travaux d'isolation des bâtiments. Il est possible de calculer que tout cela fait bien 500 000 emplois. De là à dire qu'il s'agit de création d'emplois, il y a un pas que j'ai moi-même allégrement franchi – imprudemment.

Rien ne dit en effet qu'il s'agirait de véritables créations d'emplois et non d'un simple transfert d'emplois. Il existe en effet ailleurs des «gisements d'emplois» incomplètement exploités, pour le service aux personnes ou dans le secteur de la restauration par exemple, comme l'avait relevé le rapport Camdessus *Le Sursaut : vers une nouvelle croissance pour la France* [1] – dans le secteur du bâtiment également : avez-vous tenté de faire faire des travaux dans votre résidence secondaire ? Le volume de l'emploi et, corrélativement, celui du chômage, dépendent de facteurs structurels autres que sectoriels : la formation, la compétence, le désir de travailler, etc. Un programme comme celui que dessine une forte diminution des émissions de gaz carbonique conduit à la création d'emplois de toutes catégories et situés partout sur le territoire national. Il est donc probable qu'il offre de nouvelles possibilités à des personnes qui aujourd'hui ne trouvent pas de travail qui leur convienne ; alors il s'agira d'une création nette d'emplois. Si ce programme oriente les dépenses des ménages vers des dépenses qui génèrent des emplois plus nombreux que d'autres dépenses (des emplois «à fort contenu en main-d'œuvre», comme on dit), il peut y avoir également une création nette d'emplois. Combien d'emplois seront ainsi créés ? Je crois que l'on peut dire que personne n'en sait rien. Il se peut aussi qu'une forte mobilisation sur la lutte contre l'effet de serre permette au pouvoir politique de faire accepter des mesures structurelles favorables à l'emploi. En tout cas, si l'on veut être crédible, il vaut

---

1. *Le Sursaut : vers une nouvelle croissance pour la France*, rapport au ministre de l'Économie, des Finances et de l'Industrie, groupe de travail présidé par Michel Camdessus, Paris, La Documentation française, 2004.

mieux utiliser cet argument de la création d'emplois avec beaucoup de modération.

Il en est de même de la réduction de la «facture énergétique», c'est-à-dire le montant des importations d'énergie : 100 millions de tonnes de carbone fossile en moins, c'est 30 ou 40 milliards d'euros d'importations en moins (le pétrole étant supposé à 50 $/bl). Quitte à dépenser 100 € pour avoir de l'énergie, on se dira spontanément qu'il vaut mieux les dépenser en interne plutôt que d'importer de l'énergie fossile. Ce n'est pas sûr du tout car l'argent que nous versons aux pays exportateurs de pétrole – et que versent tous les autres pays importateurs, ne l'oublions pas – sera dépensé par ces pays pour acquérir des biens ou des services que nous pourrons leur vendre. Qui sait si nos ventes d'électronique ou d'avions aux pays producteurs de pétrole ne sont pas payées grâce à la vente de pétrole non seulement à nous-mêmes mais aussi aux autres pays consommateurs ? Si nous sommes capables de produire des produits à forte valeur ajoutée au-delà de nos propres besoins, n'avons-nous pas intérêt à ces échanges internationaux ?

En revanche, voici un effet externe qui me paraît réellement favorable. Un tel programme générera une activité partout sur le territoire national, dans la campagne et dans les agglomérations, dans les grandes villes et dans les bourgs. Il ne serait pas anormal de donner une valeur à cet effet favorable au titre de l'aménagement du territoire. Il serait possible de se référer pour cela aux subventions données aux agriculteurs, qui sont largement justifiées par le désir de maintenir une activité à la campagne. Rien que pour l'utilisation de la biomasse, qui intéresse, forêts et terres cultivables réunies, de l'ordre de 10 millions d'hectares, si l'on retient 200 €/ha/an, on arrive à 2 milliards d'euros. Cet avantage externe pourrait être représenté par une subvention à l'utilisation de biomasse, ce qui en diminuerait le coût[1].

---

1. Et protégerait la production française de la concurrence étrangère, celle du Brésil notamment.

La sécurité d'approvisionnement est aussi un «avantage externe». Selon l'évolution tendancielle, les secteurs du résidentiel, du tertiaire et du transport consommeraient 100 Mtep par an de plus, dans trente ans, que selon mes hypothèses de division par trois des émissions. Le fait de ne pas avoir besoin d'énergie fossile nous mettra évidemment à l'abri des fluctuations conjoncturelles et stratégiques du marché mondial du pétrole et du gaz. Pour avoir une idée de la valeur de cet avantage, on peut se référer au coût d'un stockage stratégique qui nous donnerait la même sécurité. Quel devrait être alors le volume des stocks ? Admettons que ce soit deux ans de consommation, soit en gros 100 Mtep de gaz et 100 Mtep de pétrole. Quel serait le coût de stocks d'une telle importance ? Rien que le coût de l'immobilisation du pétrole ou du gaz, plus de 4 % par an, serait de l'ordre de 3 milliards d'euros, à quoi il faudrait ajouter les coûts de structure et de gardiennage. Ce n'est pas rien ! Cet effet externe favorable aurait une contre-partie financière tangible si les consommateurs décidaient de payer plus cher des sources d'énergie sûres. Ce n'est pas le cas aujourd'hui, puisque l'on considère qu'il est suffisant d'avoir des stocks stratégiques correspondant à trois mois de consommation.

Au total, les effets externes pourraient être évalués à une douzaine de milliards d'euros par an. En évaluant le coût du programme de forte diminution de nos émissions à 25 ou 30 milliards d'euros par an, j'ai tenu compte seulement de la pollution locale, pour 5 milliards d'euros environ.

Une autre façon de diminuer les émissions en dépensant beaucoup moins

Ce chapitre et le chapitre précédent ont montré comment éviter l'émission de 100 MtC/an, par rapport à ce que donnerait une évolution tendancielle, avec une dépense qui augmente progressivement pour atteindre 25 à 30 G€/an (valeur 2006) dans trente ans : 1 G€ la première année puis un de plus chaque année, pour simplifier. Or, avec 3 G€ il serait possible de donner à un pays qui aurait du mal à la financer une tranche EPR de 1,6 GW qui, en remplaçant une centrale au charbon, éviterait l'émission de 3 MtC/an[1]. Les Français, au lieu de consentir à dépenser davantage pour payer du biocarburant, réaliser des économies d'énergie, etc., pourraient donc faire cadeau à un autre pays, chaque année, de centrales nucléaires pour un montant équivalant au coût de ce programme de diminution de leurs émissions : une dans les deux premières années, puis une la troisième année, en tout 150 tranches en trente ans puis 10 tranches nucléaires par an, soit, au bout de quarante ans, 250 tranches qui permettraient d'éviter alors 750 MtC par an au lieu de 100 MtC, soit sept fois plus. Comme le transport et la distribution de l'électricité coûtent aussi cher que sa production, si les Français payaient aussi le transport et la distribution de l'électricité, le rapport ne serait pas de 1 à 7 mais de 1 à 3 ou 4.

Ce genre de calcul donne le vertige. D'un côté je veux montrer qu'il est possible de diminuer les émissions françaises avec des dépenses modérées et l'on me dira que j'ai visé trop «court», de l'autre on voit qu'il est possible d'obtenir le même résultat, en tonnes de carbone évitées, pour *beaucoup moins cher*. Mais nous ne bénéficierions pas des effets externes de notre action, notamment la sécurité d'approvisionnement en énergie, et surtout rien ne prouverait que notre effort se traduirait par une diminution *effective* des émissions totales.

Mais il y a plus dérangeant encore. Ce calcul est tout aussi valable si la France *fait cadeau* de tranches nucléaires à d'autres pays de l'Union européenne, aux Allemands, aux Britanniques, aux Italiens, aux Danois, aux Polonais, aux Espagnols, etc. Dans ce cas, il n'y aurait même pas à payer les lignes électriques puisqu'il s'agirait de remplacer des centrales au lignite, au charbon, au gaz ou au fioul. Mais, à vrai dire, on voit mal les Français payer un impôt sur le carburant, le fioul ou le gaz pour offrir à nos

---

1. 1,6 GW produit 12 TWh électriques par an ; pour cela, il faut 30 TWh thermiques, soit 3 Mt de charbon.

voisins des centrales nucléaires dont, d'ailleurs, ils ne voudraient pas. En tout cas, ces calculs montrent à quel point serait efficace une politique énergétique européenne guidée par la volonté de diminuer nos émissions de gaz carbonique au moindre coût. Nous tous, pays d'Europe, au lieu de vitupérer contre d'autres pays qui rejettent beaucoup de gaz carbonique, nous pourrions voir, collectivement, comment améliorer la situation chez nous, à moindres frais.

Cela voudrait-il dire qu'il serait stupide d'agir au plan national tant que les émissions de gaz carbonique des autres pays européens ne se seront pas alignées sur les nôtres ? Certes non. Cela nous permet sans doute de rappeler à nos amis des autres pays européens qu'ils ont plus de progrès à faire que nous (en étant conscients que nous serons alors, évidemment, taxés de cette « arrogance française » que chacun nous connaît), mais cela ne diminue en rien l'effort que nous devrons faire pour diviser nos émissions par deux, trois ou quatre de façon à arriver à un niveau d'émissions qui devra être, également, la cible visée par les autres pays développés.

* * *

Il serait inexact de laisser penser que la lutte contre l'effet de serre ne coûtera rien ou que les effets induits en compenseront le coût. J'espère montrer ici qu'il est possible de beaucoup diminuer nos émissions sans que cela coûte trop cher. Si l'on peut y parvenir pour moins cher, ce sera tant mieux.

J'étais plutôt satisfait de parvenir à un tel résultat, lorsque j'ai entendu un amical reproche qui m'a vraiment surpris : « Un coût de 1 % du PIB pour diviser nos émissions par deux ou trois, c'est trop peu, car ce n'est pas crédible. » Cette réaction est intéressante. Peut-on éviter des situations catastrophiques sans que cela coûte cher ? Un vieux réflexe nous dit qu'il « doit » y avoir un équilibre entre l'effort et la récompense. La récompense – il s'agit peut-être ici de la survie de l'humanité, tout simplement – n'ayant pas de prix, l'effort «doit» être grand. Pourtant les situations sont fréquentes où l'on voit un déséquilibre énorme entre l'effort et le résultat : l'effort qui consiste à faire attention de rester sur le trottoir nous préserve du risque de nous faire renverser par un autobus par exemple. Ne nous plaignons donc pas s'il est possible d'avoir de bons résultats avec peu de dépenses supplémentaires.

Si les dépenses restent inférieures à 1 ou 1,5 % du PIB, par contre la production et l'utilisation de l'énergie seront profondément modifiées, ce qui générera une activité qui sera financée non seulement par une augmentation des dépenses de consommation, mais aussi par une diminution de nos achats d'énergie à l'étranger.

Maintenant que l'on a vu quel pourrait être le coût, pour la France, d'un programme de forte diminution des émissions de gaz à effet de serre, il faudra voir comment ce coût sera financé, c'est-à-dire qui le prendra en charge. En effet, si le coût du programme dépend du prix du pétrole, de l'objectif fixé par le pouvoir politique et de l'état de la technique, la façon dont il sera financé dépend directement des moyens qui seront choisis pour le réaliser : fiscalité, réglementation ou exonérations fiscales.

Mais auparavant il faut affronter la question : cela vaut-il la peine, pour la France, de s'engager dans un tel programme sans attendre une coordination mondiale efficace ?

CHAPITRE IV

Agir seuls : pourquoi ?

Une question absurde ?

Dites autour de vous que vous vous demandez s'il serait utile que la France agisse contre l'effet de serre sans attendre une coordination mondiale. Vous serez fraîchement accueilli. Comment peut-on seulement se poser la question ? Le phénomène de l'effet de serre est mondial, les émissions françaises représentent 1,5 % seulement des émissions mondiales, trois fois moins, par habitant, qu'aux États-Unis. Comment peut-on prétendre que la France devrait consentir des efforts si les autres s'en dispensent ?

Je reprends ici en deux mots la conclusion du premier chapitre. La plupart des discours qui nous alertent – avec raison – sur la gravité des conséquences du changement climatique affirment également que le prix du pétrole va durablement augmenter et dépasser 100 $/bl. Si tel est le cas, il faudra s'adapter, évidemment, mais laissons chacun prendre ses décisions comme il l'entend. Quant à l'État, qu'il en fasse le moins possible ! Son rôle doit se borner à donner de bonnes informations et à aider comme il convient ceux qui sont en situation difficile.

C'est le contraire qui est vrai. Pour éviter de fortes augmentations de température, nous devrons laisser sous le sol ou y remettre plus de la moitié du carbone accessible. Cela signifie que l'équilibre entre l'offre et la demande de pétrole, de gaz et de charbon ne stabilisera pas les prix à un niveau suffisant pour éviter une hausse de température catastrophique. Il faudra donc des décisions politiques. Elles relèvent des nations, puisque l'autorité politique est conférée dans le cadre national. Et elles n'auront d'effet que si elles ont une envergure mondiale, évidemment. La logique commande donc d'attendre une coordination mondiale pour agir. Mais la logique nous dit aussi que si chaque nation attend les autres, aucune décision ne sera prise – plus que la logique, c'est aussi un fait d'expérience : quinze ans déjà depuis les sommets de la Terre de Rio de Janeiro.

Alors, sommes-nous dans l'impasse ?

Certitudes et incertitudes – l'heure du choix

Si le monde continue d'avancer sur sa lancée, la concentration du gaz carbonique dans l'atmosphère atteindra 1 000 ppm et la hausse moyenne de température sera quelque part entre 3,5 et 8,5 °C lorsque la température sera stabilisée, c'est-à-dire dans trois cents ans, nous disent les savants réunis dans le Groupe d'experts intergouvernemental sur l'évolution du climat, le GIEC.

Il est sûr que la température augmentera – augmente déjà – du fait des émissions de gaz carbonique causées par l'homme. Est-il sûr à 100 % que cette hausse sera comprise entre 3,5 et 8,5 °C si nous émettons dans l'atmosphère tout le carbone fossile accessible ? Par honnêteté intellectuelle, face à des situations compliquées, il est très rare que les scientifiques disent qu'ils sont sûrs à 100 %. Si la teneur en gaz carbonique de l'atmosphère atteint 1 000 ppm, il existe selon eux une toute petite probabilité (de l'ordre de 2 %) que la hausse de température moyenne soit inférieure à 3,5 °C, de même qu'il existe une petite probabilité pour que la hausse soit supérieure à 8,5 °C. Cette incertitude est-elle de nature à retarder des prises de décision ? Une hausse de température moyenne de 5 °C aurait des effets très graves ; or, avec une teneur de 1 000 ppm, la probabilité que la hausse soit supérieure à

5 °C est supérieure à 50 % ; quant à une hausse de la température moyenne de 8 °C ou plus, elle ne serait sans doute pas mortelle pour l'ensemble de l'humanité, mais assurément catastrophique pour des milliards d'êtres humains. Quelle personne sensée et responsable, sachant qu'elle a plus d'une chance sur deux de subir et de faire subir à ses descendants des dommages très graves pouvant être mortels, refuserait de faire ce qu'il faut pour les éviter ?

Il est donc étonnant de constater combien d'esprits éclairés mettent en doute la relation entre les émissions de gaz carbonique et la hausse de température (même si on ne trouve plus de scientifiques pour tenir de tels propos). Il faudra continuer de donner des explications en faisant attention à ne pas présenter comme des certitudes ce qui n'est que suppositions. Par exemple, il vaut mieux ne pas présenter les récentes canicules comme des *conséquences certaines* du réchauffement de l'atmosphère ; il suffit de dire qu'elles préfigurent, sous une forme atténuée, ce que seront nos étés dans quelques décennies.

S'il est certain que les émissions de gaz à effet de serre élèveront la température moyenne, par contre les effets de cette hausse et leur répartition par zone géographique sont tout à fait incertains. Pour la France, si l'on ajoute que l'évolution du Gulf Stream ne peut pas être prévue, cette incertitude est encore plus grande.

Pourquoi donc faudrait-il faire un effort pour diminuer nos émissions ?

Il y a deux réponses. La première se situe sur le terrain technique et économique, la seconde sur le terrain stratégique.

Anticiper une prise de conscience brutale

Si les réflexions présentées dans cet ouvrage ont un intérêt, c'est sans doute de montrer, *très concrètement*, à quel prix il est possible pour la France de diminuer beaucoup ses émissions de gaz carbonique dues à la consommation d'énergie fossile. Je n'ai pas fait tourner d'ordinateur sur des modèles économiques compliqués. J'ai réuni quelques données simples et faciles à contrôler (donc à corriger, le cas échéant) et exprimé clairement les hypothèses. Le résultat est qu'il est possible de diviser nos émissions par deux ou trois en trente ou quarante ans en consentant à une augmentation des dépenses de l'ordre de 1 à 1,5 % du PIB, moins de 3 % de *l'augmentation* du PIB. *Dans une comparaison entre les coûts et les avantages, le coût est donc connu*, en ordre de grandeur, sous réserve des décisions politiques allant dans ce sens, bien sûr.

Les avantages, eux, sont incertains.

Si le monde, d'une façon ou d'une autre, décide d'agir, cette décision à l'échelle mondiale pourrait être prise assez soudainement. Lorsque quelques États puissants auront pris conscience de la gravité de la situation, ils s'apercevront aussi qu'il est bien tard et qu'une réaction, pour être efficace, doit être profonde : il faudra diminuer rapidement la consommation d'une énergie fossile trop abondante, sauf captage et stockage du gaz carbonique. Peu importe ici comment cela se fera[1]. Quelle que soit la façon de réagir, elle sera d'autant plus brutale qu'elle sera tardive. Les pays qui se seront déjà détachés de l'énergie fossile seront doublement favorisés : ils seront préservés des conséquences de cette discipline imposée et ils pourront proposer au monde entier les techniques, les produits, l'organisation qu'ils auront déjà expérimentés chez eux. Au contraire, les pays qui n'auront pas anticipé ce retournement à l'échelle mondiale devront consacrer toute leur énergie à s'y plier et devront acquérir les techniques qui leur manquent.

Les Danois pourront vendre leurs éoliennes ; pourquoi vouloir les concurrencer[2] ? Nous pourrons quant à nous exporter des centrales nucléaires ; nous vendrons également le TGV qui va avec, les véhicules hybrides rechargeables et des transports urbains,

---

1. Deux scénarios possibles sont présentés à la fin du chapitre IX.
2. Un argument qui revient rituellement en faveur des éoliennes est le nombre d'emplois créés au Danemark par les exportations d'éoliennes.

notre savoir-faire en matière de bâtiments économes en énergie, la production de biocarburants de seconde génération, les types d'organisation urbaine qui émettent peu de gaz carbonique, les réseaux de chaleur alimentés par les stations d'incinération, la biomasse ou la géothermie, etc.

Quelle est la probabilité de voir surgir cette prise de conscience mondiale ? Assez grande, tellement la situation s'annoncera dramatique. Quelle est la valeur de l'avantage concurrentiel que nous donnera alors une avance de dix ou vingt ans ? Et si nous n'avons pas anticipé, quel sera le coût d'une adaptation rapide, à faire dans l'urgence ? Si nous agissons, nous sommes en position avantageuse ; si nous attendons, cela nous coûtera.

D'autres pays, et aux États-Unis plusieurs États, ont déjà pris des mesures significatives : augmentation des impôts sur le carburant en Grande-Bretagne, réseaux de chaleur alimentés par de la biomasse au Danemark ou en Autriche. Les études et scénarios prennent un tour nouveau : en Grande-Bretagne, aux États-Unis et même en Allemagne on reparle de construire des centrales nucléaires. Dans ce contexte, une action déterminée de la France, s'ajoutant à celle d'autres pays, contribuera à *rapprocher de quelques années* le moment où seront prises des décisions efficaces à l'échelle mondiale. Toute année gagnée est précieuse car les effets des émissions de gaz carbonique sont cumulatifs. Ce résultat est à ajouter aux avantages d'une action de la France, même seule.

Est-il besoin de chiffrer l'avantage que présente le fait d'avoir anticipé l'ouverture de très importants marchés, de rapprocher la venue d'une réaction mondiale efficace, lorsque l'on sait que le coût pour la France d'une décision prise sans attendre une coordination internationale serait, avant que le monde ne réagisse, de l'ordre de 1 % seulement de son PIB ?

Une position stratégique renforcée

Mais les motifs les plus puissants qui devraient pousser la France à agir sans attendre une coordination mondiale sont d'un autre ordre.

«Notre monde est un monde violent et cette violence recherche toujours de "bons" motifs. Ici ce sera la "religion", là l'inégalité des richesses, ailleurs le souvenir ancien de relations de dépendance ; parfois les raisons paraissent étrangement futiles. Mais lorsque l'on pourra imputer à l'effet de serre, même sans preuve irréfutable mais avec vraisemblance, une sécheresse, une inondation ou la violence de perturbations atmosphériques, quelle meilleure raison trouver pour justifier un affrontement que la responsabilité des pays développés, auteurs des émissions de gaz carbonique depuis deux siècles déjà et massivement aujourd'hui ? N'a-t-on pas entendu chez nous ce genre "d'explication" après les attentats du 11 Septembre ? L'attention que les pays développés porteront à cette question, les efforts qu'ils produiront pour réduire leurs propres émissions seront à n'en pas douter un des paramètres essentiels des relations qu'ils nourriront avec les pays en voie de développement[1].»

Un pays qui aura démontré qu'il est vraiment soucieux de l'état du monde, celui d'aujourd'hui et celui que nous préparons pour les générations futures, qui l'aura démontré par des actes et par des résultats et non seulement par de beaux discours, aura, à n'en pas douter, une place privilégiée dans le concert international.

Ajoutons que la détermination de quelques pays seulement à réduire les émissions de gaz carbonique, donc la consommation de pétrole, de gaz et de charbon, aura un effet sans doute rapide sur le niveau du prix du pétrole, pour le plus grand bénéfice des pays

---

1. Je reprends ici une réflexion que j'avais présentée dans un article paru dans la revue *Esprit* en août-septembre 2003.

les plus pauvres, pour qui les prix élevés du pétrole sont une charge insupportable. Car si le monde réussit sa lutte contre l'effet de serre, le prix du pétrole reviendra vers 30 ou 35 $/bl, l'humanité n'ayant pas besoin avant longtemps des ressources dont l'exploitation coûterait plus cher[1].

Ces éléments s'ajoutent à l'analyse purement économique. Une action de la France, même seule, pourrait la préserver de certains risques stratégiques et la mettre en position plus favorable pour apaiser des tensions entre les peuples[2].

Ces avantages potentiels, non démontrables ni calculables mais probables, seront-ils suffisants pour nous convaincre d'agir ?

* * *

Certains de nos concitoyens seront convaincus par les perspectives économiques, par la place que nos entreprises pourront occuper sur le marché mondial. D'autres verront l'avantage que trouvera notre pays à confirmer sa position de pays soucieux de l'équilibre de notre planète et de l'avenir de l'humanité.

Beaucoup, sans doute, sans analyser tout cela, appliqueront consciemment ou non la leçon de l'impératif catégorique de Kant : « Agis comme si la maxime de ton action devait devenir par ta volonté une loi universelle de la nature. » L'avenir de nos enfants demande que l'humanité diminue beaucoup ses émissions de gaz à effet de serre. Inutile, donc, de se poser de multiples questions pour savoir que l'action bonne consiste, pour chacun, à diminuer ses propres émissions de gaz à effet de serre. Cette attitude de morale individuelle, bon nombre de nos concitoyens seront d'accord pour la transposer au niveau national.

L'argument le plus fort est sans doute d'ordre stratégique. Si

---

1. Voir notamment les études du LEPII qui prévoient alors un prix du pétrole à 25 $/bl : *http://www.industrie.gouv.fr/energie/prospect/pdf/seminaire-criqui.pdf*
2. On peut à ce propos noter que moins nombreux seront les pays agissant de leur côté, plus grand sera l'avantage stratégique qu'ils en retireront.

l'on essaie d'imaginer comment pourrait se faire la régulation mondiale dans les décennies à venir (ce qui est l'objet du chapitre IX), d'une manière qui risque fort de n'être ni calme ni ordonnée, l'évidence saute aux yeux qu'il vaudra mieux s'être rendu indépendant, autant qu'il est possible, de l'énergie fossile.

Quelle que soit la motivation, il n'est pas suffisant de dresser un tableau de la production et de la consommation française d'énergie dans trente ou quarante ans ; il faut aussi voir comment passer de la situation actuelle à cette situation projetée. L'État a le choix des moyens. De la façon dont il les utilisera dépend ce qui sera demandé aux uns et aux autres. C'est l'objet des chapitres suivants.

CHAPITRE V

Le rôle de l'État

Les marchés seront créés par des décisions politiques ; les lobbies s'en préoccupent

Pour que les émissions diminuent beaucoup, il faudra que soient prises des décisions qui ne seraient économiquement intéressantes que si le prix du pétrole atteignait des niveaux qu'il n'atteindra probablement pas *durablement* : véhicules bi-énergie, réseaux de chaleur, panneaux solaires, production de biocarburants à partir de la plante entière, tous travaux et équipements qui permettent des économies d'énergie, etc.

Comme les marchés seront créés par des décisions politiques, disons-le sans détour : la prospérité des secteurs économiques concernés dépend beaucoup plus de l'efficacité de leur action de lobbying que de l'habileté industrielle, technique ou commerciale des entreprises. Il n'est donc pas étonnant de voir un lobbying pour la cogénération d'électricité et de chaleur à partir de gaz, un autre pour le biogaz, un autre pour les éoliennes, etc. Le lobbying de l'éthanol, actif depuis longtemps, a obtenu depuis deux ans des résultats tout à fait spectaculaires : malgré la hausse du prix du pétrole, il a su convaincre de ne pas toucher à l'exonération fiscale dont il bénéficie et même d'y ajouter une obligation d'utiliser l'éthanol sous peine d'une forte pénalité fiscale. Un autre lobbying semble en passe de connaître également un beau succès, celui des « isolateurs », c'est-à-dire ceux qui veulent pousser l'isolation thermique des bâtiments jusqu'à ce que la chaleur des ampoules électriques, à basse consommation pourtant, et celle des gazinières, s'ajoutant à la chaleur humaine, suffisent à chauffer le logement. Sans aller jusque-là, la nouvelle régulation thermique désormais applicable aux logements neufs réduit encore de 15 %, par rapport à la réglementation en vigueur en 2000, la consommation d'énergie pour le chauffage ; le lobbying des isolateurs ne s'en satisfait pas et voudrait une nouvelle réglementation thermique tous les cinq ans et l'extension de ces normes aux bâtiments existants en les rendant obligatoires au moment de la vente d'immeubles ; les députés, qui ont montré de l'intérêt pour ces propositions[1], sauront certainement en calculer le coût réel.

Voici quelques façons de créer des marchés : une loi qui oblige à incorporer du biocarburant dans le carburant, une loi qui oblige à faire des travaux dans le bâtiment, un arrêté qui fixe un prix de reprise de l'électricité[2], une loi qui accorde des exonérations fiscales pour l'achat de tel ou tel type d'appareil. Pour obtenir la création d'un marché par décision publique, ici on agira seulement auprès de l'administration, quelques personnes à des postes-clés ; là il s'agit de travailler auprès des élus. Ne pas oublier la presse. Pour vanter l'utilisation de l'huile dans les moteurs au nom de l'autonomie de l'agriculteur vis-à-vis des grands groupes et de l'État (car cette utilisation directe devrait, bien évidemment, être exonérée de toute taxe), une demi-page dans un grand quotidien remplace avantageusement un fort budget publicitaire et n'oblige évidemment pas à dire que les moteurs actuels s'encrassent vite, sont polluants et perdent leur efficacité si le carburant ne respecte pas des normes très précises. Qu'importe, de toute façon, c'est bon pour l'image du biocarburant, tellement aidé dorénavant qu'il est

---

1. À en croire le rapport de la Mission d'information sur l'effet de serre de 2006 – voir la bibliographie en annexe.
2. C'est le prix auquel EDF est obligé d'acheter l'électricité produite par des éoliennes ou des cellules photovoltaïques ou à partir de biomasse ou de la chaleur des usines d'incinération, et l'électricité produite à partir de gaz en même temps que de la chaleur.

possible d'amortir certains outils de production en très peu de temps (ce qui est prudent, dira-t-on, puisque les décisions fiscales qui font la prospérité de ce secteur peuvent être modifiées tous les ans, à chaque loi de finances), une aisance telle que certains responsables de cette profession s'en trouvent gênés.

Un lobbying peut mener une action efficace, directement et au grand jour. Il peut également créer des associations qui fonderont leur action sur la défense d'un «intérêt général», que ce soit la création d'emplois[1], l'indépendance énergétique, le «développement durable», la lutte contre l'effet de serre, ou l'économie d'énergie, portée au rang d'un impératif moral, etc.

Il existe un lobby dont on n'a pas parlé ici, le lobby le plus fort à n'en pas douter puisque les entreprises qui le soutiennent sont parmi les plus importantes du pays et que des accointances nées d'une camaraderie d'école en assurent, à n'en pas douter, la cohésion : le lobby du nucléaire. Ce lobby est-il vraiment si fort que cela ? On ne sait ; mais force est de constater qu'il a été depuis vingt ans d'une inefficacité rare ! Alors que son produit est bon – de l'électricité pas chère et sûre –, il n'a pas été capable d'obtenir une décision de création d'un centre de production pendant près de vingt ans ; aujourd'hui, seule la construction d'une tranche a été décidée, à titre exploratoire, c'est-à-dire que, si l'on en restait là, on ne pourrait lancer une nouvelle tranche qu'après avoir vu fonctionner celle dont la construction vient d'être décidée et cette nouvelle tranche ne pourrait donc entrer en service qu'au-delà de 2020. Pendant ce temps, d'autres lobbies censément beaucoup plus faibles obtiennent que l'électricité qu'ils produisent soit reprise à des prix, fixés par l'administration, trois fois plus élevés (voire beaucoup plus) et l'on se trouve dans l'obligation de relancer de vieilles centrales à charbon et au fioul et de construire des centrales au gaz qui vont aggraver notre dépendance à l'égard de la Russie et cracher du gaz carbonique. Bravo pour le lobbying nucléaire ! Il

---

1. Voir en fin du chapitre III ce qu'on peut penser de cette référence rituelle à la «création d'emplois» – à employer avec beaucoup de prudence.

faut dire que certains des membres éminents de ce que chacun voit comme un lobby préfèrent taire les avantages du nucléaire pour ne pas passer pour « nucléaristes ». La faiblesse des forts.

Un autre groupe d'intérêt, celui de la forêt, est remarquablement silencieux alors même que nos forêts pourraient fournir des dizaines de millions de tonnes de plus qu'aujourd'hui si les conditions favorables étaient réunies. Or, ces conditions dépendent de décisions de l'État. Mais les parties concernées, instruites par les avatars qu'a connus la forêt au cours de sa longue histoire, craignent beaucoup les effets pervers de décisions prises par des personnes pleines de bonnes intentions, sans doute, mais mal informées ou mal conseillées.

Autre groupe d'intérêt très mal représenté : tous les agriculteurs qui ne se retrouvent pas dans le programme actuel de biocarburant, soit qu'ils pratiquent d'autres cultures, soit qu'ils se rendent compte que les aides accordées sont trop élevées, soit qu'ils refusent que leurs terres soient si mal employées.

Le secteur de la « chaleur renouvelable » (chauffage solaire, pompes à chaleur) agit discrètement et, grâce aux exonérations fiscales s'ajoutant à la hausse du prix du pétrole, se trouve correctement conforté – à l'exception notable des réseaux de chaleur.

Les entreprises qui fournissent du gaz exercent aussi, évidemment, leur action de lobbying auprès de l'État – qui fixe les prix du gaz et dit à quelles conditions économiques le réseau de gaz peut s'étendre –, et auprès des collectivités territoriales – qui, elles, donnent le droit d'occuper le domaine public, peuvent décider de construire ou de ne pas construire un réseau de chaleur et sont de gros clients potentiels. Désormais apparaît un autre groupe d'intérêt, celui des entreprises productrices d'électricité de droit privé, agissant dans un marché concurrentiel. On verra au chapitre VII les bénéfices considérables qu'elles peuvent réaliser lorsqu'elles détiennent une capacité de production nucléaire, à condition de ne pas investir dans cette technique autant que le commanderait la recherche du moindre coût. Leur intérêt rejoint curieusement les exigences de ceux qui, depuis trente ans, réclament avec succès une pause dans la construction de centrales nucléaires. Tant que le prix de vente sera fixé par l'État, pour pouvoir vendre au prix du marché une électricité nucléaire qui coûte beaucoup moins, elles exerceront un lobbying pour convaincre les pouvoirs publics que les nouvelles centrales nucléaires produisent une électricité 50 % plus chère que les centrales existantes.

Le lobby des éoliennes, une des principales composantes de celui des énergies renouvelables, a tiré un bon profit de l'objectif qui veut que 21 % de l'électricité soient produits avec des énergies renouvelables, objectif qui pénalise le nucléaire, qui conduit à utiliser la biomasse de façon inefficace et qui, en définitive, est incompatible avec une forte diminution de nos émissions de gaz à effet de serre.

Le lobby du biocarburant s'est déchaîné contre le lobby des « pétroliers » mais on voit mal pourquoi le lobby des pétroliers serait *a priori* contre les biocarburants. Si une loi oblige à incorporer des biocarburants, le contribuable et le consommateur seront bien obligés de payer ; en quoi cela peut-il gêner les pétroliers ? Les partisans des biocarburants disent que les pétroliers n'en veulent pas car cela pourrait remettre en cause leur « monopole » sur la distribution de carburant. Or il y a belle lurette que les « pétroliers » ont perdu ce monopole. Par contre ils voient assez mal que l'on incorpore dans les carburants des produits qui en dégradent la qualité – même si ces produits nouveaux ne sont pas distribués par eux-mêmes : question d'image. Depuis que l'incorporation de biocarburant est rendue obligatoire sous peine d'une grosse pénalité, les pétroliers sont les plus zélés des incorporateurs de biocarburant – et sont les premiers à empocher la rente créée par ces nouvelles obligations, au détriment des consommateurs. Mais on aura vérifié une fois de plus que, pour obtenir la protection, l'aide et le soutien de la puissance publique, il faut se dire agressé par plus fort que soi. Ce qui fut fait, avec succès.

L'action des lobbies n'a rien de répréhensible. Au niveau européen elle est tout à fait reconnue et officielle. La bonne attitude à adopter est effectivement de reconnaître le lobbying pour ce qu'il est : la défense d'intérêts catégoriels ; donc d'écouter les lobbyistes et de recueillir avec intérêt et esprit critique les informations qu'ils donnent en étant conscient de leur force et de la diversité des actions qu'ils mènent, de façon à ne pas se laisser abuser par une convergence d'avis qui s'explique plus par l'origine commune de la source qui les inspire que par leur valeur propre.

Mais cet esprit critique, cette solidité ne seront possibles que si l'État donne *une orientation* sur le *long terme* et se dote d'*instruments* qui permettent d'*évaluer* les décisions qui lui seront réclamées ou les actions qui lui seront proposées et d'en *mesurer* les résultats.

Deux critères pour *évaluer les actions* de lutte contre l'effet de serre

L'État a besoin de critères simples et publiés

L'État doit pouvoir justifier un accord ou un refus à ceux qui demandent une autorisation, une concession ou une subvention.

Tant que l'État n'aura pas arrêté sa politique sur le long terme, l'évaluation des projets présentés par les industriels ne pourra pas être faite en tenant compte de l'effet de serre. Il serait donc utile que l'objectif de réduction des émissions annoncé par le Premier ministre et rappelé dans la loi d'orientation sur l'énergie soit traduit concrètement par des critères simples et publiés qui serviront aux services administratifs qui instruisent des demandes d'autorisation ou de subvention.

L'objectif visé est de réduire nos émissions de gaz à effet de serre. Cet objectif de réduction s'énonce par la quantité d'émissions de gaz carbonique d'origine fossile que l'on aura évitées, quantité exprimée en tonnes de carbone.

La réalisation de cet objectif de réduction des émissions fait appel à deux ressources qui pourraient fort utilement être employées à autre chose : d'une part, *le financement*, car diminuer les émissions demande des dépenses supplémentaires, et, d'autre part, pour ce qui concerne la biomasse, *la surface de sol agricole ou forestier disponible*.

Pour évaluer si une action de réduction des émissions de gaz carbonique d'origine fossile doit être considérée comme une « bonne action climat », deux critères devraient donc s'imposer, l'un pour représenter l'utilisation du financement et l'autre, s'il s'agit de biomasse, pour représenter l'utilisation du sol.

Premier critère : un critère de coût indépendant du prix du pétrole

Rappel : toutes les valeurs sont indiquées en monnaie constante, valeur 2006.

Une fois que l'on s'est fixé un objectif de réduction des émissions de gaz à effet de serre, une action se trouve justifiée par la lutte contre l'effet de serre si elle est moins coûteuse que d'autres qui suffisent à atteindre l'objectif. Comme cela a été dit au chapitre III, on calcule les dépenses causées par cette action et on les compare aux dépenses que l'on aurait faites si l'on ne se préoccupait pas de l'effet de serre ; puis, *la différence* entre ces dépenses est rapportée à la quantité d'émissions de gaz carbonique fossile évitée, ce qui donne le « coût du carbone » de l'action exprimé en euros par tonne de carbone (€/tC). Les chapitres II et III ont recherché les opérations les moins coûteuses.

Si le pétrole est à 50 $/bl, et si plusieurs conditions sont réunies (possibilités de la biomasse, électricité vendue au prix de revient du nucléaire, etc.), il est possible de beaucoup diminuer nos émissions avec un « coût du carbone » inférieur à 400 €/tC. Voici donc un critère qui permet de dire si une action qui se réclame de la lutte contre l'effet de serre est utile ou bien inutilement coûteuse : moins de 400 €/tC, c'est bon ; sinon c'est du gaspillage. Sans doute, mais ce critère de « coût du carbone » est d'un maniement délicat

Figure 4
« Coût du carbone évité » d'une action,
coût marginal d'un programme de réduction des émissions,
prix du pétrole équivalent

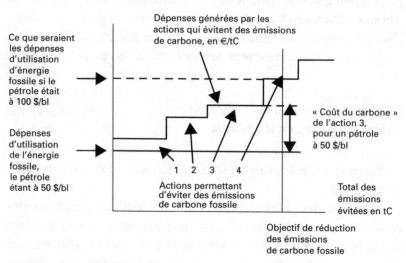

Les actions de type 1, 2, 3 et 4 suffisent à réaliser l'objectif de réduction d'émission ; les actions qui génèrent des dépenses supérieures sont donc inutilement coûteuses.

puisqu'il dépend du prix du pétrole, et celui-ci peut bouger beaucoup d'ici trente ans sans que l'on sache dans quel sens.

Or les choses apparaissent extrêmement simples dès lors qu'on se rend compte que toutes les actions dont le coût du carbone est inférieur à 400 €/tC, le pétrole étant à 50 $/bl, seraient moins coûteuses que l'utilisation d'énergie fossile si le pétrole était à 100 $/bl. Naturellement, il vaut mieux commencer par les moins chères.

Nous tenons là un critère *indépendant du prix du pétrole.*

Pourquoi 100 $/bl ?

Avec un pétrole à 50 $/bl, le prix des produits raffinés est à Rotterdam de 400 €/t HT (voir la « situation de référence » au chapitre III), soit à peu près 400 € par tonne de carbone fossile inclus. Pour que le prix des produits raffinés soit, hors TVA, supérieur de 400 €/t à ce qu'il est avec un pétrole à 50 $/bl, il faudrait donc que le prix du pétrole soit doublé et porté à 100 $/bl.

Un critère indépendant du prix du pétrole : cela veut dire que la politique française de lutte contre l'effet de serre ne doit pas dépendre du prix du pétrole ! C'est assez différent de ce qui se dit généralement : « Comme le pétrole est cher, luttons contre l'effet de serre. » Non ! Il faut dire : « Comme nous luttons contre l'effet de serre, faisons comme si le pétrole était cher ! »

On peut s'arrêter deux minutes sur cette formulation. Nous avons un but : beaucoup diminuer nos émissions de gaz carbonique d'origine fossile, une division par deux ou trois. Entre tous les futurs possibles, nous en choisissons un. Nous avons rendu le futur « fixe » : il est ce que nous voulons qu'il soit. Pour y parvenir, nous allons faire comme si le pétrole était à 100 $/bl. Nous considérons, ce faisant, que la réalité présente est malléable. Nous n'annulons pas la réalité du prix du pétrole ni son caractère contraignant ; bien au contraire nous tenons compte totalement de son caractère directeur ; nous façonnons cette réalité présente. Le présent ne s'impose pas à nous ; parmi toutes ses formes possibles, nous choisissons celle qui nous conduit au futur que nous nous sommes fixé. Bref, nous nous sommes libérés quelque peu du présent par un acte de volonté.

Les lecteurs de Jean-Pierre Dupuy auront reconnu dans cette formulation la conception du « temps du projet » que, dans la lignée de Bergson et de Sartre, il nous propose dans *Pour un catastrophisme éclairé*[1].

---

1. Voir en bibliographie. Je m'inspire également de son approche lorsque, à plusieurs reprises, parlant de l'effet de serre ou du risque de catastrophe nucléaire, j'insiste pour que nous ayons toujours devant les yeux, comme déjà réalisée, la catastrophe.

Après cette digression, on peut noter comme ce critère est pratique. L'utilité d'une action dépend donc de l'objectif quantitatif que l'on s'est fixé, de l'état des techniques et de la politique de prix de l'électricité ; encore une fois, elle ne dépend pas du fait que le pétrole soit à 50, à 80 ou à 30 $/bl. Il est prudent de prévoir que le prix du pétrole ne se stabilisera pas à 100 $/bl ou au-delà. Donc, pour savoir ce qu'il faut faire, l'évolution du prix du pétrole, on s'en moque ! Et faisons tout ce qui serait intéressant s'il se stabilisait à 100 $/bl !

Critère n°1
Parmi les actions qui évitent des émissions de gaz carbonique fossile, ne retenir que celles qui deviendraient économiquement intéressantes sans aide ni exonération fiscale si le prix du pétrole montait à 100 $/bl (en $ valeur 2006), en commençant par celles qui seraient intéressantes avec un pétrole à 80 $/bl.

Il est équivalent de dire que le « coût du carbone » de ces actions est inférieur à 400 €/tC, le pétrole étant à 50 $/bl.

- **Pour le transport**, ne retenir que les actions qui seraient économiquement intéressantes si le gazole était vendu à la pompe 1,45 €/l TTC (valeur 2006), incluant une TIPP égale à celle du gazole en 2006.

- **Pour le chauffage**, ne retenir que les actions qui seraient économiquement intéressantes si le fioul était à 980 €/m^3 TTC et si le gaz était vendu à un prix équivalent, soit 80 €/MWh TTC[1] – valeur 2006.

Le « coût du carbone » qui, lui, dépend du prix du pétrole, sera toujours utile pour savoir quel effort sera demandé aux consommateurs et aux contribuables pour réussir à diviser par deux ou par trois les émissions françaises de gaz carbonique fossile.

---

1. Tenant compte de ce que la combustion de gaz émet moins de gaz carbonique que celle du fioul.

Deuxième critère : bien utiliser les possibilités offertes par nos sols agricoles et forestiers

La biomasse pourrait intervenir pour plus du tiers dans les réductions des émissions de gaz carbonique fossile. C'est dire à quel point il importe de bien utiliser les possibilités offertes par nos sols agricoles et forestiers. Une terre agricole peut produire 12 tonnes de matière sèche par hectare et par an, ce qui permettra de remplacer, comme source de chaleur, 4 ou 5 tep, c'est-à-dire d'éviter autant de tonnes de carbone fossile si la biomasse remplace du fioul domestique ou 3 à 4 tonnes de carbone fossile si elle remplace du gaz.

Si cette terre agricole est utilisée pour produire du blé ou du colza d'où l'on tirera de l'éthanol ou une huile qui servira à la production de biocarburant, l'efficacité de cette production pour lutter contre l'effet de serre est aujourd'hui inférieure à 1 tC/an/ha. Si l'éthanol est fait à partir de betteraves, le résultat est meilleur, de l'ordre de 2,5 tC. Du biocarburant produit à partir de la plante entière permettra d'éviter, par hectare, beaucoup plus d'émissions de gaz carbonique fossile : près de 2 tC si l'énergie de procédé est apportée par la biomasse, trois tonnes de carbone si l'énergie est apportée par une source extérieure, plus encore si non seulement de l'énergie mais aussi de l'hydrogène sont apportés de l'extérieur sans émission de gaz carbonique, par exemple du charbon pour la chaleur et du méthane (CH_4) pour l'hydrogène, avec séquestration de gaz carbonique.

Critère n°2
Une action qui se réclame de l'effet de serre et qui fait appel à la biomasse est utile si les émissions de gaz carbonique fossile qu'elle permet d'éviter sont *supérieures à 2 tonnes de carbone fossile par hectare et par an.*

Ce sont deux critères discriminants

Ces deux critères sont simples, sensibles, concrets : *un critère financier et un critère physique, l'un et l'autre stables dans le temps.*
Combinés, ils forment un couple pouvant guider l'État et les collectivités territoriales lorsqu'ils agissent par eux-mêmes ou lorsqu'ils prennent des décisions qui orientent l'action et les choix des entreprises et des personnes.

En prenant appui sur ces critères l'État pourra évaluer les projets que les entreprises ne manqueront pas de lui présenter. Mieux : en publiant ces critères, stables et indépendants du prix du pétrole, en décidant de soutenir tout projet qui les respecte, l'État suscitera une multiplication des initiatives, au bénéfice de tous.

Les autres critères nous égarent

Le rendement et l'efficacité énergétiques sont trompeurs. Il est difficile de courir deux lièvres à la fois : si, généralement, pour diminuer les émissions de gaz à effet de serre, la meilleure méthode est de diminuer la consommation d'énergie, il est fréquent, au contraire, que la lutte contre les émissions entraîne une *augmentation* de la consommation d'énergie. La cogénération de chaleur et d'électricité à partir de gaz a été justifiée par son très bon rendement énergétique (85 %, voire davantage), mais elle émet davantage de gaz carbonique que la production d'électricité à partir de gaz avec une centrale à cycle combiné (CCG) et de chaleur à partir de biomasse, le rendement de cet ensemble étant de 75 %. La production d'électricité à partir d'énergie nucléaire a un rendement de 33 % alors que la production d'électricité à partir de gaz a un rendement de 55 % et la production de chaleur à partir de fioul de 90 %. Pour le chauffage, hors les pointes de consommation, la lutte contre l'effet de serre invite à remplacer du fioul (rendement de 80 ou 90 %) par de l'électricité nucléaire (rendement de 30 % en tenant compte des pertes en ligne). Le chauffage à partir de biomasse par un réseau de chaleur a un rendement très inférieur au chauffage individuel au gaz. Les dépenses d'économie d'énergie ne doivent pas être faites « à tout prix » mais seulement si elles coûtent moins cher que d'autres moyens d'éviter les émissions de gaz carbonique fossile.

Dire que les critères de l'économie d'énergie et du rendement énergétique sont trompeurs peut paraître un peu rude, tellement la recherche d'économies d'énergie est toujours passée pour un impératif « incontournable ». C'est que le critère à retenir est non pas l'économie d'énergie, mais l'économie d'énergie *fossile*, sauf séquestration du gaz carbonique. La loi d'orientation sur l'économie d'énergie, qui traite de la même façon les économies d'énergie et l'utilisation d'énergie renouvelable, commet cette confusion fâcheuse : par exemple, un distributeur de gaz, obligé de faire faire à ses clients des économies d'énergie ou de les convaincre d'utiliser des énergies renouvelables, les incitera à acheter une chaudière au gaz performante plutôt que de se raccorder au réseau de chaleur alimenté à la biomasse qui passe à proximité.

Deux autres critères souvent évoqués concernent l'électricité : la « maîtrise de la demande d'électricité » et la part d'électricité produite à partir d'énergies renouvelables. Ils n'ont rien à voir avec l'effet de serre et l'on ne peut comprendre leur existence qu'en les resituant dans la controverse sur l'énergie nucléaire (cf. chapitre VII).

L'évaluation des actions qui se réclament de la lutte contre l'effet de serre

Le coût de chaque action a été présenté au chapitre III. On peut aussi le traduire en « prix du pétrole équivalent », c'est-à-dire le niveau que le prix du pétrole devrait dépasser pour que l'action qui permet d'éviter d'utiliser de l'énergie fossile devienne financièrement intéressante sans aide financière ni fiscale. Pour diviser les émissions par trois, avec les hypothèses que j'ai faites le critère de coût d'une «bonne action climat», une BAC, est que le prix du pétrole équivalent soit inférieur à 100 $/bl.

Un tableau en annexe réunit différentes façons de produire et de consommer de l'énergie en indiquant pour chacune la valeur du prix du pétrole équivalent et, pour celles qui utilisent de la biomasse, la valeur du rendement par hectare.

La bonne action climat satisfait à la fois au critère de coût et, s'il s'agit d'utiliser la biomasse, à celui de rendement par hectare et par an. Il vaudrait mieux, évidemment, donner la priorité aux actions les moins coûteuses.

On retrouve bien sûr les actions du chapitre II :

- pour la chaleur : biomasse utilisée directement ou à travers des réseaux de chaleur ; chaleur des usines d'incinération ; géothermie ; opérations d'économies d'énergie qui ne coûtent pas trop cher ; pompes à chaleur ; électricité lorsque la capacité nucléaire sera suffisante ; chauffage solaire ;

- pour le transport : véhicules hybrides rechargeables et biocarburant «plante entière», lorsque la capacité nucléaire sera suffisante et lorsque les techniques de production «plante entière» seront au point.

Certaines des actions qui ne sont pas repérées par ces critères comme de «bonnes actions climat» peuvent être justifiées ; dans ce cas, les motifs sont *autres* que la lutte contre l'effet de serre.

Chapitre VI

Fiscalité, réglementation, incitations, « marchés de permis d'émettre »

L'État dispose de multiples moyens pour faire en sorte que la France émette moins de gaz à effet de serre : réglementation, incitations financières, commande publique, recherche, formation, information, règles de la concurrence, urbanisme, équipements publics, etc. Il peut déléguer quelques-uns de ces moyens aux collectivités territoriales. Celles-ci ont en effet la possibilité de lever l'impôt et d'accorder des aides ; surtout, les régions ont directement la responsabilité de la formation professionnelle, les départements et les communes celle de l'animation périscolaire, et toutes sont responsables de l'urbanisme et de l'aménagement local dans le cadre fixé par la loi et selon des contrats passés avec l'État.

Quant à l'Union européenne, nous verrons au chapitre IX que, si elle n'interfère pas dans ce qui est de la responsabilité des États, elle a aussi un rôle essentiel, voire irremplaçable, sur quelques aspects de la politique à mener.

Ce chapitre traite des moyens de la réglementation, de l'incitation financière (exonérations fiscales ou subventions), des impôts sur l'énergie fossile et de cette nouvelle méthode des « marchés de permis d'émettre », tel ce marché européen du gaz carbonique qui a connu en avril 2006 un krach où le cours du gaz carbonique a perdu en un jour plus de la moitié de sa valeur.

Mais voyons d'abord comment l'impôt sur le carbone, un moyen que beaucoup considèrent comme le meilleur, peut être une excellente chose ou au contraire un moyen extrêmement brutal, selon les circonstances.

Pour cela nous prendrons l'exemple très simple d'une maison individuelle qui est occupée par son propriétaire, qui consomme 4 m^3 de fioul par an (ou de deux maisons consommant chacune 2 m^3). Cette consommation de fioul pourrait être beaucoup réduite en faisant quelques travaux d'isolation, en installant des panneaux de chauffage solaire, en mettant une résistance électrique dans l'eau du chauffage central ou, enfin, en décidant de baisser un peu la température intérieure.

Dans ce cas d'école, le fioul coûte 600 €/m^3 TTC. Les travaux d'isolation, permettant d'économiser 1 m^3/an de fioul, sont financés par un emprunt dont l'annuité est de 700 €. L'installation de panneaux solaires, qui permet d'économiser 1 m^3 de fioul de plus par an, est financée par un emprunt ; l'annuité de l'emprunt et les dépenses d'entretien coûtent en tout 800 €/an. Enfin, l'utilisation d'électricité qui permet d'économiser encore 1 m^3 de fioul par an coûte, y compris l'achat de l'électricité, 900 €/an.

Si l'État oblige le propriétaire occupant à réduire de 1 m^3/an sa consommation de fioul (appelons cela la méthode *réglementaire*), celui-ci fera les travaux d'isolation ; il paiera son annuité d'emprunt 700 € et économisera 1 m^3 de fioul soit 600 €. Ses dépenses auront augmenté de 100 €/an. Mais l'État peut décider de ne fixer aucune obligation et de n'agir que par *la fiscalité*, en créant un impôt sur le fioul. Pour convaincre le propriétaire de faire les travaux d'isolation qui vont lui coûter 700 €/an pour économiser 1 m^3/an, il faudra que l'impôt porte le prix du fioul à 700 €/m^3. Il devra donc s'élever à 100 €/m^3 (c'est la méthode de « fiscalité pure »). Alors, le propriétaire devra dépenser non seulement l'annuité de son emprunt, *mais aussi* l'impôt sur les 3 m^3 de fioul qu'il continuera de consommer. En tout, ses dépenses auront augmenté de 400 €/an, soit *quatre fois plus* qu'avec la méthode réglementaire. Ici, la fiscalité pure est plutôt brutale !

Une troisième méthode aura la préférence des propriétaires occupants : que les travaux soient subventionnés sans que pour cela soit créé un nouvel impôt. Vu l'état de nos finances publiques, cette méthode, «*l'incitation pure*», ne peut fonctionner que dans la mesure où elle est peu appliquée...

Outre la réglementation, la fiscalité pure et l'incitation pure, il existe une quatrième méthode possible : comme l'État n'a pas d'argent disponible pour financer des incitations, il crée un impôt sur le fioul pour pouvoir subventionner les dépenses qui permettent d'éviter la consommation de fioul. Dans cet exemple, pour diminuer de 1 m^3/an la consommation de fioul, l'État créera un impôt de 25 €/m^3. Alors, après avoir effectué les travaux d'isolation, le propriétaire dépensera 75 €/an de plus que s'il ne les avait pas faits (il paie une annuité d'emprunt de 700 € et évite l'achat d'un mètre cube de fioul qui, désormais, coûte 625 €) ; mais ce surcoût sera annulé par une subvention égale. Par ailleurs, le propriétaire paiera 25 € d'impôt sur chaque mètre cube de fioul qu'il consommera, soit 75 € en tout, qui permettront à l'État de lui verser sa subvention. En tout, le propriétaire aura dépensé, en plus, juste 100 €, comme avec la méthode réglementaire. L'impôt, lorsqu'il est calculé juste pour financer des subventions incitatrices, est donc bien inférieur à celui de la «fiscalité pure».

Un tableau en annexe montre comment se comparent ces quatre méthodes selon que le but recherché est de diminuer la consommation de fioul de 25 %, de 50 % ou de 75 %. Dans tous les cas, vue par celui qui consomme l'énergie, la méthode de «fiscalité pure» entraîne une dépense très supérieure à la méthode réglementaire, la différence étant plus marquée tant que la consommation d'énergie fossile n'a pas déjà beaucoup diminué.

La voie réglementaire

La voie réglementaire est très pratiquée. Par exemple : les normes sur les émissions de gaz carbonique par les véhicules, la réglementation thermique applicable aux bâtiments neufs ou profondément rénovés, la limite de vitesse sur route (qui n'a pas été conçue pour diminuer les émissions de gaz carbonique mais dont l'effet est très sensible). Les règlements d'urbanisme comportent peu de mesures directement justifiées par la lutte contre l'effet de serre mais pourraient en comporter à l'avenir. Les « accords négociés » ou « engagements volontaires » entre une profession et l'administration d'un État ou de l'Union européenne – comme si des engagements pouvaient ne pas être volontaires ! – sont à peu près de même nature que la réglementation ; les plus significatifs sont les engagements pris par les constructeurs de véhicules de diminuer les émissions de gaz carbonique des moteurs.

Les distributeurs de carburant sont soumis à l'obligation d'incorporer du biocarburant dans une proportion fixée par la loi, allant progressivement jusqu'à 5,75 % en 2008[1], sous peine d'une sanction supérieure à 1 € par litre de carburant pétrolier en trop.

Le grand avantage de la réglementation est qu'elle ne demande rien au budget de l'État et qu'elle limite les dépenses à ce qui est juste nécessaire pour atteindre l'objectif fixé, à supposer néanmoins que le consommateur ne se fasse pas abuser par des entreprises qui sauront lui rappeler ses obligations mais sans lui proposer le meilleur prix. L'inconvénient est qu'il faut fixer une obligation par personne ou par entreprise concernée, ce qui peut être fort coûteux en administration si le niveau de l'obligation est ajusté à chaque cas individuel. Il faut également vérifier que l'obligation est respectée, éventuellement sanctionner et gérer le contentieux. L'expérience montre d'ailleurs qu'une réglementation excessive ou mal comprise par les entreprises ou les personnes ne sera pas respectée.

La réglementation est donc praticable lorsque le nombre des cas auxquels elle s'applique n'est pas trop élevé. Pour les biocarburants ou pour les véhicules, par exemple, elle s'applique seulement à des entreprises, distributeurs de carburant ou constructeurs

---

1. Ils bénéficient également d'une exonération de taxe intérieure de consommation (connue sous le sigle de TIPP). La fiscalité du carburant est présentée en annexe 2 à ce chapitre.

de véhicules, peu nombreuses. Pour le bâtiment, la réglementation s'applique à tous, mais seulement à des moments très particuliers : la construction, la réhabilitation. La mise sur le marché de certains composants ou équipements est soumise à une réglementation ; aujourd'hui il s'agit surtout de réglementations relatives à la sécurité d'utilisation ; concernant l'énergie, la réglementation rend obligatoires des informations sur la consommation. Là aussi, l'obligation est faite à des entreprises et non pas à l'ensemble des consommateurs.

Cette voie de l'obligation est particulièrement bienvenue lorsque les surcoûts qu'elle engendre sont modérés. On devine même que certaines réglementations pourraient en quelque sorte forcer les consommateurs, mal informés, à éviter des dépenses inutiles : certains composants du bâtiment ou certains appareils pourraient en effet être carrément interdits de vente, comme les vitrages simples. Mais le risque est grand au contraire que la réglementation rende obligatoires des dépenses excessives ou inutiles. Ce risque existe car il est fort possible d'édicter de nouvelles réglementations sans se préoccuper des dépenses qu'elles rendront obligatoires.

Alors, pour évaluer la pertinence de l'action publique, le critère du coût par tonne de carbone évitée est particulièrement utile ; ce coût devrait incorporer le coût de gestion.

L'incitation : subvention ou exonération fiscale

Voilà une méthode populaire, particulièrement adaptée à deux circonstances de nature différente : d'une part lorsque la technique à laquelle elle s'applique est encore peu employée, d'autre part dans les mois qui précèdent une élection importante.

Entrent dans cette catégorie les exonérations fiscales dont bénéficient les biocarburants, les subventions données par l'ADEME, les exonérations fiscales liées à l'acquisition de chaudières à bois, de panneaux solaires, de pompes géothermales, de matériaux et de composants permettant une diminution de la consommation d'énergie.

La subvention, surtout lorsqu'elle n'est pas forfaitaire mais ajustée à chaque cas, est lourde en administration. Elle se justifie très bien pour de gros investissements lorsque le surcoût dépend de chaque cas particulier. Le « plan bois » de l'ADEME a ainsi permis la promotion de l'usage du bois, en particulier par réseaux de chaleur, dans de très bonnes conditions budgétaires (en moyenne, environ 100 € par tonne de carbone fossile évitée, 300 € au maximum).

Si les subventions sont forfaitaires, elles sont moins coûteuses en administration que lorsqu'elles sont calculées dans chaque cas. Il en est de même des exonérations fiscales. Elles peuvent donc s'appliquer à un très grand nombre de personnes. Mais elles présentent des défauts. La subvention ou l'exonération fiscale servent à financer le surcoût d'une action qui permet d'éviter la consommation d'énergie fossile. Si le prix de l'énergie fossile augmente, le surcoût diminue. La subvention ou l'exonération fiscale devraient donc diminuer ; et inversement. Lorsque le prix du pétrole varie, elles peuvent donc devenir insuffisantes, auquel cas elles sont inefficaces, ou créer un « effet d'aubaine » financé par l'ensemble des contribuables au bénéfice de quelques-uns sans mérite particulier. Cela peut être corrigé une fois par an par la loi de finances ou, en continu, par l'application d'une formule d'indexation.

L'autre limite que rencontre cette méthode incitative sera évidemment son coût budgétaire. Des subventions ont déjà été remplacées par des exonérations fiscales, moins sensibles dans le budget, mais celles-ci, en l'absence de ressources budgétaires nouvelles, risquent de disparaître dès que le nombre de bénéficiaires deviendra plus important. Cette méthode, qui peut être la meilleure pour lancer un mouvement, devra donc être couplée avec un impôt qui lui procurera les ressources financières dont elle a besoin.

Un impôt pour financer les aides

C'est une méthode assez classique, mise en œuvre, par exemple, par les agences de bassin pour diminuer la pollution des eaux. Elle permet d'obtenir de bons résultats en minimisant le niveau de l'impôt. À son débit, on dira qu'elle demande une double administration : pour prélever l'impôt et pour accorder des aides avec les inconvénients déjà cités que présentent les procédures d'aide individuelle. Cette méthode est néanmoins efficace lorsque le nombre de bénéficiaires de l'aide n'est pas trop grand et lorsque la subvention est l'occasion d'un dialogue qui permet d'améliorer le projet de celui qui la demande.

La fiscalité pure : un impôt sans réglementation et sans subventions

C'est la méthode préférée par la théorie économique libérale, qui lui voit de grandes vertus. Il s'agit de mettre sur les énergies fossiles, carburants pétroliers, fioul ou gaz, un impôt suffisant pour que leur consommation soit réduite au niveau voulu. L'augmentation du prix causée par cet impôt aura trois effets. Elle rendra intéressante l'utilisation d'autres formes d'énergie (chauffage solaire, électricité dans le chauffage, utilisation combinée du train et de la voiture, etc.), elle incitera à s'équiper de façon à obtenir le même confort en consommant moins d'énergie et, troisième effet, elle incitera les consommateurs à consommer moins d'énergie, quitte à y perdre un peu en confort.

Pour diviser par deux ou trois nos émissions avec les hypothèses que j'ai retenues, on a vu qu'il suffirait de mener toutes les actions qui coûtent moins que ce que coûterait l'utilisation de l'énergie fossile si le pétrole était à 100 \$/bl, le fioul à 980 €/m³ et le gazole à 1,45 €/l. Si l'on veut obtenir cette diminution des émissions en utilisant seulement l'impôt, il suffit donc de rendre le prix à la consommation finale du gazole, du gaz ou du fioul aussi cher que si le pétrole était à 100 \$/bl. Cela peut se faire avec un «impôt climat» ou une «taxe carbone» (sous-entendu : «carbone *fossile*») calculé pour rendre le prix à la consommation finale de l'énergie fossile aussi élevé que si le pétrole était à 100 \$/bl. L'impôt climat, *dont le montant dépend du prix du pétrole*, a donc pour effet de *stabiliser le prix de l'énergie à la consommation finale*. Il donne aux acteurs privés, consommateurs et entreprises, le cadre stable et prévisible dont ils ont besoin pour prendre en toute sérénité des décisions qui engagent le long terme. Ce cadre est parfaitement cohérent avec le critère n° 1 du chapitre V : est une bonne action climat toute action qui serait intéressante si le pétrole était à 100 \$/bl.

Le prix à la consommation finale étant alors suffisant pour payer le coût complet de production des énergies non fossiles ou les investissements d'économie d'énergie, les autres moyens – subventions, exonérations fiscales et réglementations – seront inutiles, ce qui évitera de grosses dépenses d'administration, le traitement de dossiers individuels, les négociations avec toutes sortes de groupes d'intérêt, tout le travail de contrôle et le contentieux.

Ces avantages de la méthode de fiscalité pure sont réels et ne doivent surtout pas être minimisés.

Si le pétrole est à 50 \$/bl, cet impôt sera de 400 € par tonne de carbone, soit 0,35 € par litre de produit pétrolier ou 25 € par MWh de gaz[1]. Les idées ne manquent pas pour utiliser le produit de cet impôt, soit, selon le tableau de division par trois des émissions, 9,2 milliards d'euros (400 € par tonne de carbone fossile consommée par les transports et les secteurs résidentiel et tertiaire).

Certains des tenants de la méthode fiscale «pure» parlent (abusivement) de «double dividende» en prévoyant que cet impôt

---

1. En tenant compte du fait que le gaz, en brûlant, émet moins de gaz carbonique par MWh que le fioul.

Il y a impôts et impôts

- La TVA a pour principal objet de procurer des ressources à l'État.
- La taxe intérieure de consommation (TIC) sur le carburant, connue sous le sigle TIPP (taxe intérieure sur les produits pétroliers), est égale à peu près aux coûts externes générés par l'utilisation des carburants : usure des chaussées, risques d'accidents, pollutions locales ; on peut donc considérer que son objet est surtout de financer ces effets externes. Dans ces conditions elle ne dépend pas du prix du pétrole. Il serait plus clair de l'appeler « taxe transport ».
- L'« impôt climat » dont je parle ici aurait pour objet de limiter la consommation d'énergie fossile au-dessous d'un plafond fixé par le pouvoir politique. Comme les deux taxes précédentes, il s'applique dès le premier mètre cube de carburant, de fioul ou de gaz consommé, mais il est de nature très différente. Le montant de l'impôt doit alors dépendre du prix du pétrole. Avec mes hypothèses, il serait nul si le pétrole était à 100 $/bl. Le produit de l'impôt climat permettrait de diminuer d'autres impôts.
- La « TGAP » (taxe générale sur les activités polluantes) appliquée aujourd'hui aux carburants pétroliers agit comme une sanction pour non-respect d'une obligation quantitative.
Préciser et expliciter la nature de ces différentes sortes de taxes ou d'impôts éviterait sans doute des débats confus, sur la « TIPP flottante » par exemple [1].

pourrait réduire par exemple les charges sur salaires des employés les moins rémunérés : si cette manne était répartie sur la moitié des employés les moins payés, cela ferait en moyenne un peu plus de 1 000 euros par personne et par an, ce qui n'est pas rien. Il est abusif de parler de « double dividende [2] » car il ne faut pas cacher que la lutte contre l'effet de serre coûtera de l'argent – même avec les arrangements qui minimisent ces dépenses supplémentaires, il

---

1. Voir en annexe une présentation de la fiscalité du carburant.
2. Le rapport Guesnerie (p. 26, voir bibliographie) est très clair : la création d'un impôt sur le carbone fossile ne procure pas de « bénéfices sociaux nets strictement positifs ».

ne faudrait pas faire croire que cela rapportera ! Mais il reste vrai que le produit de l'impôt climat servira à réduire d'autres charges ou impôts.

Intéresser les communes

Une possibilité serait de *reverser une partie du produit de l'impôt aux communes ou à leurs groupements* quand leur action a pour effet de diminuer les émissions de gaz à effet de serre sur leur territoire : développement des transports en commun, densification des logements à proximité des gares, installation des commerces en centre-ville, politique de développement de l'usage du vélo (pistes cyclables, location de vélos, services aux cyclistes, etc.), utilisation de la chaleur des usines d'incinération et de la géothermie ; dans les grandes villes, incitation à la location de véhicules électriques, etc. Cette façon d'utiliser le produit de la fiscalité aurait le double avantage de susciter des investissements qui influent beaucoup sur la consommation d'énergie fossile et qui ne relèvent pas du marché mais de la décision des élus locaux, et d'*intéresser directement les dizaines de milliers d'élus locaux*, qui se feront désormais les porte-parole de cet objectif de diminution de nos émissions de gaz carbonique.

La dotation générale de fonctionnement aux collectivités territoriales a été en 2006 de 37 milliards d'euros[1]. Quelques milliards d'euros de plus auraient un effet sensible non seulement sur l'urbanisme mais aussi sur la prise de conscience généralisée et sur l'adhésion de toute la population.

---

1. Elle a presque doublé en 2006, à la suite d'une restructuration de l'ensemble des dotations de l'État aux collectivités territoriales.

Combiner réglementation, incitation et fiscalité

Comme l'a montré l'exemple de la maison individuelle qui consommait du fioul et qui a pu réduire ses émissions de gaz à effet de serre, la méthode de la fiscalité pure oblige toujours le propriétaire à faire des dépenses supérieures à ce que lui demanderait la méthode de « réglementation pure », la différence étant énorme si le propriétaire consomme beaucoup d'énergie fossile, mais moins importante, proportionnellement, s'il en consomme peu[1]. Certes, on expliquera que la différence pourra être restituée aux ménages d'une façon ou d'une autre et que la méthode fiscale évite des dépenses d'administration, mais l'effet psychologique risque de rendre la mesure difficilement acceptable.

Comme la méthode de la fiscalité pure, tout efficace qu'elle est, se révèle, au moins dans un premier temps, trop brutale, *dans une étape transitoire, les meilleures méthodes sont sans doute mixtes, associant, selon les cas, fiscalité, réglementation, aides.* Si le produit de l'impôt est supérieur au montant des aides, la différence pourra être utilisée pour intéresser les communes et, au titre de l'aide sociale, pour alléger, chez les ménages dont la situation est précaire, les difficultés nées de ces dépenses liées à la lutte contre l'effet de serre. Les possibilités sont infinies ; quelques-unes sont présentées dans le chapitre VIII.

Auparavant, il faut parler d'une méthode qui peut donner d'excellents résultats, tellement bons qu'on en oublie souvent les conditions à respecter pour qu'elle soit efficace, et qui, si ces conditions ne sont pas respectées, conduit à des résultats déplorables. Il s'agit de ce que l'on peut appeler des « marchés de respect d'une obligation » : « Je te paie pour que tu respectes, à ma place, une obligation à laquelle je suis soumis », ou bien : « Je t'achète le droit de faire quelque chose que je n'avais pas le droit de faire » – comme Jacob a acheté son droit d'aînesse à Ésaü.

---

1. Voir en annexe à ce chapitre.

La suite est un peu aride. Mais comment pourrait-on ne pas aborder cette nouvelle technique mise en œuvre trop souvent à tort et à travers ? J'ai tenté de la présenter de la façon la plus simple possible, car je crois que, lorsqu'elle est correctement utilisée, elle peut donner de très bons résultats. Elle pourrait en particulier s'appliquer à l'utilisation énergétique de la biomasse en créant un système efficace qui remplacerait deux systèmes, l'un et l'autre mis en œuvre dans des conditions qui ne sont pas les meilleures, les certificats d'économie d'énergie et les certificats d'incorporation de biocarburant.

Les marchés de permis d'émettre

«Permis de SO_2», «marchés de CO_2», «certificats blancs» d'économie d'énergie, certificats d'incorporation de biocarburant : passer en revue ces dispositifs permettra de voir quelles conditions doivent être réunies pour qu'ils donnent de bons résultats.

Aux États-Unis, pour lutter contre les émissions d'anhydride sulfureux, le SO_2, par les centrales électriques, une loi de 1990 a jeté les bases d'une procédure nouvelle : chaque centrale s'est vu notifier l'obligation de limiter le total de ses émissions de SO_2 dans les trente ans à venir à moins – c'est ici qu'est la nouveauté – de s'être mise d'accord avec une autre centrale dont les émissions seront inférieures au maximum qui lui a été imposé. C'est le «*cap and trade*» : un maximum pour chaque entreprise et des transactions entre les entreprises soumises à cette réglementation. Une entreprise qui dépasserait le maximum, compte tenu des accords passés avec d'autres entreprises, serait passible d'une amende très lourde, largement supérieure au coût des mesures qui lui auraient permis de respecter son quota.

Il a fallu cinq ans de discussions entre la création légale de ce principe et sa mise en œuvre. Un marché a été créé entre les producteurs d'électricité, certains vendant et d'autres achetant des *parties de quotas d'émission.* C'était donc encore tout neuf à la fin de 1997, lorsque fut négocié le protocole de Kyoto, mais ce procédé était tellement séduisant et prometteur qu'il a été retenu comme une des pièces essentielles de ce protocole, au prix d'une transposition tellement hasardeuse qu'il risque bien de perdre toute efficacité, comme on le verra au chapitre IX. Et l'on assiste à la floraison de multiples « marchés » de ce genre. L'Union européenne a bâti sur ce principe un « marché de permis d'émettre » du gaz carbonique dont les résultats sont pervers. La France, toujours sur le même principe, a créé deux marchés, un marché de « certificats d'économie d'énergie » qui démarre à la fin de 2006 et dont il est trop tôt pour voir les effets et un marché de certificats d'incorporation de biocarburant, qui pourraient l'un et l'autre trouver une efficacité bien plus grande si leur champ d'application était modifié. Avant d'en parler, voyons pourquoi ce principe du marché de respect d'une obligation jouit d'une telle faveur et pourquoi, dans son état actuel, le marché européen des permis d'émettre du gaz carbonique ne peut que générer des effets pervers.

Les sources de la séduction qu'exerce le principe des « permis négociables »

Chaque personne, chaque entreprise, est assujettie à une *obligation* imposée par l'autorité administrative en application d'une *loi*, laquelle émane du peuple par la voie démocratique. Puis chaque assujetti a la *liberté* de *négocier* avec d'autres assujettis sur la façon de se soumettre à l'obligation qui lui est faite. Car cette obligation lui donne *ipso facto un droit.* Cela crée un marché – un marché de titres, de « certificats », de « permis ». La dénomination peut changer mais il s'agit en fait d'un marché du respect de l'obligation[1]. De ce marché émane un prix, résultat *anonyme* de

---

1. C'est vieux comme le monde : les conscrits par exemple pouvaient se faire remplacer moyennant finances.

l'offre et de la demande dont personne ne peut dire qui l'a fixé. Ce prix oriente l'effort de chaque entreprise vers les solutions optimales au bénéfice de chacun et de l'intérêt général tout en respectant la volonté exprimée par la loi, celle-ci ayant pour but non pas que *chaque* entreprise, *chaque* personne respecte son obligation mais que, *collectivement*, les émissions respectent un plafond qui est égal à la somme des plafonds individuels.

Fruit du mariage improbable du centralisme bureaucratique et de l'économie de marché, opérant la transmutation d'une obligation en un droit négociable ! Intelligence, élégance, harmonie, confusion des contraires : comment ne pas voir que ce dispositif est doté de pouvoirs de séduction proprement lucifériens ? On n'est donc pas surpris de voir également conquis les adeptes des régimes politiques les plus autoritaires et les disciples de l'école libérale dite « de Chicago »[1]. Mais attention ! Le dispositif est, dans son principe, tellement bon – car il l'est, en effet ! – qu'il faut garder un sens critique aiguisé sur la façon dont il est mis en œuvre, tant il est vrai que l'enfer est pavé d'excellentes intentions.

La circonspection est d'autant plus nécessaire qu'il arrive à ce dispositif, lorsqu'il fonctionne bien, de se voir attribuer des vertus qui vont au-delà de ses mérites.

Il a été appliqué pour la première fois, je l'ai dit, aux émissions de gaz sulfureux (SO_2) des centrales électriques aux États-Unis, les centrales ayant la possibilité d'échanger entre elles des « permis d'émettre du SO_2 » à un prix qui reflète les dépenses à engager pour diminuer les émissions. Or le cours de ces « permis d'émettre du SO_2 » fut très inférieur à ce qui avait été prévu. Le marché avait-il permis de découvrir des gisements d'efficacité insoupçonnés, de susciter la découverte de nouveaux procédés, de supprimer toutes sortes de coûteuses viscosités administratives ou autres ? Il en fut

---

1. Il est assez piquant de lire partout que ce dispositif est un « instrument de marché » au même titre que la fiscalité alors qu'il demande une implication de l'administration plus forte encore que la réglementation pure, puisqu'il faut non seulement attribuer des quotas à chaque entité et contrôler les émissions mais aussi vérifier la loyauté des échanges de parties de quotas.

154

crédité en effet, abusivement, car – cela est rarement dit –, au même moment, le marché du gaz et celui du fioul ont été libérés aux États-Unis, de sorte que les centrales ont pu acheter des énergies beaucoup moins chargées en soufre. Mais c'est fort de son succès apparent que le dispositif des permis d'émettre s'est imposé à Kyoto et, depuis, prolifère.

Lorsqu'il fonctionnera, le marché des « parties de quotas nationaux d'émissions de gaz carbonique » rendu possible par le protocole de Kyoto[1] sera un marché *entre nations* et non pas entre personnes de droit privé qui, toutes, sont placées sous la juridiction d'une nation : c'est une différence essentielle.

Le marché européen des permis d'émettre du gaz carbonique

Un marché de permis d'émettre du gaz carbonique a été créé à titre expérimental par l'Union européenne. Chaque établissement consommant une quantité d'énergie fossile dépassant un certain seuil s'est vu imposer par son autorité nationale *l'obligation* de ne pas dépasser une certaine quantité d'émission – que dis-je ? –, s'est vu accorder *le droit* d'émettre une certaine quantité de gaz carbonique sur une période de trois ans, de 2005 à 2007. La Commission européenne avait le droit de demander aux États, le cas échéant, de durcir ou d'élargir leur « plan national d'allocation des quotas », le PNAQ. Les quotas ont été accordés gratuitement. Chaque entreprise a le droit désormais de négocier ses « permis d'émettre » avec une autre entreprise non seulement du même pays, mais de n'importe quel pays de l'Union européenne. Dans ses premiers mois d'existence, le marché des droits d'émettre a eu un comportement étrange ; le prix du permis d'émettre est d'abord monté alors que le prix du pétrole augmentait, ce que la grande majorité des personnes concernées semblait trouver normal alors que quelques-uns trouvaient cela aberrant ; puis, en un jour, en

---

1. La question de la gouvernance mondiale est abordée au chapitre IX.

avril 2006, le permis d'émettre a perdu plus de la moitié de sa valeur, à la suite de la publication conjointe de deux informations concernant les émissions en France et dans les nouveaux pays adhérents d'Europe centrale.

Pourquoi le marché européen des permis d'émettre du gaz carbonique a un fonctionnement erratique

Les deux alinéas qui suivent sont un peu techniques, mais je ne résiste pas au plaisir de les soumettre au lecteur, pour lui montrer qu'il est possible d'expliquer pourquoi ce marché a fonctionné « à l'envers ».

Pourquoi le cours du permis d'émettre devrait baisser lorsque le prix de l'énergie fossile augmente

Supposons qu'une entreprise achète du fioul à 400 €/t et admettons, pour simplifier, que la combustion d'une tonne de fioul relâche dans l'atmosphère une tonne de carbone sous forme de gaz carbonique. Pour diminuer ses émissions de gaz carbonique fossile d'une tonne par an, cette entreprise a plusieurs possibilités. Elle pourrait remplacer du fioul par du bois ; elle pourrait modifier son processus de production pour avoir besoin de moins d'énergie par unité produite ; elle pourrait enfin diminuer sa production, ce qui, *ipso facto*, diminuerait sa consommation. Supposons que le moins coûteux de ces moyens génère une dépense ou un manque à gagner de 500 € par tonne de fioul remplacé ou économisé. Éviter l'émission d'une tonne de carbone lui coûtera donc 100 € (500 € moins le prix d'une tonne de fioul économisé, soit 400 €). Si le prix du fioul monte à 450 € par tonne, les dépenses supplémentaires pour éviter l'émission d'une tonne de carbone fossile sont de 50 € par tonne de carbone seulement. Si maintenant cette entreprise a un quota d'émission de gaz carbonique inférieur à ce qu'elle relâchait dans l'atmosphère, elle peut diminuer sa consommation d'énergie, remplacer le fioul par de la biomasse ou encore acheter un « permis d'émettre » à une autre entreprise qui a pu diminuer ses émissions plus que ce à quoi elle était tenue (peut-être en arrêtant carrément une partie de sa production). Si cette autre entreprise peut diminuer sa consommation avec des dépenses supplémentaires non pas de 100 € par tonne mais de 70 € par exemple (le fioul étant à 400 € par tonne), la première entreprise négociera avec elle la cession d'un permis d'émettre à un cours compris entre 70 et 100 € par tonne : l'une et l'autre y trouveront intérêt. Si le prix du fioul est de 450 €/t, le prix issu de la transaction sera compris entre 20 et 50 € par tonne : sa baisse sera égale à la hausse du prix du fioul. Si les entreprises sont assez nombreuses, il pourra s'établir comme une Bourse. Le cours du carbone devrait évoluer comme le prix de l'énergie fossile, *mais à l'opposé* : si le prix de l'énergie augmente de 100 € par tonne de carbone contenu, le cours du permis devrait baisser de 100 € par tonne.

Pourquoi le cours du permis d'émettre a augmenté lorsque le prix du pétrole a augmenté

Lorsque le prix du pétrole a doublé, le prix du permis de CO_2 a triplé, passant de 10 à 30 € par tonne de CO_2, c'est-à-dire de 36 à 110 €/tonne de carbone.

La raison ne saute pas aux yeux. Dans la réalité, la consommation d'énergie fossile par l'industrie ne peut pas changer du jour au lendemain. Tant qu'une usine est en état de marche, on ne changera pas son procédé d'un claquement de doigt : il faut des années, voire des décennies. Si le contingent d'émission de gaz carbonique est diminué, plutôt que de s'arrêter l'entreprise préférera acheter des « permis d'émettre », le temps de changer de mode de production ou d'énergie, à moins qu'elle ne se décide à se délocaliser, auquel cas elle pourra, le moment venu, vendre tout son quota. Si le marché pouvait prévoir la situation vingt ou trente ans à l'avance, lorsque le prix des permis d'émettre monte, des entreprises pourraient vendre des parties de leurs quotas qu'elles prévoiraient de ne pas utiliser au-delà de dix ou quinze ans, ce qui stabiliserait le marché. Mais le marché des permis d'émettre n'est pas capable de voir à plus de trois ou quatre ans. *Or, pendant la période de prévisibilité* du marché, les seules entreprises à pouvoir modifier leurs émissions sont les producteurs d'électricité qui investiront soit dans les centrales à charbon, soit dans les centrales à gaz ; supposant que le prix du charbon augmentera moins vite que le prix du gaz, les investissements seront plutôt au charbon, ce qui augmentera la demande de permis d'émettre, dont le prix devra augmenter en conséquence – CQFD.

Ces avatars invitent impérieusement à rappeler à quelles conditions un tel système de marché de permis peut fonctionner correctement.

Le principe qui, encore une fois, me paraît très bon, ne peut porter de bons fruits que si trois conditions sont réunies : une prévisibilité suffisamment longue, une frontière entre les entreprises soumises à l'obligation et celles qui ne le sont pas, une bonne police, c'est-à-dire la surveillance et les sanctions.

La troisième condition est, sous réserve d'inventaire, respectée par ce marché européen du gaz carbonique – en admettant que la police est également bonne dans tous les États de l'Union européenne. À noter ici qu'il s'agit de contrôler non seulement la loyauté des déclarations de chaque entreprise sur ses émissions, mais également la loyauté et la fiabilité du marché des permis : double contrôle donc, sachant que les produits contrôlés, du gaz d'une part, un produit notionnel de l'autre, sont insaisissables par le sens commun, le second étant une création abstraite qui ne peut subsister que par le fait du contrôle administratif dont il sera l'objet.

Pourquoi le marché du CO_2 européen est un frein au développement et une incitation à la délocalisation

Reprenons le cas d'une entreprise qui achète son fioul 400 €/t. Elle pourrait augmenter sa production à condition d'acheter une tonne de fioul de plus. Sans compter le prix de l'énergie, elle y gagnerait 450 €. Mais elle devra acheter un permis d'émettre, qui coûte par exemple 70 € qui s'ajoute au prix du fioul. Elle renoncera donc à son projet alors que ses concurrentes, dans un autre pays où elles ne sont pas soumises à cette contrainte, pourront se développer. Une autre entreprise pourrait diminuer sa consommation de fioul d'une tonne en diminuant sa production : sans compter le coût de l'énergie, sa marge diminuerait de 450 € et elle économiserait 400 € de fioul. Sans contrainte sur l'effet de serre, elle ne diminuera donc pas sa production. Mais si le cours du permis d'émettre est de 70 €, l'entreprise a tout intérêt à réduire sa production : elle y perd 450 €, mais elle économise 400 € de fioul et touche 70 € de la vente d'un permis d'émettre. Si elle veut maintenir son activité, elle trouvera avantage à la délocaliser.

Comme il impose des obligations à des entreprises qui sont en concurrence avec d'autres entreprises qui n'ont pas les mêmes contraintes, le système européen a mis en place un frein au développement de la production et une prime à la délocalisation. On n'en voit pas encore tous les fruits pervers, mais ils mûrissent au fur et à mesure que les bureaux d'études et les équipes de stratégie des entreprises industrielles réfléchissent au renouvellement des investissements, sans être autrement attachés à des territoires nationaux qui ne sont plus ceux de leurs actionnaires. À cela, ceux qui défendent coûte que coûte cette expérimentation rétorquent que l'obligation est tellement légère qu'elle ne suffira pas à susciter des délocalisations. C'en est presque comique : le système serait praticable car sans effet ; et c'est probablement inexact car, s'il est possible de voir l'aiguille d'une balance bouger beaucoup lorsque l'on ajoute seulement un très léger poids sur l'un des plateaux, il est également possible de voir des entreprises déplacer tout ou partie de leurs activités pour que leurs résultats soient légèrement positifs plutôt que légèrement négatifs.

Et l'on a vu comment le décalage temporel entre l'horizon d'un marché, l'horizon d'une politique et le rythme des investissements de grosses industries explique le comportement aberrant de ce marché des permis d'émettre. Mais, tout le monde raisonnant de la même façon, cela a créé un prix stable (avant qu'il ne s'effondre) alors que personne ne sait de quoi sera fait le marché de demain. Celui-ci dépend de futures décisions publiques, que personne ne connaît, et ne peut pas tenir compte de l'évolution des investissements dans les entreprises, dont l'horizon est à quinze ou vingt ans, car il est myope.

Le manque de prévisibilité et l'absence de frontière sont les deux tares de ce marché que l'on veut nous donner en exemple : elles ont engendré un fruit vénéneux.

Qu'importe ! Un marché a été créé ; de ce marché émerge un prix qui tient sa valeur de sa genèse. Et ce cours devient la référence – jusqu'à influer sur la valeur des actions de certaines entreprises qui ont misé dessus.

On entend même des sectateurs de ce marché nous dire qu'un marché du gaz carbonique est nécessaire pour avoir un prix sur lequel tout le monde s'accorde ! Et d'ajouter qu'il faut un marché entre les nations pour la même raison. Nous verrons au dernier chapitre qu'en penser.

Il existe d'autres marchés du gaz carbonique, ailleurs dans le monde, dont le cours est seulement de quelques euros par tonne de gaz carbonique, résultat de l'échange entre entreprises ou opérateurs financiers qui se font la main, ou tirent parti de l'innocence de personnes de bonne volonté, ou encore veulent se donner une bonne image d'avant-garde et de défenseurs de l'environnement. Il n'y a aujourd'hui rien de solide derrière tout cela.

Faut-il jeter le bébé avec l'eau du bain ?

Si l'on impose une obligation à nos entreprises soumises à la concurrence internationale et pour lesquelles l'énergie est un poste de dépense important, peut-on établir une frontière entre l'Europe et les pays où n'existe pas la même obligation, faire payer comme un droit de douane à l'importation, accorder des subventions à l'exportation ? Cela relève de l'Organisation mondiale du commerce (OMC) et demandera plusieurs années. Entre-temps, maintenir un tel dispositif, c'est se tirer une balle dans les pieds. Au-delà, si jamais un tel système de droits de douane peut être mis en œuvre, pourra-t-on donner à ce marché une prévisibilité suffisante ? C'est assez peu probable : ce n'est sans doute pas de cette façon que l'humanité emportera la lutte contre l'effet de serre.

On n'insistera jamais assez sur ces *trois conditions à réunir* pour qu'un marché du respect d'une obligation fonctionne bien : une frontière qui permette de rééquilibrer les conditions de concurrence entre les entités qui sont soumises à l'obligation et celles qui n'y sont pas soumises, une bonne police et une prévisibilité suffisante pour que les entités soumises à l'obligation aient la possibilité de s'y conformer de façon économiquement efficace.

Il est compréhensible que peu de publicité soit faite sur ces trois conditions car elles sont rarement réunies. Le marché européen du gaz carbonique n'a ni frontière ni prévisibilité, un marché de parties de quotas nationaux n'aura sans doute pas de prévisibilité suffisante et probablement pas de police efficace. Difficile dans ces conditions de voir dans cette technique la panacée que l'on nous promet un peu partout.

Pourtant, encore une fois, le principe sur lequel elle repose est valable. Il serait dommage que des applications erronées lui nuisent. Qu'en est-il des applications qui se dessinent en France ?

Le nouveau marché français des certificats d'économie d'énergie

Le caractère abstrait de ces dispositifs est encore plus marqué lorsqu'il est fait obligation à une entreprise d'inciter ses clients à *ne pas consommer* ses produits. C'est ce qui se passe avec les certificats d'économie d'énergie. Les grands distributeurs d'énergie, que l'on appelle pour l'occasion les « obligés », doivent pouvoir démontrer qu'ils ont agi pour que leurs clients consomment *moins* d'énergie : pour cela, ils leur donneront des bons d'achat de lampes à basse consommation ou de matériaux pour isoler leurs combles ou encore une réduction pour l'achat d'une chaudière plus efficace ou *n'importe quoi* qui permette de diminuer la consommation, étant entendu qu'ils devront démontrer la réalité de cette diminution. Chaque fournisseur a un quota d'économie d'énergie à atteindre, sous peine d'une pénalité.

Un distributeur d'énergie qui pense ne pas pouvoir atteindre son quota peut négocier avec un autre qui aurait dépassé son propre quota : il lui achète des « certificats d'économie d'énergie ».

Comme dans les autres systèmes de ce type, le distributeur d'énergie se trouve chargé d'une fonction de collecteur d'impôts ;

ici, il a de plus la possibilité d'en répartir le produit à son gré, guidé seulement par sa politique commerciale, sans aucune obligation donc sans aucun contrôle quant à son impartialité, l'idée sous-jacente étant sans doute que la main invisible du marché se montrera à la fois douce, ferme et juste. Les « coûts de transaction » paraissent considérables : quelques indications laissent penser qu'ils s'élèvent à 30 % de la valeur des certificats d'économie d'énergie générés, sans compter le temps passé par les administrations publiques. Mais cela n'est pas très grave tant que la portée de ce dispositif est minime. Et il faut laisser à un dispositif expérimental la chance de montrer son efficacité.

Outre ces questions, qui ne sont pas anodines, il s'en présente une qui mérite l'attention des parlementaires. Ce dispositif tend à économiser de l'énergie. *Or ce n'est pas la question* : l'objectif est de diminuer les émissions de gaz à effet de serre. C'est souvent la même chose mais pas toujours, un exemple étant la concurrence exercée par Gaz de France à l'encontre des réseaux de chaleur alimentés par des sources de chaleur autres que fossiles. Espérons que la loi remplacera bientôt, tout simplement, « économies d'énergie » par « économies d'énergies d'origine fossile ».

Le système de « certificats d'incorporation de biocarburant » – un système qui peut être efficace

Le système de « certificats d'incorporation » créé pour les biocarburants a beaucoup de mérites. Le montant de l'exonération fiscale accordée aux biocarburants est très élevé et les techniques de production tirent un très mauvais parti des capacités de production du sol, mais cela n'empêche pas de dire que le dispositif créé par les Douanes avec un peu de créativité pour appliquer la loi, et légalisé peu après, est bien conçu.

Les distributeurs de carburants ont l'obligation d'incorporer dans les produits qu'ils vendent une certaine proportion de bio-

162

carburant ; à défaut, ils paient une importante amende[1]. Mais ils peuvent négocier le respect de cette obligation : à défaut d'acheter la quantité requise de biocarburant, ils peuvent acheter un certificat d'incorporation à un autre distributeur qui a incorporé plus de biocarburant que ce à quoi il est obligé.

Comme fonctionne aujourd'hui ce dispositif, l'obligation ne concerne que quelques opérateurs, les distributeurs de carburant. La prévisibilité est suffisante car la loi a fixé l'obligation d'incorporation sur plusieurs années, ce qui permet aux distributeurs et à leurs fournisseurs de s'organiser.

Avec le système de marché des certificats d'incorporation, les distributeurs qui ne respectent pas leur obligation d'incorporation subventionnent ceux qui dépassent l'obligation qui leur est faite. Pour cela ils augmentent le prix de leur carburant. Cela ressemble donc à une subvention financée par un impôt. Mais, ici, l'État n'a pas à percevoir l'impôt ni à distribuer de subventions. Son rôle se borne à fixer le volume de biocarburant, à fixer le montant de la pénalité, à contrôler la loyauté du marché des certificats d'incorporation et à veiller à ce que la concurrence entre les acteurs s'exerce correctement pour éviter que des acteurs en position dominante ou que des ententes de marché, même implicites, ne créent des « rentes » aux dépens des consommateurs.

Cette méthode présente le grand avantage d'être *flexible*. En principe, elle fonctionne correctement quel que soit le taux d'incorporation du biocarburant et quel que soit le prix du carburant pétrolier. En garantissant un marché à l'ensemble des producteurs de biocarburant, elle leur donne cette sécurité minimale dont a besoin un investisseur mais elle laisse jouer la concurrence entre les producteurs de biocarburant. Cette méthode est donc, dans son principe, tellement bonne qu'il serait dommage qu'elle reste cantonnée au biocarburant, un marché si étroit que la concurrence

---

1. C'est le résultat pratique et facile à comprendre de dispositions fiscales un peu compliquées ; une explication est donnée dans l'annexe sur la fiscalité du carburant.

risque de mal s'y exercer et, surtout, un marché qui contraint les opérateurs à n'utiliser des produits agricoles que de façon *très inefficace*.

Étendre le dispositif du biocarburant à toute la bioénergie

La façon la plus efficace d'avoir davantage de carburant en utilisant la biomasse agricole ou forestière sans augmenter les émissions de gaz à effet de serre est de brûler de la biomasse pour remplacer du fioul, sachant que le fioul ainsi économisé fera un très bon gazole ; c'est trois ou quatre fois plus efficace. On se prend donc à rêver *que le dispositif d'encouragement à la production de biocarburant soit élargi à toute utilisation énergétique de la biomasse agricole ou forestière, c'est-à-dire étendu à l'utilisation de la biomasse comme chauffage*. Rien de plus simple : on ferait obligation aux distributeurs de carburant de financer une quantité de *bioénergie* proportionnelle à leurs ventes de carburant. Pour cela ils pourraient acquérir des certificats soit auprès de leurs fournisseurs de biocarburant ou auprès d'un autre distributeur de carburant comme aujourd'hui, soit auprès d'un fonds de financement de l'utilisation thermique de la biomasse auquel ils verseraient une dotation ; ce fonds devrait, selon une procédure adéquate, certifier que son intervention permet de distribuer une chaleur sans émission de gaz à effet de serre compétitive avec un fioul à 980 €/m^3 TTC ou un gaz à 80 €/MWh TTC – conformément au critère de « bonne action climat » présenté au chapitre précédent.

Voici pourquoi ce dispositif me paraît bien meilleur que le système actuel d'aide au biocarburant.

Le but d'une politique de lutte contre l'effet de serre n'est pas *a priori* d'augmenter la consommation de biocarburant. Il est de diminuer les émissions de gaz carbonique fossile. Aujourd'hui, des exonérations d'impôts sont consenties aux distributeurs de carburant pour qu'ils puissent acheter le biocarburant plus cher. Ces exonérations d'impôts sont nécessairement financées par l'ensemble des contribuables. Dans le système proposé, l'exonération fiscale serait supprimée et le consommateur achèterait son carburant un peu plus cher pour que les distributeurs de carburant *ou bien* achètent du biocarburant au même prix que ce qu'ils peuvent payer aujourd'hui grâce à l'exonération fiscale, *ou bien* apportent une contribution financière aux réseaux de chaleur pour que ceux-ci puissent acheter plus cher une biomasse agricole ou forestière qui remplacerait une quantité de fioul qui permettrait de produire tout autant de gazole[1]. Que l'on ne dise pas que le dispositif qui est ici proposé est conçu pour s'opposer au biocarburant ou qu'il est dirigé contre les agriculteurs ! Ce serait tout à fait inexact. En effet, avec un tel dispositif, ni l'État ni quiconque ne dira *a priori* ce qu'il *faut* faire. Il appartiendra aux entreprises privées de choisir la méthode la moins chère. Ici, le libre jeu du marché conduira à une situation plus proche de l'optimum que des décisions administratives, et cela au bénéfice des contribuables et des consommateurs de carburant.

L'effort demandé aux automobilistes et aux contribuables pour diminuer les émissions de gaz à effet de serre sera ainsi utilisé de la façon la plus efficace car on aura *décloisonné* les différents usages de la biomasse agricole et forestière, à savoir la chaleur et le biocarburant.

Parallèlement, les distributeurs de gaz ou de fioul, obligés de contribuer, non pas à l'économie d'énergie, mais à l'économie d'énergie *fossile*, auraient la possibilité de répondre à leurs obligations en versant une dotation à ces fonds, qui leur délivreraient alors la quantité correspondante de certificats. Les deux dispositifs actuels de certificats d'économie d'énergie et de certificats d'incorporation de biocarburant seraient donc fondus en un unique dispositif de certificats d'économie d'énergie fossile étendu à la distribution de chaleur et à celle de carburant.

Cette méthode permettrait d'augmenter *progressivement* la

---

1. Ou du gaz, ce qui permettra de consommer plus de carburants pétroliers sans augmenter les émissions totales.

quantité d'énergie renouvelable, tant pour la chaleur que pour le carburant, laissant à l'offre et à la demande le soin de répartir l'effort entre chaleur et carburant. L'État aurait seulement à fixer l'obligation de chaque acteur en veillant à ce que les surcoûts induits ne soient pas supérieurs à ceux d'une «bonne action climat», à contrôler les quantités de biocarburant et l'efficacité des actions financées par les fonds de financement d'utilisation de la biomasse et à veiller au bon fonctionnement du marché des certificats.

Ce dispositif n'empêcherait pas de mettre un impôt sur l'énergie fossile, conçu pour élever progressivement le prix à la consommation finale de l'énergie fossile ; cet impôt serait très modéré tant que la consommation d'énergie fossile restera dominante puis augmenterait progressivement au fur et à mesure que celle-ci diminuera ; une dotation *forfaitaire* serait versée aux plus faibles revenus (des trajectoires de ce genre sont présentées au chapitre VIII). Parallèlement, l'exonération de TIC (la TIPP) dont bénéficient les biocarburants serait réduite puis annulée.

* * *

Les chapitres précédents ont montré à quelles conditions il serait possible de diviser nos émissions par deux ou trois sans que cela ne nous coûte plus de 1 % ou 1,5 % du PIB, alors que l'on peut espérer que celui-ci, d'ici trente ans, aura augmenté de plus de 50 %.

Ce chapitre a présenté quelques-uns des moyens dont dispose l'État : réglementation, incitation financière, fiscalité. La réglementation peut être assortie d'un marché du respect de la réglementation. L'État et les collectivités territoriales disposent d'autres moyens : l'éducation, la formation, l'information, l'aide à la recherche, etc.

On a vu la place que prend l'électricité dans un tableau des ressources et des emplois de l'énergie qui cherche à diminuer les coûts. Or, le prix de vente de l'électricité ne sera proche du meilleur prix de revient que si l'État exerce sur ce secteur *une régulation extrêmement attentive*, ce qui pourrait amener à reconsidérer certaines évolutions récentes. C'est l'objet du chapitre suivant.

CHAPITRE VII

Garder la maîtrise publique de la production d'électricité : la question du nucléaire

Il faut avoir peur du nucléaire

Vingt ans après le drame de Tchernobyl, il faut avoir peur du nucléaire.

Quoi que l'on fasse, quelles que soient les précautions que l'on prendra, le risque d'un emballement des réactions nucléaires qui produisent l'énergie dans une centrale électrique existe. Erreurs humaines accumulées, agressions extérieures – qu'elles soient le fait de la nature ou d'actes de terrorisme ou de guerre –, personne ne peut affirmer que durant les quelques décennies de la vie d'une centrale, sur l'une des quelques centaines ou quelques milliers de centrales en fonctionnement, il n'arrivera aucun accident grave ; personne ne peut affirmer que durant les milliers d'années pendant lesquelles ils seront actifs, les déchets ne causeront aucun dommage ; et personne ne peut se porter garant sans aucun risque d'erreur que les matières fissiles ne seront jamais utilisées à des fins violentes, guerres ou actes de terrorisme.

Face à des risques très graves, une attitude possible est de décider qu'ils sont par principe inacceptables, aussi peu probables soient-ils. Inutile de calculer ou d'argumenter, de comparer risques et avantages, de supputer les probabilités. Si, *par principe*, il n'est pas possible d'accepter ce type de risques, la seule position tenable est de refuser en effet toute production d'électricité nucléaire. Comme il faut bien tenir compte de la réalité, et que cette réalité comporte l'existence de centrales nucléaires, on est alors conduit à tracer un chemin de sortie du nucléaire en vingt, trente ou cinquante ans[1]. Cette démarche est parfaitement respectable. Mais il faudrait que ceux qui l'adoptent puissent montrer concrètement, pratiquement, à quoi elle engage, non que ce soit absolument nécessaire car le respect d'un principe passe avant toute chose, quelles qu'en soient les conséquences, mais pour vérifier que le chemin proposé est praticable et pour l'aménager en cas de besoin. De même les tenants de la sortie du nucléaire n'ont pas à indiquer le coût des décisions qu'ils jugent nécessaires mais il serait préférable qu'ils le fassent, pour que l'on puisse se préparer aux conséquences de cette politique.

Cette position de refus pur et simple a sa noblesse. Elle se suffit à elle-même. Ne perd-elle pas de sa force lorsque ceux qui veulent sortir du nucléaire veulent trop argumenter ?

Une autre approche est tout à fait différente. Sans méconnaître les risques, elle les situe dans un contexte où d'autres risques existent et sont lourds de conséquences. Alors, il faut comparer, c'est-à-dire soupeser, évaluer, choisir. La position de refus systématique est plus facile.

Quels sont ces autres risques ? Manquer d'une énergie bon marché, ou manquer d'énergie, ou voir le climat devenir pour de nombreuses populations très difficile et pour certaines invivable. Comment raisonner autrement qu'en s'engageant dans une démarche de type «coûts et avantages», c'est-à-dire comparer, selon plusieurs choix stratégiques, des niveaux de vie, des risques de famine en tenant compte des probabilités et de la nature des risques ?

Cette méthode ne fera pas disparaître le risque cataclysmique ; elle ne doit pas l'écarter de notre vue. Pour éviter ce risque, il faut le voir comme s'il était déjà réalisé. Le voir pour faire qu'il n'existe pas. Le danger est grand en effet de réduire la catastrophe à une probabilité et au montant du dommage en cas d'«occurrence» pour calculer – horrible expression dans ce cas – une

---

1. Ce qui ne réglera pas le problème des déchets radioactifs déjà produits.

«espérance mathématique» : la probabilité de voir se produire ce que l'on abhorre.

Le calcul peut se faire et fait apparaître que l'avantage chiffré de la lutte contre l'effet de serre est mille ou dix mille fois supérieur au coût des dommages évalué en probabilité. Mais quelle conclusion peut-on en tirer ?

Raisonner avec des chiffres n'a guère de sens car on sait bien qu'ils ne suffisent pas à rendre compte de la situation ni des éléments du choix. Il faut se rappeler Tchernobyl, écouter les témoins, écouter ceux qui, parmi les «liquidateurs», survivent encore. Il faut entendre ceux qui vivent sur ces terres irradiées en sachant que les légumes qu'ils donnent à manger à leurs enfants leur feront du mal. Mais il faut voir également les millions de personnes déplacées du fait du réchauffement atmosphérique, souffrant de famine ou de soif. Il faut donc aborder la question différemment.

L'humanité pourrait-elle maîtriser la hausse de température sans recourir à l'énergie nucléaire ? En théorie, la réponse pourrait être positive et elle le sera peut-être un jour. Mais aujourd'hui, avec les techniques dont l'humanité dispose, il faudrait de tels changements de perspectives, de dynamiques, d'objectifs dans toutes les zones du monde, pays développés et pays en voie de développement, que, pratiquement, *la réponse est négative*. C'est dans ce contexte qu'il faut réfléchir à notre politique énergétique. Il ne s'agit pas de «choisir» entre les drames de Tchernobyl et ceux que causerait un réchauffement excessif de l'atmosphère en s'appuyant sur des calculs de probabilité et en comptant de la même façon des probabilités qui dépendent de notre action et d'autres qui n'en dépendent pas. Il s'agit de constater que, si les pays qui sont en mesure de produire de l'électricité nucléaire dans de très bonnes conditions de sûreté ne le font pas, ils rendent très difficile, voire pratiquement impossible, d'éviter une hausse catastrophique de la température. Pour éviter un risque qu'ils sont pourtant capables de maîtriser, ces pays refuseraient d'apporter une contribution nécessaire pour éviter les conséquences terribles du changement climatique sur la santé et la vie de millions de personnes dans le monde.

Tout au contraire, ces pays doivent mettre en œuvre une coopération à l'échelle mondiale pour que la sûreté de toutes les centrales nucléaires soit portée à son niveau le meilleur possible ; ce sera une partie essentielle de cette gouvernance mondiale qui se cherche pour lutter contre l'effet de serre.

À côté de la sécurité de fonctionnement, l'autre grande question est celle des déchets nucléaires. On dira plus loin dans ce chapitre comment la quantité de déchets pourra sans doute être considérablement réduite. Quoi qu'il en soit, on connaît au moins trois méthodes pour les stocker : soit en profondeur, soit en « subsurface », pour contrôler la façon dont ils évoluent et rendre difficiles les actes de piratage, soit tout simplement en surface. Certains font alors remarquer qu'en cas de graves désordres les risques de prolifération sont incontrôlables. Sans doute faudra-t-il maintenir l'ordre sans que cela implique pour autant une société policière. Mais si une société n'est plus capable de surveiller ses déchets nucléaires, elle court des risques bien plus graves que ceux d'une prolifération des matières radioactives.

Tout le monde, sans doute, préférerait pouvoir se passer d'énergie nucléaire. Mais, dans le contexte mondial qui est le nôtre, il me semble que les arguments liés à la conscience que nous avons de « notre responsabilité commune mais différenciée », pour reprendre les mots du Premier ministre en 2003, nous invitent à développer notre production d'électricité nucléaire.

Par ailleurs, et sur un autre registre, j'ai montré[1] quel avantage la France trouvera à se rendre indépendante d'une énergie fossile qui sera rendue rare, non pas du fait de son épuisement, mais du fait de décisions politiques nécessaires pour lutter contre l'effet de serre.

Cela ne veut pas dire *a priori* qu'il faudra produire beaucoup d'électricité nucléaire, mais cela veut dire très clairement qu'il n'y a pas de raison de se donner pour objectif *a priori* de diminuer

---

1. Au chapitre IV.

la consommation d'électricité ni d'augmenter à tout prix la production d'électricité par d'autres moyens que l'énergie nucléaire.

Il y aura bien des raisons qui freineront ou limiteront la production en France d'électricité nucléaire, comme la possibilité de trouver des sites qui conviennent, le renforcement de notre capacité de production de centrales et la disponibilité de matière fissile tant que l'on ne se sera pas réellement engagé dans la construction de centrales «surgénératrices». Peut-être faut-il y ajouter la volonté de ne pas avoir à se fier à une seule technique de production d'électricité, c'est-à-dire de ne pas «mettre tous ses œufs dans un même panier», à condition de ne pas oublier que, pour remplacer une centrale nucléaire de 1,6 GW, une production d'électricité à partir de gaz émettrait chaque année 1,4 million de tonnes de carbone par an sous forme de gaz carbonique.

La production éolienne ne pourrait couvrir qu'une petite partie des besoins. La seule alternative aujourd'hui envisageable de façon réaliste pour produire de l'électricité en grande quantité sans émission de gaz carbonique est la production à partir de charbon avec stockage du gaz carbonique, à condition que l'on ait appris à le stocker *en très grandes quantités*. Cette technique ne pourra sans doute pas être opérationnelle à grande échelle avant une vingtaine d'années, sans que l'on puisse dire encore quelle sera la capacité de stockage possible. Et cette électricité coûtera beaucoup plus cher que l'électricité nucléaire : on parle aujourd'hui d'un coût deux fois plus élevé, voire davantage.

Tout cela n'est pas nouveau mais semblait un peu oublié : on était en général assez sensible à toutes sortes d'arguments avancés contre le nucléaire, souvent obliques et parfois fallacieux. En 2006, avec la flambée des prix du pétrole, avec la nouvelle posture de la Russie et après les coupures de courant expérimentées aux États-Unis et en Europe, le nucléaire revient en grâce, de sorte que, tout en réfutant les arguments spécieux, il sera utile de rappeler les arguments solides qui incitent *à la plus grande prudence*.

173

Contre le nucléaire, des arguments peu sérieux

Dans un premier temps, il faut donc évacuer quelques arguments peu sérieux. Certains s'opposent visiblement au nucléaire et d'autres ne le concernent apparemment pas mais ne peuvent être vraiment compris que si l'on se rend compte que, de façon indirecte et non visible au premier coup d'œil, ils tendent à faire accroire qu'il serait inutile ou peu efficace d'utiliser l'énergie nucléaire.

« Le nucléaire c'est peu de chose ; il ne doit pas accaparer le débat »

On entend parfois dire que le nucléaire « c'est peu de chose », 4 % de la production d'énergie dans le monde, guère plus en Europe ; puis les mêmes disent ou laissent entendre que, du moment que c'est peu, il est possible de s'en passer et s'étonnent ou s'offusquent que le débat sur l'énergie et l'effet de serre soit « encombré » par cette question. Or, dans le plan présenté ici, l'augmentation de la production d'électricité nucléaire évite l'émission de 20 à 30 millions de tonnes de carbone par an selon les variantes, ce qui n'est pas rien. La réplique est déjà prête : ce scénario est « tout nucléaire ». Que non ! Je le redis : par rapport à la tendance, les économies d'émissions de gaz à effet de serre sont de 100 millions de tonnes de carbone ; le nucléaire intervient donc pour moins du tiers.

« L'objectif est de produire 21% de notre électricité avec des énergies renouvelables »

J'ai déjà montré que cet objectif est incompatible avec la lutte contre l'effet de serre. Au nom de quoi en a-t-on fait un objectif ? « Parce que c'est dans la loi. » Et pourquoi est-ce dans la loi ? « Parce que Bruxelles l'a demandé. » En fait, la directive européenne fixe aux États membres des « objectifs indicatifs », 21 % pour la France, et le Parlement a effectivement inscrit ce chiffre dans la loi. Ce ratio est en France aujourd'hui de 14 % environ. Or les ressources de l'hydraulique, compte tenu des contraintes environnementales, sont déjà presque complètement exploitées. Il faudrait donc développer les éoliennes. On en a parlé : elles sont plus chères que l'électricité nucléaire et mal acceptées par le voisinage, sans oublier que, pour compenser les fluctuations du vent, il faut à côté des éoliennes une production d'électricité à partir de gaz ou de fioul. Pour atteindre cet objectif de 21 %, il faudrait une forte production d'électricité à partir de biomasse agricole ou forestière, ce qui ne serait certes pas la meilleure utilisation de cette ressource précieuse.

Pourquoi donc s'être donné cet objectif ? Une autre façon d'augmenter le taux de production d'électricité à partir d'énergie renouvelable est de... diminuer la consommation d'électricité. Là tout s'éclaire car, si la consommation d'électricité diminue, on aura moins besoin d'électricité nucléaire.

Un objectif sacralisé qui déroute :
la « maîtrise de la demande en électricité » – la MDE

Lorsqu'une notion a droit à être représentée par un sigle, la voilà bien inscrite dans les discours, surtout si ce sigle est doté de connotations flatteuses. La MDE est donc devenue un objectif d'autant plus prioritaire que ceux qui entendent prononcer ces trois lettres les associent de façon subliminale à la maîtrise de la demande d'*énergie*. Rapports du Plan, rapports du ministère de l'Industrie, programmes de l'ADEME, partout on retrouve ce sigle et cette insistance mise sur les économies d'électricité. Pour diminuer nos émissions au meilleur coût, il faut évidemment éviter de gaspiller l'électricité ; mais il faut surtout prévoir d'en augmenter beaucoup l'utilisation dans le chauffage, par des pompes à chaleur et directement dans le chauffage central, dans les voitures hybrides et dans les procédés industriels. Remplacer des ampoules classiques par des ampoules à basse consommation, pour les appareils électroniques utiliser des transformateurs efficaces, anticiper l'achat d'un réfrigérateur plus économe, ce sont des actions de bons sens à encourager ; elles permettront d'économiser 10 à 20 TWh électriques, soit 1 à 2 Mtep, alors que l'objectif est de remplacer 20 ou 30 millions de tonnes de produits pétroliers, fioul ou carburant, par de l'électricité dont la production n'émet pas de gaz à effet de serre. Ne nous trompons pas dans les ordres de grandeur.

Il est assez remarquable, soit dit en passant, d'avoir réussi à faire valoir comme un des moyens de lutter contre l'effet de serre ce taux de 21 % et cette MDE, qui sont des armes fourbies contre l'énergie nucléaire qui, elle, est particulièrement efficace contre l'effet de serre. Chapeau !

Un indicateur qui égare :
« l'efficacité globale du système énergétique français »

Il paraît assez naturel de comparer la quantité d'énergie utilisée, c'est-à-dire l'énergie finale, à la quantité d'énergie qui est consommée pour la produire, et l'on peut appeler le rapport de l'une à l'autre «efficacité du système énergétique français ». Par convention l'énergie primaire du soleil est comptée égale à l'énergie finale [1], de même pour le vent et pour l'eau. Résultat assuré : le rendement est de 1 – qui dit mieux ? Le rendement de la production d'électricité à partir de gaz dans une installation à cycle combiné (une turbine à gaz suivie d'une turbine à vapeur) est de 55 % ; le rendement de la cogénération de chaleur et d'électricité à partir de gaz est de 85 %. Et le rendement de la production nucléaire d'électricité est, par convention, de 33 %. Le calcul est facile : dès que vous remplacez de l'électricité nucléaire par une autre source, quelle qu'elle soit, le «rendement global du système énergétique français » augmente, et chaque fois que vous remplacez une autre source par une production nucléaire le «rendement

---

1. Alors que, techniquement, le rendement des capteurs photovoltaïques ne dépasse pas 15 %.

global du système énergétique français» diminue. Il n'est pas besoin de commenter: il suffit de donner les chiffres. Subliminal donc. Ne faut-il pas économiser l'énergie? Il faut donc augmenter le rendement! Au point d'oublier que certaines sources émettent du gaz à effet de serre et d'autres n'en émettent pas, que certaines sources sont limitées et d'autres ne le sont pas, que certaines sources sont coûteuses et d'autres non. L'éolien, le photovoltaïque, la cogénération augmentent le rendement global du système énergétique français – bravo! Le nucléaire diminue le rendement global du système énergétique français – haro!

Le seul indicateur qui compte est le coût de l'émission de gaz carbonique fossile évitée; les autres nous égarent.

«Il n'est de bon nucléaire que celui qui tourne sans arrêt;
donc la France est excédentaire»

La «preuve» que la France est excédentaire en nucléaire est qu'elle exporte de l'électricité, pardi! Un peu plus loin dans ce chapitre, il est fait justice de cette affirmation profondément inexacte car, entre deux centrales qui tournent la moitié du temps, ou même le quart du temps, le nucléaire est beaucoup moins cher qu'une centrale au gaz, si l'on tient compte de l'effet de serre. En réalité, en comparaison avec un parc de production qui minimise les coûts de production en tenant compte de l'effet de serre, il manque à la France, en 2006, plus de 7 GW de capacité nucléaire et il en manquera encore davantage dans quelques années.

Une application osée de l'impératif catégorique
de Kant – eh oui!

On entend souvent comme argument contre le développement du nucléaire en France que ce n'est pas possible car cette solution ne peut pas être une bonne solution dans tous les pays.

Le Brésil devrait donc refuser de faire du biocarburant car tous les pays ne peuvent pas faire comme lui; les Danois devraient renoncer à leurs éoliennes car d'autres pays n'ont pas de vent. Ce n'est pas très sérieux. La molécule de gaz carbonique qui n'a pas été émise dans l'atmosphère bénéficie au monde entier, quel que soit l'endroit d'où elle n'a pas été émise, et quel que soit le moyen utilisé pour éviter cette émission. Que chaque pays utilise au mieux ses compétences, ses aptitudes – c'est ce que tous les autres pays attendent de lui.

« Attendons la prochaine génération de réacteurs »

Il arrive de lire sous des plumes généralement très hostiles au nucléaire beaucoup de bien de la prochaine génération de générateurs nucléaires, la génération IV. Certes, si tout va bien, elle créera beaucoup moins de déchets et les risques seront encore diminués. Mais on peut s'étonner de cette faveur venant de personnes opposées au principe même du nucléaire ; doit-on y voir une tentative de diversion ? Comme il est raisonnable de ne pas prévoir un démarrage industriel de cette nouvelle génération avant une trentaine d'années, il n'est pas compliqué de calculer le volume d'émission de gaz carbonique que la génération III, celle de l'EPR, pourra éviter avant de céder la place à la nouvelle génération : pour la France, 30 fois 30 MtC/an, soit près de 1 milliard de tonnes de carbone.

« D'accord pour le nucléaire puisque l'on ne peut pas faire autrement, mais le moins possible »

Cette position ne me paraît *pas rationnelle*. Il est évident que le risque est plus grand avec cent unités de production nucléaires (des « tranches nucléaires ») qu'avec cinquante. Mais cette comparaison des risques entre cinquante et cent tranches *ne sert à rien* car ce n'est pas la comparaison qu'il faut faire. Il faut comparer *dans leur globalité* deux situations d'équilibre entre l'offre et la demande d'énergie avec cinquante ou avec cent tranches nucléaires, en tenant compte des émissions de gaz à effet de serre, de la satisfaction des personnes, des conséquences financières, etc.

« Les centrales nucléaires réchauffent l'eau de nos rivières »

J'ai vu récemment cet « argument », présenté de façon implicite. Du fait de l'effet de serre, l'eau des rivières est plus chaude, de sorte qu'il est nécessaire d'accorder une dérogation aux centrales nucléaires pour qu'elles puissent continuer à fonctionner l'été. Message implicite : l'effet de serre rend délicate l'utilisation de l'énergie nucléaire. N'est-ce pas beau ? Car, comme chacun sait, les centrales nucléaires sont les seules centrales thermiques à avoir besoin d'eau ou de tours de refroidissement !

Quoi que l'on pense de la valeur de ces arguments, ils ont été utilisés efficacement. Désormais, pourtant, l'attention se portera sur les questions vraiment importantes.

Trois questions vraiment importantes : les déchets, les ressources, la gouvernance mondiale

Sur ces sujets cruciaux, il faut absolument lire *De Tchernobyl en Tchernobyls*, un livre dont le titre rend assez mal compte du contenu. En trois mots : le nucléaire est dangereux mais indispensable[1].

La gestion des déchets

Quant aux déchets, que l'on continue ou que l'on arrête de produire de l'énergie nucléaire, la question est désormais posée et doit être traitée. Elle est difficile mais mieux vaut, à tout prendre, des déchets concentrés, localisés et pouvant être surveillés que ces déchets diffus et épars que sont les émissions de gaz carbonique, qui seront incontrôlables et beaucoup plus meurtriers à l'échelle de la planète.

---

1. Georges Charpak, Richard L. Garwin et Venance Journé, *De Tchernobyl en Tchernobyls* , voir bibliographie.

179

Les déchets les plus abondants sont de faible activité et à vie courte ; ils proviennent de l'exploitation des centrales ; ils auront perdu leur activité dans trois siècles. D'autres déchets, de faible activité et à vie longue, ne dégagent pas de chaleur. Les déchets les plus gênants contiennent à la fois des émetteurs à vie courte, donc très actifs et dégageant beaucoup de chaleur, et d'autres à vie très longue. Il faudra les stocker dans des conditions de grande sécurité pendant des dizaines de milliers d'années. Ces déchets doivent être suffisamment confinés pour que les rayonnements qu'ils émettent soient bloqués et n'atteignent pas l'homme : colis en verre, installations d'entreposage, stockage « géologique », c'est-à-dire dans les profondeurs du sous-sol [1].

L'amorce d'une gouvernance mondiale

Pour l'avenir, la question des déchets est liée à celle des ressources en minerai, car la limite des ressources en matières fissiles disponibles sera repoussée à beaucoup plus tard lorsque la plus grande partie de ce qui, aujourd'hui, est rejeté comme un déchet sera utilisée comme combustible.

La recherche et la coopération s'organisent au niveau mondial dans le cadre du forum « Génération IV » créé en 2001 à l'invitation des États-Unis. L'objectif de ce forum est de préparer le développement des futurs systèmes respectant cinq critères principaux. Deux de ces critères, l'économie et la sûreté de fonctionnement, ne sont certes pas nouveaux. Les autres sont l'économie des ressources naturelles, la minimisation des déchets et la réduction des risques de prolifération. Or ces trois objectifs peuvent être atteints ensemble avec des cycles de combustibles « fermés ».

Les projets retenus par le forum « Génération IV » sont conçus pour consommer tous les déchets susceptibles de produire de

---

1. On pourra aussi consulter un document réalisé par Robert Guillaumont et Pierre Bacher, de l'Académie des technologies, à l'adresse suivante : *http://www.academie-technologies.fr/publication/10Questions/10Questions DechetsNucleaires.pdf*

Un peu de science nucléaire : les surgénérateurs

Certains noyaux de matière sont fissiles, c'est-à-dire qu'ils peuvent se briser en éjectant un ou plusieurs neutrons ; d'autres sont dits « fertiles », c'est-à-dire qu'ils deviennent fissiles en absorbant un ou plusieurs neutrons. Il est donc possible de générer un matériau fissile en couvrant le foyer d'un réacteur nucléaire avec de la matière fertile. Pour transformer une matière fertile en matière fissile, il faut selon les cas que les neutrons aient une énergie plus ou moins grande. Les neutrons de grande énergie sont dits « rapides ».

La filière actuelle de réacteurs nucléaires utilise comme matière fissile l'uranium 235, qui représente moins de 1% de l'uranium naturel, formé essentiellement d'uranium 238. Or l'uranium 238 est fertile et peut se transformer en plutonium 239, qui est fissile. Le thorium est un autre produit fertile, qui se transforme en uranium 235, fissile.

Lorsque la production de noyaux fissiles est supérieure aux quantités consommées, le réacteur est dit « surgénérateur » : il génère *plus* de matière fissile qu'il n'en consomme, ce qui repousse l'épuisement des sources d'énergie, puisque des matières « fertiles », beaucoup plus abondantes que les matières fissiles, peuvent devenir sources d'énergie. Les gains de matière première sont considérables : avec la technologie existante, pour une capacité de 1 gigawatt il faut consommer 200 tonnes d'uranium naturel par an ; dans un réacteur surgénérateur, il suffira d'une tonne.

Un réacteur à uranium ne peut être surgénérateur que si les neutrons émis par la réaction de fission sont « rapides » – et le réacteur est alors qualifié lui aussi de « rapide ». Par contre le thorium peut être transformé en uranium fissile avec des neutrons rapides ou avec des neutrons de moindre énergie. Les réacteurs à neutrons rapides fonctionneront à haute température. Cela permettra de produire une chaleur qui ouvrira de nouvelles applications très intéressantes comme la production d'hydrogène à partir d'eau, soit par des réactions chimiques, soit par électrolyse (une électrolyse beaucoup moins dévoreuse d'énergie, à cette température).

Parmi les déchets, on trouve les produits de fission, qui sont à peu près les mêmes pour tous les types de réacteurs. Les produits les plus radiotoxiques, les « actinides mineurs », sont les produits résultant de la capture parasite de neutrons par des noyaux lourds sans que cette capture ne débouche sur une fission. Le plutonium formé aujourd'hui dans les réacteurs français est séparé et utilisé dans le MOX, un mélange d'oxydes d'uranium et de plutonium, qui sert de combustible.

l'énergie : les matières fertiles seront transformées en matières fissiles, ces matières, comme le plutonium, seront utilisées comme source d'énergie, les actinides mineurs eux-mêmes seront recyclés, incinérés et exploités comme source d'énergie. La radioactivité des actinides mineurs qui sortiront du processus de production d'électricité, la principale source de rayonnement sur une longue période, sera ainsi divisée par 100 ou par 1 000, comparée à celle qui est causée par les réacteurs actuels.

Le forum « Génération IV » a retenu six types de réacteurs et a réparti les travaux de recherche et développement entre les pays qui en sont membres. Le CEA, les Américains et les Japonais coopèrent sur un réacteur rapide à gaz et, également, sur le réacteur rapide à sodium, technique déjà expérimentée en France avec Phénix et Superphénix et au Japon. Les Russes travaillent sur un réacteur rapide où le fluide caloporteur est du plomb fondu. Un réacteur à gaz à très haute température n'est pas générateur de combustible mais pourrait permettre d'obtenir des hautes températures plus tôt que les autres modèles. Le sixième système met en œuvre le cycle thorium (produit fertile) – uranium 233 (produit fissile) ; le combustible fissile est sous forme liquide, et c'est lui-même qui évacue la chaleur – c'est la filière à « sels fondus ».

Des ressources en combustibles abondantes ;
une forte réduction de la production de déchets

Les techniques les plus proches du stade de la démonstration sont les réacteurs à gaz à haute température et le réacteur à neutrons rapides au sodium, pour 2020 si tout va bien. Il faudrait attendre plus longtemps les réacteurs à sels fondus qui présentent, sur le papier, l'avantage d'avoir besoin de moindres quantités de combustible. Il est probable que ces techniques deviendront opérationnelles. N'oublions pas qu'en France Superphénix a fonctionné et atteint une puissance de 1,2 GW. Il a rencontré des difficultés d'exploitation (des fuites de sodium), mais il a démontré la « faisabilité » de la technique.

Si quelques-unes de ces techniques répondent aux espoirs qui sont placés en elles, à partir des quantités connues d'uranium naturel accessibles à des prix raisonnables (et sans avoir à aller chercher l'uranium dissous dans les océans...), il serait possible par une combinaison intelligente des diverses techniques de multiplier par huit dans le monde la production d'électricité par énergie nucléaire sans épuiser avant très longtemps les ressources en uranium et sans accumuler de plutonium. Les nouveaux réacteurs EPR, qui utilisent des techniques classiques à partir d'uranium 238, ont leur place dans cette séquence car ils produiront la matière utile au démarrage de ces nouveaux réacteurs : l'uranium 233 pourra servir au démarrage de réacteurs à sels fondus qui généreront du combustible à partir de thorium, le plutonium alimentera des surgénérateurs à gaz, au sodium ou au plomb.

Les déchets produits par ces nouveaux réacteurs seront seulement les produits de fission et une quantité minime d'actinides mineurs.

Les principales difficultés techniques présentées par le nucléaire se trouveront ainsi surmontées jusqu'à l'émergence d'autres techniques dont rêve l'humanité mais que l'on ne peut espérer voir avant la fin de ce siècle sans doute. L'énergie de fusion, objet d'une longue quête mondiale dont ITER, en Provence, est la prochaine étape. Une autre voie est explorée très activement : la production d'électricité à partir de la lumière du soleil avec des techniques qui permettent d'en ramener le coût au voisinage des coûts actuels de production d'électricité.

Entre-temps il faudra une gouvernance mondiale très solide pour veiller à la sûreté de fonctionnement de toutes les centrales nucléaires et pour contrôler les mouvements et le stockage des déchets et éviter la prolifération.

Revenons au cas de la France pour les trente ans à venir.

Pour obtenir le prix d'électricité le plus bas

Le prix de l'électricité sera le plus bas possible si son coût de production est bas et si les marges des producteurs représentent juste la rémunération dont ont besoin les capitaux.

Construire un parc de production adapté à la demande

Le parc optimal de production d'électricité est celui qui produit au moindre coût l'électricité demandée par les consommateurs, exactement au moment où ils la demandent car l'électricité ne se stocke pas. Naturellement, le calcul du parc optimal doit tenir compte des effets de la production d'électricité sur l'environnement, qu'ils soient favorables ou coûteux.

La structure du coût de production est très différente selon la façon dont l'électricité est produite. Les coûts fixes en effet dépendent beaucoup du montant des investissements et du coût du financement[1]. Les coûts variables, quant à eux, sont surtout faits des dépenses d'énergie et intégreront ou non les « effets externes ».

Une tranche nucléaire comme celle qui sera construite à Flamanville coûtera, en investissement, environ 2,5 milliards d'euros pour 1,6 GW (celle de Flamanville coûtera plus cher car c'est la première d'une série). Les coûts fixes du nucléaire sont deux fois plus élevés que ceux d'une centrale au gaz à cycle combiné (CCG) et quatre fois plus élevés que ceux d'une turbine à combustion classique, mais deux fois moins élevés que ceux d'une éolienne.

Quant aux coûts variables, ils sont très faibles pour le nucléaire – moins de 7 €/MWh – alors qu'avec le prix du gaz en vigueur

---

1. Rappel : les coûts fixes ne dépendent pas de la quantité effectivement produite.

184

en 2006 ils sont de plus de 50 €/MWh d'électricité pour une CCG et de 130 €/MWh pour les turbines à combustion, sans compter l'effet de serre.

Selon la loi, c'est l'État qui est responsable de la capacité et de la qualité du parc de production d'électricité. D'un côté, il donne les autorisations d'investir et, de l'autre, il peut lancer des appels d'offres en demandant aux entreprises privées quel devrait être le prix de l'électricité pour qu'elles investissent.

Pour diviser nos émissions par deux ou trois, selon mes hypothèses, un critère de «bonne action climat» est de savoir si cette action serait intéressante avec un pétrole à 100 $/bl[1]. Avec un pétrole à ce prix, il suffit qu'une centrale nucléaire fonctionne 800 heures dans l'année (un dixième du temps) pour que le coût de production soit inférieur à celui d'une centrale au gaz! Évidemment, dans un parc de quelques dizaines de tranches nucléaires, il n'y en aura pas une qui ne fonctionnerait que 800 heures à côté d'autres qui tourneraient en permanence : les durées de fonctionnement seront équilibrées. Ce calcul signifie que dans le parc optimal aucun des moyens de production autres que les barrages au fil de l'eau et les centrales nucléaires ne fonctionnera plus de 800 heures dans l'année. Grâce à ses capacités disponibles, EDF, par une gestion habile des périodes d'arrêt des centrales et en modulant la production de celles qui sont en service, est capable de suivre au plus près avec les centrales nucléaires les fluctuations de la demande. Elle peut le faire car, en situation de monopole, elle connaît très bien son marché et peut donc bâtir son programme de production avec quelques mois d'avance dans le seul souci d'utiliser au mieux les moyens de production sans avoir à faire des paris sur le comportements de ses concurrents. C'est un exemple typique de «monopole naturel», c'est-à-dire un monopole qui est naturellement plus efficace qu'un marché concurrentiel.

Le plan présenté au chapitre II prévoit que la consommation d'électricité augmente de 70 %. Une partie de cette électricité sera

---

1. Voir au chapitre V.

utilisée en combinaison avec une autre source d'énergie disponible en cas de besoin, le carburant liquide dans des véhicules hybrides rechargeables, le fioul ou le gaz dans des chaudières mixtes. Cela fait autant de clients de l'électricité qui pourront «s'effacer», c'est-à-dire cesser de consommer de l'électricité, sans avoir besoin d'un préavis, lorsque la demande deviendra trop forte. La pointe de consommation ne devrait donc pas être plus marquée qu'aujourd'hui.

Dans ce plan, la production de pointe est assurée comme aujourd'hui par les barrages et par des TAC, turbines à combustion, tournant seulement quelques centaines d'heures par an. Des éoliennes et des centrales au gaz de « semi-base », construites autour de 2010 pour pallier au plus vite le manque de capacité de production, seront bien amorties d'ici trente ans. La production d'électricité sera donc assurée essentiellement par des centrales nucléaires.

Quant aux prix, le monopole régulé par l'État a su imiter un marché concurrentiel parfait

Le prix de l'électricité peut être fixé dans un contrat de livraison sur l'année entre un client et un fournisseur; ce peut être un prix global qui tient compte du profil de livraison tout au long de l'année. Si le client commande une quantité constante tout au long de l'année, le prix est calculé aisément à partir du coût de production d'un générateur qui tourne également tout au long de l'année. Si le client n'a besoin d'électricité qu'une partie du temps, le producteur pourra lui proposer des prix intéressants s'il a des capacités disponibles lorsque le client a besoin d'électricité : les agriculteurs qui irriguent sont de gros consommateurs d'une électricité qu'ils peuvent acheter très bon marché !

Sur un marché, les choses se passent différemment : *à chaque instant le prix de l'électricité doit être le même pour tout le monde*, c'est-à-dire pour tous les clients et pour tous les fournisseurs qui participent au marché. Un fournisseur d'électricité ne sera vendeur que si le prix couvre ses frais variables (l'achat d'énergie essentiellement). Si les moyens de production nucléaire sont suffisants pour répondre à la demande, le prix pourra descendre au niveau du coût variable du nucléaire. Au contraire, dans les périodes de pointe, lorsque tout le monde veut de l'électricité, il faut faire tourner les moyens les plus coûteux et même convaincre des clients de se retirer, ce qui peut coûter *très cher*.

Dans cette logique, il est donc normal que les prix varient beaucoup d'une heure à l'autre. À la sortie de la centrale, cela peut aller de 8 €/MWh à plus de 1 000 €/MWh – on a vu des pointes en Europe à 2 000 €/MWh. Tous ceux qui sont obligés d'avoir de l'électricité et qui ne sont pas couverts par des contrats sentent alors leur douleur.

Un fameux théorème, dû à M. Boiteux, un excellent économiste qui fut longtemps un excellent président d'EDF, a démontré qu'avec un parc optimal les coûts de production sont couverts si le prix de vente est à chaque instant égal au coût marginal de production (c'est-à-dire le plus élevé des coûts variables des moyens de production effectivement en marche) augmenté des frais fixes de l'installation de pointe. C'est sur ce principe qu'est calculé le tarif de l'électricité fixé par l'administration.

Cela vaut la peine de s'arrêter un instant pour bien se rendre compte du paradoxe. Un monopole régulé a imité ce que donnerait un marché concurrentiel « parfait », c'est-à-dire où les producteurs sont nombreux et petits par rapport au marché, dans un secteur où la taille des équipements est tellement gigantesque que, sur un marché concurrentiel, les opérateurs forment nécessairement un oligopole.

Dans l'ensemble, on peut constater en effet que notre système électrique, avec un monopole de production et de distribution et des prix fixés par l'administration, nous a donné une électricité sûre et bon marché. Il y a quelques années, voyant les prix de l'électricité sur le marché concurrentiel plus bas que les prix de tarif, les industriels gros consommateurs d'électricité ont fait des pieds et des mains pour que le marché de l'électricité soit ouvert également en France. La Commission européenne, trop heureuse de trouver des alliés pour faire progresser sa doctrine de concurrence systématique et de tailler des croupières à EDF, a obligé la France à autoriser les plus gros consommateurs d'électricité à choisir leur fournisseur. Ces industriels ont pu trouver de l'électricité moins chère sans doute, mais pas longtemps ! Au bout d'un an, les prix de marché sont repartis à la hausse et ont largement dépassé les prix du tarif administré, et les mêmes industriels se sont rendu compte de leur erreur.

Sur un marché concurrentiel

Une double fluctuation des prix

Il existe des contrats de livraison d'électricité et des marchés du jour pour le lendemain appelés, un peu abusivement, marchés «spot». Les prix des marchés du jour pour le lendemain sont le résultat d'un équilibre entre l'offre et la demande, heure par heure, trouvé sur une des quelques Bourses d'échange comme Powernext à Paris. Les contrats de livraison distinguent des prix en heure de base et des prix en heure de pointe. Ces prix «spot» reflètent bien l'état relatif de l'offre et de la demande à chaque instant. Si la capacité de base est excessive, les périodes où les prix sont bas seront plus longues, de sorte que les frais fixes des installations de base ne seront pas suffisamment financés ; les producteurs feront donc des pertes et n'investiront pas. Avec l'augmentation de la demande et l'arrêt de centrales en fin de vie qui ne sont pas remplacées, les périodes où les prix sont élevés seront plus longues, ce qui dégagera des bénéfices qui inciteront les producteurs à s'équiper en nouveaux moyens de base.

Les prix connaissent donc des fluctuations de deux types : celles qui sont dues aux fluctuations journalières et saisonnières de la demande, qui font alterner «base» et «pointe», et celles qui sont dues au fait que le parc de production est plus ou moins bien doté en installations de base, ces dernières fluctuations ayant une période d'environ dix ans : les prix étaient très bas en Europe en 2002 et le maximum en 2006 n'est sans doute pas encore atteint ; le mouvement d'investissement massif pourrait commencer en 2007 et les prix retrouver un point bas en 2012 ou au-delà.

L'oligopole : le pactole !

Les prix qui sortent d'un marché concurrentiel sont donc très fluctuants ; il y a tout lieu de penser qu'ils seront supérieurs à ceux d'un monopole bien régulé, cela pour plusieurs raisons.

D'abord, des entreprises en concurrence ont un marché plus incertain qu'une entreprise qui a le monopole. Ceux qui leur apportent de l'argent, actionnaires et banquiers, le savent bien et leur demandent donc de rémunérer davantage les capitaux, ce qui se fait lourdement sentir sur le prix. Et, pour diminuer les risques, ces entreprises préféreront investir dans des équipements qui seront assez vite rentables alors que ceux qui fournissent l'électricité la moins chère, les centrales nucléaires, n'équilibrent leurs comptes qu'au bout de vingt ou trente ans. Cela fait donc deux raisons pour lesquelles les prix de l'électricité dans un système concurrentiel seront supérieurs à ceux d'un monopole intelligemment régulé. Mais il y en a une troisième, dont l'effet est assez spectaculaire.

Une logique de marché a pour but de rendre maximaux les bénéfices. La technique de production nucléaire n'est pas très simple et demande d'énormes capitaux. Même sur un marché européen unifié, les producteurs d'électricité nucléaire ne seront donc jamais très nombreux. Aujourd'hui, comme la capacité nucléaire est très inférieure à l'optimum, si les producteurs pouvaient vendre toute leur électricité au prix du marché (un prix calé sur le coût de production à partir de gaz ou de charbon), ils feraient une marge considérable. Chaque producteur voudra investir pour prendre une part plus importante de la marge – c'est le principe d'une économie de concurrence. Mais voilà ! En investissant, il diminuera la sous-capacité, donc diminuera la marge que se partagent les producteurs. Obtenir une part plus importante d'une marge qui diminue... Il arrivera un moment où aucun des producteurs d'électricité n'aura intérêt à investir. Pour s'en rendre compte, ils n'ont pas besoin de se parler ! Et chacun sait que les autres font le même raisonnement.

Cela ne fonctionne que si les producteurs ne sont pas trop nombreux. Or que voyons-nous sous nos yeux : des rapprochements entre entreprises, des fusions, bref la formation d'un oligopole à la dimension européenne !

Ajoutons, pour faire bon poids, que le coût variable de production à partir d'énergie fossile, gaz, fioul ou charbon, devra payer quelque chose au titre de l'effet de serre – jusqu'à 400 €/tC (si le pétrole est à 50$/bl) pour diviser par trois les émissions. Ainsi, pendant toutes les heures où fonctionnent des centrales au fioul ou au gaz, le prix de toute l'électricité, y compris celle qui est produite par des centrales nucléaires, incorporera le coût des émissions de gaz carbonique. On ne voit vraiment pas pourquoi les producteurs d'électricité nucléaire, en construisant une nouvelle capacité de production, voudraient diminuer le nombre de ces heures bénies où le jackpot crache à flots.

Il faut dire ici un mot de l'*exportation d'électricité nucléaire*.

Si le parc est optimal, des centrales nucléaires resteront longtemps à l'arrêt. C'est vrai sur le marché français et ce serait vrai également sur un marché européen ouvert et sans contrainte où le parc serait optimal (ce qui n'est pas pour demain, malheureusement). Encore une fois, cela peut surprendre mais c'est ainsi : même si une centrale nucléaire tourne peu longtemps, produire de l'électricité avec du gaz coûterait plus cher. Mais, en Europe, la capacité nucléaire est inférieure à la puissance appelée «en base», c'est-à-dire qu'en Allemagne, en Espagne, en Italie toute nouvelle tranche nucléaire fonctionnerait sans arrêt. Il n'est pas étonnant que ces pays nous demandent toute l'énergie nucléaire que nous pouvons leur fournir. Ils sont prêts à la payer à un prix à peu près égal au coût de production à partir de charbon ou de gaz. Les quantités exportées sont limitées par la capacité des lignes électriques qui traversent les frontières, les « interconnexions ».

L'effet sur le prix en France d'une augmentation de la capacité de ces interconnexions serait immédiat, lorsque le prix n'est pas fixé par l'administration. Si la demande en France est de 100, que la capacité de production est de 120 et que la capacité des interconnexions est de 10, ceux qui produisent en France ne pourront pas vendre tout ce qu'ils peuvent produire ; ils proposeront donc à leurs clients situés en France un prix proche du coût variable de la production nucléaire, un coût très faible. Si la capacité des interconnexions est de 30, ceux qui produisent en France demanderont à leurs clients situés en France le prix auquel ils pourraient vendre dans les pays où le prix est guidé par le coût de production à partir de charbon.

La capacité des interconnexions serait largement suffisante si les parcs de production des différents pays étaient équilibrés. Pour diminuer les émissions de gaz à effet de serre, plutôt que de faire tourner quelques heures de plus les centrales situées en France, que nos voisins construisent des centrales nucléaires chez eux ! Car il y a tout lieu de penser que *l'augmentation des interconnexions aurait comme effet d'élever le prix de l'électricité vendue en France.*

Fixer administrativement le prix de l'électricité. Renationaliser la production d'électricité en France ?

Un programme de division par deux ou par trois de nos émissions sera plus facilement accepté s'il ne coûte pas trop cher. Son coût est directement lié au prix de l'électricité : si celui-ci double, le coût du programme est multiplié par près de trois[1]. Or le coût de l'électricité sera maîtrisé si la capacité de production nucléaire est

---

1. Voir au chapitre III.

Pourquoi l'ouverture de la production d'électricité à la concurrence augmente les prix

Sans doute la concurrence oblige-t-elle, normalement, à serrer les dépenses; mais, dans le cas de la production d'électricité nucléaire, cet effet sera complètement effacé. La transformation du statut d'EDF et l'ouverture du marché ont déjà comme effet d'augmenter les prix de vente et cela risque fort de s'aggraver pour plusieurs raisons.

Un financement plus cher : EDF, établissement public garanti *ipso facto* par l'État, pouvait se procurer des financements à très bas taux d'intérêt; EDF, société anonyme, se procure des capitaux au taux du marché. Si le coût de production en continu est de 30 €/MWh avec un financement à 8%[1], il est de 22 €/MWh avec un financement à 4% (en monnaie constante), soit un écart de 30%.

Une moins bonne utilisation du potentiel installé: on a dit comment EDF peut ajuster les périodes d'arrêt des centrales pour épouser au mieux la courbe de la demande; comment cela serait-il possible avec plusieurs fournisseurs? Or le taux d'utilisation a un effet direct sur le coût.

Un oligopole voudra fixer les prix de l'électricité nucléaire le plus haut possible c'est-à-dire très au-dessus du coût de production nucléaire, même lorsque le nucléaire suffit à répondre à la demande.

Un oligopole n'investira pas suffisamment, ce qui aura pour effet, d'une part, que les coûts de production seront supérieurs à ceux d'un parc optimal et, d'autre part, que le prix généré par le marché sera très largement supérieur au prix de revient.

Pour abaisser les prix de revient et les prix de vente, rien ne vaut un monopole de production régulé. C'est également préférable quant à la sûreté de fonctionnement.

Il faut souligner que l'on parle ici de *production*. La fourniture d'énergie, c'est-à-dire la vente d'énergie au consommateur final, quant à elle, doit être ouverte à la concurrence pour tirer au mieux parti de la complémentarité entre les diverses formes d'énergie.

---

1. Voir le rapport sur le prix de l'électricité, à l'adresse Internet en annexe.

augmentée. Mais les Français refuseront une augmentation de cette capacité s'ils voient le prix de la production d'électricité nucléaire suivre le prix de l'électricité produite à partir de charbon, y compris le coût du gaz carbonique !

On pressent la force des pressions qui s'exerceront pour freiner l'augmentation de capacité de production nucléaire, convergence d'intérêts inattendue entre les contempteurs du nucléaire et les entreprises qui disposent d'un potentiel nucléaire, en accord, qui plus est, avec la réaction apparemment de bon sens mais erronée selon laquelle il n'est de bon nucléaire que celui qui fonctionne sans arrêt.

EDF de son côté est profondément partagée, car l'entreprise a, chevillée au corps, cette culture du service public qui l'a animée depuis sa création et elle doit désormais, société anonyme, rentabiliser ses capitaux au maximum : pour lui éviter la paranoïa ou le supplice des injonctions contradictoires, le meilleur service que l'État puisse lui rendre est de lui tracer une feuille de route extrêmement précise, de *lui imposer et sa capacité nucléaire et ses tarifs*. Il s'agit d'une simple constatation de bon sens, bien qu'elle soit aux antipodes de la politique officielle actuelle de l'Union européenne.

Cela implique, au minimum, que les consommateurs d'électricité puissent continuer à bénéficier d'un tarif fixé par l'administration en relation avec le coût de production réel de l'électricité.

Mais cela ne suffira sans doute pas car les « forces du marché », notamment les actionnaires des entreprises de production d'électricité, appuyées par l'action des instances européennes, exerceront une pression énorme pour augmenter les prix de l'électricité, une pression constante et multiforme (y compris judiciaire) à laquelle l'État aura les plus grandes peines du monde à résister.

Pour le succès d'un programme de lutte contre les émissions de gaz à effet de serre, la question se pose donc, ou se posera avec acuité : ne faut-il pas renationaliser la production de l'électricité ? À mon avis, la réponse est positive. Je dis bien *la production*, car, pour ce qui concerne la fourniture d'électricité au consommateur final, un marché de libre entreprise sera beaucoup plus efficace pour trouver et proposer les offres d'*énergie* les mieux adaptées aux besoins du consommateur, en combinant électricité et autres formes d'énergie. J'ai déjà montré pourquoi le coût de production de l'électricité et le prix de vente sortie centrale pourraient être ainsi optimisés (coût du financement des investissements, rationalisation de la production, prix conformes au coût de production). J'ajouterai que les relations quotidiennes entre le producteur d'électricité et l'autorité de sûreté nucléaire, à l'abri des effets de la pression concurrentielle, ne perdraient ni en efficacité ni en sérénité.

Certes, cela augmenterait la dette publique puisque le programme de construction de centrales serait largement financé par l'endettement, comme le fut le programme réalisé dans les années 80, mais ne faudrait-il pas distinguer, dans la dette publique, ce qui correspond au financement d'un déficit budgétaire et ce qui permet le financement d'investissements nouveaux ? Certes, le producteur national ne devrait plus avoir d'intérêts directs dans d'autres entreprises de production d'électricité, mais il pourrait filialiser toutes ses activités de conseil et d'ingénierie, dont le marché mondial lui sera largement ouvert. Certes, il faudrait argumenter pour justifier dans le droit européen cette entorse à la sacro-sainte loi du marché et de la concurrence, mais il ne serait pas difficile de montrer qu'il s'agit là d'une « mission d'intérêt économique général » justifiant la création de « droits spéciaux », car la théorie et l'expérience démontrent qu'il faut un monopole public de production d'électricité pour *être certain* de disposer d'une électricité sûre et sans émissions de gaz carbonique en quantité suffisante pour réaliser un programme de forte diminution de nos émissions de gaz à effet de serre dans les meilleures conditions de coût et de sécurité. En cette matière, qui touche de plusieurs façons à ce qui relève de la responsabilité directe des États (fiscalité, cohésion sociale, sécurité publique, diplomatie), il serait souhaitable que puissent se nouer des coopérations entre les États de l'Union européenne qui le souhaitent, sur un mode adéquat ; ce

Le droit européen et les monopoles
de services d'intérêt économique général
Article 86, alinéa 2, du traité instituant la Communauté européenne (ex-article 90 du traité de Rome) :
« 2- Les entreprises chargées de la gestion de services d'intérêt économique général [...] sont soumises aux règles du présent traité, notamment aux règles de concurrence, dans les limites où l'application de ces règles ne fait pas échec à l'accomplissement en droit ou en fait de la mission particulière qui leur a été impartie. Le développement des échanges ne doit pas être affecté dans une mesure contraire à l'intérêt de la Communauté ».
L'application de cet article a donné lieu à plusieurs cas de jurisprudence. Contre la Commission des Communautés européennes, la Cour de justice de Luxembourg a, à plusieurs reprises, confirmé le droit qu'ont les États de prendre les mesures nécessaires pour que les entreprises chargées d'une mission d'intérêt économique général soient en mesure de l'assurer. Dans l'arrêt « Corbeau » (mai 1993), la Cour dit que l'État belge a le droit de maintenir un monopole postal si cela est nécessaire à l'accomplissement du service public. Cette jurisprudence a été confirmée peu après par l'arrêt « commune d'Almelo » (avril 1994) portant sur la distribution d'électricité. En juillet 2003, dans l'arrêt « Altmark », la Cour a confirmé que l'argent versé par un gouvernement à une compagnie pour compenser des obligations de service public (il s'agissait ici de transport collectif) ne représente pas une aide d'État, ce qui permet aux États membres de ne pas le notifier à la Commission européenne.

ne sera pas le mode de la coopération communautaire, qui est marqué par le « marché unique » et par la concurrence (cf. chapitre IX).

Une condition pour que la population accepte un programme de forte diminution des émissions de gaz carbonique d'origine fossile est qu'elle soit sûre qu'il n'est pas possible d'obtenir les mêmes résultats à un coût inférieur. Utiliser de l'électricité vendue au prix de revient de l'électricité nucléaire permet de fortement diminuer les émissions au moindre coût. Dans un marché concurrentiel de l'électricité, il n'est pas sûr que le prix de vente de l'électricité sera proche du meilleur coût de production (je suis même sûr du contraire...). Donc, pour que le service d'intérêt économique général qu'est la production d'électricité participe à la lutte contre l'effet de serre, les États ont le droit de maintenir un monopole de production de l'électricité. En tout cas la jurisprudence de la Cour de Luxembourg montre que cela se plaide.

On trouvera en annexe à ce chapitre d'autres extraits des articles pertinents du traité sur l'Union européenne et un extrait du rapport d'information de Mme Catherine Tasca, fait au nom de la délégation pour l'Union européenne du Sénat après la publication du Livre blanc de la Commission sur les services d'intérêt économique général.

* * *

Beaucoup de ceux qui furent les plus actifs pour nous alerter sur les risques du changement climatique avaient auparavant milité contre l'énergie nucléaire. Ils en ont montré les risques, contribuant ainsi heureusement à les éloigner.

La seule façon de se débarrasser complètement du risque nucléaire serait de ne plus produire d'électricité nucléaire. Est-ce possible tout en réduisant suffisamment nos émissions de gaz carbonique fossile ? Peut-être en théorie, à l'échelon national au prix de changements de comportement dont on nous annonce qu'ils devraient alors être profonds. Mais personne ne nous a dit quel en serait le coût économique ni quelle forme de contrôle social serait requise pour plier les comportements individuels.

Même si, par un tour de force, la France y parvenait, elle ne saurait imposer sa volonté au monde entier. Il est sûr aujourd'hui que la production d'électricité nucléaire de par le monde augmentera.

Toute tranche nucléaire que nous ne fabriquons pas augmente les émissions de gaz à effet de serre. Cela ne veut pas dire que nous devrions devenir le château d'eau nucléaire de l'Union européenne, car il est juste que cette responsabilité soit partagée entre les États membres, mais cela nous incite à utiliser cette technique pour répondre à nos besoins d'énergie en émettant un minimum de gaz carbonique fossile. La production d'électricité nucléaire sera donc limitée non par la volonté *a priori* de la limiter, mais par les possibilités pratiques d'implantation d'usines. Faisons des économies d'électricité donc, non pas pour diminuer la capacité de production nucléaire mais, ce qui est tout à fait différent, pour pouvoir remplacer davantage d'énergie fossile par de l'électricité, ce qui diminuera nos émissions de gaz carbonique.

Il est bien entendu que la capacité nucléaire relève d'une décision politique. Même bien informés, la nation ou ses représentants peuvent prendre des positions différentes de ce à quoi conduit un raisonnement fondé sur des données techniques et économiques. Sont-ils bien informés lorsqu'on leur fait miroiter des économies d'énergie considérables sans en indiquer le coût ?

Peut-être ne sera-t-il pas possible d'augmenter la capacité nucléaire de 80 % en trente ans ; alors, ce sera peut-être en quarante ans. Si l'on ne peut augmenter les capacités que de 50 %, en remplaçant les installations actuelles par des installations plus puissantes, les émissions seront divisées par deux seulement, ce qui ne sera déjà pas si mal. Mais la direction est tracée.

Je me rappelle mon premier voyage à Moscou, il y a de cela une trentaine d'années, où j'ai découvert inscrit en lettres géantes sur les murs de la ville : « Le communisme, c'est les soviets plus l'électricité. » N'ayant jamais partagé cette idéologie, je me surprends un peu à défendre l'utilisation de l'électricité, d'autant que certains disent craindre qu'une économie « nucléaire » suppose un très fort contrôle centralisé. Je me suis donc interrogé sur mes « motivations », comme on dit. Il me semble que ce qui domine c'est le souci de cohérence intellectuelle, la prise en compte – je l'ai mentionné à plusieurs reprises – des ordres de grandeur, et la volonté de transparence pour que les citoyens puissent choisir en connaissance de cause. Dire que le risque nucléaire, s'il était chiffré, doublerait le coût de l'électricité est un mensonge. Dire que les éoliennes peuvent remplacer des centrales nucléaires ou même être une forme de diversification significative, c'est une plaisanterie. La seule diversification sensée, vue d'aujourd'hui, est, plus tard, la production d'électricité à partir de charbon avec stockage du gaz carbonique, produisant une électricité beaucoup plus chère que le nucléaire. Vouloir rendre obligatoires des travaux très coûteux d'économie d'énergie en s'en cachant le coût réel, ce serait tromper les gens « par omission ».

Cela dit, le risque d'accident nucléaire existe et il ne faut surtout pas l'oublier. Le réchauffement de l'atmosphère, lui, n'est pas un risque : c'est une certitude, si l'humanité ne sait pas laisser sous le sol ou y remettre plus de la moitié du carbone accessible.

Chapitre VIII

Un chemin qui mène d'aujourd'hui à demain

Comment savoir ce que sera le paysage énergétique dans trente ou quarante ans ?

Il est possible d'imaginer plusieurs paysages où les émissions françaises de gaz carbonique venant du charbon, du gaz ou du pétrole auront beaucoup diminué. Si certaines conditions sont réunies, pour diviser par trois nos émissions il aura suffi de mener les actions qui seraient moins coûteuses que la consommation d'énergie fossile si le prix du pétrole montait à 100 $/bl.

Il n'est pas impossible que le prix du pétrole atteigne ce niveau, mais, pour les raisons que j'ai indiquées au chapitre III, à mon avis il ne s'y stabilisera pas durablement. S'il devait dépasser durablement ce prix, l'État aurait fort peu à faire pour que les émissions diminuent beaucoup, puisque toutes les « bonnes actions climat » deviendraient alors intéressantes sans aide publique ni réglementation, à condition néanmoins de disposer de quantités d'électricité suffisantes au prix de revient de la production nucléaire. Mais il serait fort imprudent que l'État fonde sa politique sur cette hypothèse d'un pétrole à plus de 100 $/bl. Au contraire, pour diminuer beaucoup nos émissions, une intervention publique est nécessaire.

Le chapitre VI a présenté les moyens de la réglementation, de la fiscalité et des subventions et aussi celui, assez nouveau, des « permis négociables ».

Ici, sera tracée une *trajectoire* partant de la situation d'aujourd'hui et allant dans la direction indiquée par le futur paysage énergétique presque « défossilisé » ; elle reprendra les éléments réunis dans les chapitres précédents en tenant compte des contraintes de délais et en évitant les ruptures. C'est *progressivement* que le paysage changera. Le rôle de l'État sera surtout de *fixer un cadre stabilisé* qui permette à l'initiative privée de s'exprimer, de poursuivre l'*équipement* du pays, notamment en moyens de production d'*électricité*, de veiller à l'*équité*, de prendre en charge les risques qui dépendent de lui, notamment en matière de *recherche*, et de contracter avec les *collectivités territoriales*, dont le rôle est essentiel. Je ne fais pas l'hypothèse, qui serait facile mais irréaliste, qu'il dispose, sans impôts nouveaux, de ressources assez abondantes pour subventionner massivement l'utilisation d'énergies non fossiles. Un impôt et une réglementation seront donc nécessaires.

Voici donc une trajectoire...

Un des tableaux de ressources et d'emplois d'énergie présentés au chapitre II montre une situation où les émissions françaises de gaz à effet de serre dues à la consommation d'énergie auront été divisées par trois. Selon ce tableau, la consommation d'énergie fossile dans *les secteurs du transport, du résidentiel et du tertiaire* est très inférieure dans trente ans à ce qu'elle aurait été en l'absence d'une politique de lutte contre l'effet de serre. La différence serait d'*environ 90 Mtep*, dont un tiers grâce à des *économies d'énergie*, un tiers en utilisant davantage la *biomasse* et un peu moins d'un tiers en remplaçant du fioul, du gaz et du carburant par de l'*électricité nucléaire*.

Dans ce scénario conduisant vers une forte diminution de nos émissions, tous les Français savent que la hausse du prix de l'énergie sera durable, non pas tellement parce que les experts l'annoncent (il arrive aux experts de se tromper), ni parce que les ressources en énergie fossile vont s'épuiser, mais parce qu'ils auront été convaincus (par l'État, par les associations, par la presse...) que pour gagner la lutte contre l'effet de serre il faut un effort de tout le pays, même sans attendre une coordination mondiale et même si d'autres pays continuent d'émettre beaucoup plus que nous. Et chacun se rend compte que, pour diminuer la consommation d'énergie fossile, il ne suffit pas de financer les énergies non fossiles par des subventions ou par des exonérations fiscales pour l'évidente raison que le budget de la nation, lourdement déficitaire, en serait bien incapable. Il faut donc un impôt sur l'énergie fossile qui en alourdira le coût. Et cet impôt servira à financer des subventions pour économiser l'énergie et pour accélérer le remplacement de l'énergie fossile[1] par d'autres énergies, solaire, nucléaire, géothermie, biomasse.

Il devient donc intéressant de faire toutes sortes de travaux d'économie d'énergie auxquels on pensait depuis longtemps : mettre une couche isolante dans les combles, changer cette vieille chaudière dont le rendement est vraiment mauvais, remplacer les fenêtres pour y mettre un double vitrage, etc.

Il devient également intéressant d'installer dans son jardin un « puits canadien » pour aller chercher une eau plus chaude de quelques degrés que l'eau de surface, pouvant servir de source froide à une pompe à chaleur.

En même temps, on voit partout, dans les villes grandes ou moyennes, et même dans les bourgs, se multiplier les projets de réseaux de chaleur utilisant de la biomasse. L'État, Parlement et gouvernement, s'est en effet rendu compte que, si l'on veut diminuer nos émissions en utilisant la biomasse, il est trois à quatre fois plus efficace et moins coûteux, aujourd'hui, de brûler la biomasse pour remplacer du fioul ou du gaz que de produire directement du biocarburant par les méthodes actuelles qui n'utilisent qu'une petite partie de la plante tout en consommant de l'énergie fossile ! Les élus locaux se sont donc faits les avocats convaincants des réseaux de chaleur, auprès de leurs administrés et auprès

1. Sauf stockage du gaz carbonique.

de l'État pour que l'effort demandé aux automobilistes serve à financer l'utilisation thermique de la biomasse. En même temps ils agissent pour sécuriser l'approvisionnement en biomasse agricole ou forestière de ces réseaux, en passant des contrats à long terme avec des agriculteurs ou des propriétaires forestiers. Désormais, autour de la plupart de nos villes, on voit de grandes étendues de cultures très productives qui sont devenues un but de promenade dominicale où les familles vont voir pousser l'énergie qui les chauffera dans les années à venir, une énergie sûre, non polluante et indépendante des fluctuations du prix du pétrole.

Dans cet élan vers plus d'autonomie, bien des ménages ont choisi de produire eux-mêmes leur énergie, photovoltaïque ou éolienne. Ils ont bien compris que le producteur national d'électricité ne soit plus obligé de leur racheter leur électricité à un prix supérieur à celui de sa propre production car ils savent que cela ferait payer par les autres consommateurs leur volonté d'indépendance – ce qui serait contradictoire. De la même façon, pour diminuer leur consommation d'énergie, ils ont consenti à des dépenses parfois beaucoup plus élevées que le coût des énergies qu'ils ne consomment pas. Ils ont délibérément fait ces choix car ils ont conscience d'anticiper sur un mouvement qui leur paraît aller dans le bon sens et, ce faisant, d'ouvrir utilement un chemin.

Les constructions neuves respectent la réglementation thermique 2005, la dernière du genre car l'on se sera rendu compte qu'il vaut mieux désormais faire respecter les réglementations existantes et consacrer les financements disponibles, qu'ils soient publics ou privés, à rendre possible la substitution d'énergie non fossile au fioul ou au gaz plutôt que de vouloir diminuer, à grands frais, une consommation déjà assez faible.

Comme il faut plusieurs années entre le moment où se décide la construction d'une centrale nucléaire et sa mise en exploitation, si l'on veut vraiment diminuer nos émissions, on n'a guère le choix : on a donc lancé sans attendre la construction de deux ou trois tranches nucléaires par an. À partir de 2013, elles remplaceront les 5 GW de capacité des installations de « cogénération » d'électricité et de chaleur à partir de gaz qui seront arrivées en fin de vie et qui continuent d'émettre du gaz carbonique. En attendant, on aura eu le temps de lancer des cultures énergétiques et d'équiper de chaudières à biomasse les réseaux de chaleur.

Certes, il faudra investir, mais l'énergie produite, électricité ou biomasse pour la chaleur, ne coûtera pas cher. Ces nouvelles tranches nucléaires remplaceront dès que possible les vieilles centrales au charbon remises en route en 2008 pour ne pas manquer de capacité de production. Elles seront utilisées l'été pour répondre aux nouveaux besoins de climatisation. Les éoliennes construites du temps où l'on manquait de capacité nucléaire[1] continueront de fonctionner ; fort heureusement, leur capacité n'est pas telle que les chutes de vent perturbent le réseau, comme on le voit trop souvent en Allemagne où les sautes de vent risquent périodiquement de mettre à mal tout le réseau européen, cette Allemagne qui, aujourd'hui, ne veut pas de centrales nucléaires chez elle mais nous achète sans vergogne toute l'électricité nucléaire que nous pouvons lui vendre.

Les consommateurs d'électricité seront rendus attentifs à ne pas la gaspiller. Ces efforts n'auront pas comme but de diminuer la consommation globale d'électricité mais de permettre aux centrales, dont la capacité sera de toute façon limitée pour des raisons techniques, de livrer le maximum d'électricité à de nouveaux usages où elle remplacera les énergies fossiles.

La capacité de production nucléaire croissant et les tarifs étant maintenus à un niveau proche du prix de revient, détachés, donc, des prix de marché en Europe qui augmenteront au fur et à mesure que la lutte contre les émissions se fera plus déterminée, il sera possible de répondre à la nouvelle demande de chauffage électrique, qui sera une consommation d'énergie composite combinant l'électricité pour la base avec, pour la pointe, le fioul, le gaz ou le

---

1. J'ai montré au chapitre VII que la seule justification des éoliennes, du point de vue de l'effet de serre, tient à ce que la capacité du parc de production nucléaire est aujourd'hui inférieure à l'optimum de plusieurs gigawatts.

bois. Parallèlement, les véhicules électriques ou hybrides rechargeables feront leur apparition. D'abord ce seront des flottes professionnelles qui circulent en ville, comme les véhicules de la Poste, des messageries, des entreprises de services urbains. Puis les ménages qui possèdent deux ou trois voitures en achèteront une de ce type, pour leurs déplacements urbains en sachant qu'elles pourront aussi l'utiliser pour de plus grands déplacements. Dans une vingtaine d'années, les contraintes réglementaires de consommation et de pollution en ville seront telles que le modèle hybride sera devenu la norme presque générale non seulement en France *mais aussi dans d'autres pays*, même si l'électricité, produite à partir de charbon avec séquestration du gaz carbonique, y est deux ou trois fois plus chère que l'électricité nucléaire. Mais comment faire autrement pour ne pas émettre de gaz carbonique lorsque la capacité de production de biocarburant est utilisée pleinement ? Construire toute une chaîne de production et de distribution d'hydrogène coûterait dix fois plus cher ! D'ailleurs le prix des batteries et celui du carburant liquide seront tels que ces véhicules ne coûteront pas plus cher, à l'usage, que les modèles anciens. Une coopération industrielle entre les principaux constructeurs européens d'automobiles, avec l'appui de la Commission, aura permis de faire émerger en Europe quelques puissants constructeurs de véhicules hybrides.

Les recherches et les mises au point techniques et industrielles seront activées pour que les biocarburants de seconde génération soient disponibles le plus tôt possible, dès 2015. Ils tireront parti de façon optimale des très grandes possibilités de production de biomasse. Les quantités croissantes de biomasse, une fois mises à profit les possibilités d'utilisation par les réseaux de chaleur à un prix abordable, seront disponibles pour produire ce biocarburant de seconde génération, utilisant la plante entière, y compris la cellulose et, pour certains, la lignine. Dans une première phase, le rendement de production sera un peu inférieur à 2 tep par hectare et par an, puis les processus de production utiliseront de la chaleur venant de centrales nucléaires ou de chaudières au charbon avec séquestration du gaz carbonique de façon à doubler et même tripler le rendement de production. Électricité et biocarburant couvriront alors plus des trois quarts des besoins d'énergie du transport hors rail.

L'État et les communes font désormais des choix d'équipement public (voies ferrées, canaux) et d'organisation urbaine (plans locaux d'urbanisme, plans locaux de déplacement, urbanisme commercial, etc.) en ligne avec la politique de forte diminution des émissions de gaz à effet de serre. Lorsqu'une évaluation économique est possible, elle se fait en supposant que le prix du pétrole est à 100 $/bl et avec un «taux d'actualisation» qui permet de ne pas «écraser» les dépenses des années futures. Les décisions sont fortes (aménagement urbain, pistes cyclables, règlement d'urbanisme et urbanisme commercial, transports en commun, etc.), mais leurs effets ne se font sentir que très progressivement.

La population, sans avoir le sentiment de changer de civilisation ni de remettre en question son genre de vie, se rend compte que peu à peu sa consommation d'énergie fossile diminue. Sans se l'avouer, les Français ne sont pas mécontents que la France soit citée en exemple et que la presse de certains pays, notamment riverains de la Méditerranée, la remercie de faire ce qu'elle peut pour lutter contre le changement climatique.

Tout n'évolue pas à la même allure. Ce sera d'abord l'utilisation de la biomasse comme chaleur, les économies d'énergie et l'utilisation de l'électricité dans le chauffage pour les pompes à chaleur. Puis monteront en puissance l'utilisation du biocarburant de seconde génération, les véhicules bi-énergie et l'utilisation de l'électricité pour le chauffage «de base» avec un appoint fioul ou gaz.

... indiquant une direction

Dans trente ans, la consommation de biocarburant atteindra-t-elle 20 Mtep ou seulement 15 Mtep? La consommation de

Figure 5

D'aujourd'hui à demain, économies d'énergie
et utilisation d'énergie non fossile

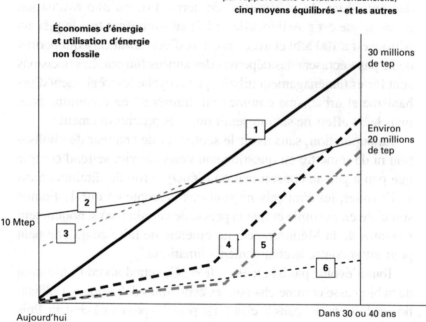

Dans le transport, le résidentiel et le tertiaire
pour diminuer notre consommation
d'énergie fossile de 90 millions de tep
par rapport à une évolution tendancielle,
cinq moyens équilibrés – et les autres

Économies d'énergie
et utilisation d'énergie
non fossile

30 millions
de tep

Environ
20 millions
de tep

1

2

10 Mtep

3

4   5

6

Aujourd'hui

Dans 30 ou 40 ans

1. Économies d'énergie par rapport à la tendance
2. Électricité dans le chauffage
3. Biomasse dans le chauffage
4. Biocarburants
5. Électricité dans le transport sur route
6. Autres : solaire, géothermie, déchets

L'utilisation du biocarburant ne se développera vraiment que lorsque les techniques nouvelles seront industrialisées. Auparavant, la biomasse sera utilisée de plus en plus comme source de chaleur. L'utilisation de l'électricité dans le transport se fera surtout dans la deuxième période lorsque le prix des batteries pourra bénéficier davantage des progrès techniques. L'utilisation de l'électricité lorsque l'on disposera de capacités nucléaires suffisantes.

biomasse pour le chauffage du secteur résidentiel et tertiaire pla-fonnera-t-elle à 16 Mtep ou seulement à 12 Mtep? Sera-t-il pos-sible de construire trois tranches nucléaires par an ou seulement deux? Les distances parcourues par les véhicules avec de l'énergie électrique seront-elles le tiers ou le quart du total des distances par-courues? Certes, le volume des émissions de gaz carbonique en dépend. Mais, au fond, aujourd'hui, que l'on vise d'ici trente ans une division des émissions par deux ou par trois, ce n'est pas telle-ment la question, et il serait peu utile de passer trop de temps à dis-cuter sur ces chiffres si l'on est d'accord sur la direction à prendre.

Pour aller dans cette direction, il serait illusoire de s'en remettre au marché! Il faudrait que le pétrole soit au moins à 100 $/bl et s'y maintienne durablement. Les entreprises, constructeurs d'automo-biles ou producteurs de carburants, *ne peuvent pas* investir en recherche ni *a fortiori* en installations industrielles en prévoyant qu'il en soit ainsi. Par contre, si les forces du marché (c'est-à-dire l'innovation et le goût d'entreprendre puissamment stimulés par la perspective de gagner de l'argent) sont fermement orientées et canalisées par les décisions de l'État, la dynamique concurrentielle permettra d'obtenir des résultats bien meilleurs que ceux qui peu-vent être imaginés dans un bureau. Il appartient au pouvoir poli-tique de fixer cette orientation, de poser des barrières et de mettre en place là où il le faut les incitations juste nécessaires.

Le prix de l'énergie à la consommation finale, le coût pour les ménages

Pour éviter l'émission d'une tonne de carbone d'origine fossile, il faudra dépenser davantage que si l'on ne s'en préoccupait pas. La différence est ce que j'ai appelé le «coût du carbone», exprimé en euro par tonne de carbone fossile (€/tC). Les chapitres II et III ont montré qu'il est possible de diviser par trois nos émissions de gaz carbonique pour un coût de 27 à 30 milliards d'euros (valeur

2006) par an dans l'hypothèse où le pétrole est à 50 $/bl – moins que cela si l'on se limite à une division par deux. Ce coût est un coût hors TVA. Ce programme ne concerne pas les entreprises soumises à la concurrence internationale pour qui l'énergie représente un poste important de dépense. Il porte donc essentiellement sur les transports et sur le chauffage du secteur résidentiel et tertiaire. Le coût du programme sera donc supporté *in fine* par les consommateurs et les contribuables.

Lorsque l'État choisit la méthode réglementaire, les ménages ont à payer le surcoût augmenté de la TVA, soit 35 milliards d'euros par an.

Lorsque l'État choisit la méthode de la « fiscalité pure », un « impôt climat » sur l'énergie fossile est créé de façon qu'il ne soit plus besoin ni d'incitations financières ni de réglementation. Si le pétrole est à 50$/bl, l'impôt sera de 400 €/tC sur les 23 millions de tonnes d'énergie fossile consommées par les transports et par le secteur résidentiel et tertiaire, soit 9,2 G€. En tout, TVA comprise, les ménages auront alors à dépenser *44 G€ de plus* qu'en l'absence d'une politique de diminution des émissions. Le coût réel du programme sera de 28 G€, non de 44 G€, puisque ce montant comporte des impôts qui « toutes choses égales par ailleurs » devraient permettre d'en diminuer d'autres. Il n'empêche que les ménages verront, eux, que le prix de l'énergie augmente et qu'ils dépensent chaque année, pour la consommer ou pour l'économiser, 44 G€ de plus que sans cet « impôt climat ».

Pourtant, même en comptant de la façon la plus large le coût de la lutte contre l'effet de serre tel qu'il sera ressenti par les ménages, celui-ci sera bien *inférieur à 10% de l'augmentation de leurs revenus*[1].

Cette augmentation des dépenses pourrait être bien supportée si l'on ne perd pas de vue les raisons pour lesquelles cette baisse

---

1. Le revenu des ménages représente 60 % du PIB. Au chapitre III, on a calculé que le PIB en trente ans pourrait augmenter de 1 000 G€ ; le revenu des ménages aura alors augmenté de 600 G€.

de consommation d'énergie fossile est nécessaire. Mais il ne faudrait pas que cela mette en grande difficulté les ménages qui ont de faibles revenus. C'est pourquoi, dans le plan proposé ici, il est prévu d'utiliser une partie de l'impôt climat pour *verser une somme forfaitaire aux ménages dont les revenus sont les plus faibles*, quelle que soit leur consommation réelle d'énergie. Cette somme serait égale au montant de l'«impôt climat» correspondant à une quantité forfaitaire d'énergie.

Combiner impôts, subventions et réglementation

Réglementations et subventions demandent une forte implication de l'administration dans l'examen de cas particuliers, ce qui est générateur de lourdeurs et de risques d'erreurs. Pour l'éviter, la meilleure méthode est la création d'un impôt à un niveau qui les rend inutiles. Mais il n'est pas question de créer d'emblée un impôt qui porte le prix du fioul à 980 €/m^3 et celui du gazole à 1,45 €/l. Dans une longue phase intermédiaire l'impôt sera donc insuffisant pour rendre inutiles réglementations et subventions : il faudra alors combiner tout cela, avec des obligations assorties de possibilités de «marché de respect de l'obligation».

J'ai montré que, une fois fixé l'objectif de réduction des émissions, le programme d'action *ne dépend pas du prix du pétrole*[1]. En revanche, le coût du programme et le montant des impôts en dépendent. Le prix de l'énergie à la consommation finale dépend dans une certaine mesure du prix du pétrole, sauf si la méthode employée par l'État est celle de la fiscalité pure, sans subventions ni réglementation. Il faut donc faire une hypothèse sur l'évolution du prix du pétrole.

J'ai déjà dit pourquoi le prix du pétrole pourrait repasser au-dessous de 50$/bl. Mais il se peut que les pays producteurs, à

---

1. Voir le chapitre V.

l'encontre d'une logique de marché, décident de maintenir le prix de l'énergie à un niveau élevé. Je ferai donc deux hypothèses sur le prix du pétrole. Selon la première, son prix baisse de 65 $/bl[1] jusqu'à 50 $/bl en dix ans puis reste constant. Selon la seconde, il reste constant à 65 $/bl, toutes ces valeurs étant en monnaie constante. Faut-il préciser qu'il ne s'agit pas de prévisions ?

Trois scénarios

Entre fiscalité, réglementations et incitations, c'est le pouvoir politique qui déterminera le bon équilibre. Voici trois scénarios sur les trente ou quarante ans à venir conduisant à une division par trois de nos émissions.

Dans le premier scénario, vers une « fiscalité pure », en fin de période l'impôt sur l'énergie fossile suffit pour que l'on n'ait plus besoin de réglementation ni d'incitation financière ou fiscale. Entre-temps, une partie du produit de cet impôt sert à financer des incitations pour accélérer les économies d'énergie et le remplacement d'énergie fossile par d'autres formes d'énergie. Le produit de l'impôt est également utilisé pour pallier les difficultés rencontrées par les ménages qui ont de faibles revenus. Une partie pourrait financer les dépenses de recherche et de développement de nouvelles techniques (biocarburant et voiture hybride rechargeable) ; le reste est restitué aux ménages soit par une baisse générale des impôts, soit par une augmentation de la dotation aux communes dont les décisions ont pour effet de diminuer les émissions de gaz à effet de serre.

Dans un deuxième scénario, l'« impôt climat » est juste suffisant pour financer d'une part les incitations à économiser ou à remplacer l'énergie fossile et d'autre par les aides aux ménages qui ont très peu de ressources.

---

1. Au mois d'août 2006, le prix spot est monté à 78 $/bl. Un mois plus tard, il était à 60 $/bl. Quel sera-t-il dans un an ? Nul ne le sait.

Un troisième scénario est intermédiaire entre les deux précédents.

Dans les trois scénarios, *l'impôt sera ajusté de façon que le prix augmente progressivement.* Dans les premières années, il n'aura pas d'effet sur le volume de la demande. Sa fonction sera plutôt de financer les aides financières ou fiscales accordées à ceux qui économisent les produits pétroliers et le gaz ou les remplacent par d'autres formes d'énergie. Ces incitations compenseront la différence entre les dépenses qui permettent d'économiser de l'énergie fossile et le coût de l'énergie fossile : elles diminueront donc au fur et à mesure que la hausse de l'impôt sur l'énergie fossile rendra celle-ci plus coûteuse, mais leur assiette s'élargira à proportion des quantités d'énergie fossile évitée. Dans les trois scénarios, l'impôt climat s'applique également à toutes les formes d'énergie fossile (fioul, gaz ou carburant pétrolier). Il sera différent d'un scénario à l'autre.

À ce couple impôts-subventions s'ajoutera une réglementation : l'obligation faite aux distributeurs de carburant de remplacer une certaine quantité de gazole ou d'essence par de la biomasse, soit en incorporant du biocarburant, soit en finançant l'utilisation thermique de biomasse ; c'est une proposition que j'ai présentée et commentée au chapitre VI pour multiplier par trois ou quatre l'efficacité de l'effort demandé au contribuable et au consommateur de carburant. Dans ces scénarios, le surcoût est intégralement répercuté dans le prix du carburant, sans exonération fiscale.

J'ai donc calculé, pour ces trois scénarios (qui se différencient par le niveau des impôts) et pour les deux hypothèses sur les prix du pétrole, l'évolution du prix du carburant et du prix du fioul, le montant des impôts, le montant des aides pour économiser l'énergie ou remplacer l'énergie fossile, le montant des restitutions forfaitaires faites aux ménages ayant de faibles revenus et enfin les sommes disponibles pour d'autres usages (financement de la recherche, complément de dotation aux collectivités territoriales par exemple). On trouvera un détail des résultats en annexe.

211

Les résultats de ces scénarios : prix de l'énergie,
produit de l'impôt

– **Le prix du carburant** à la pompe : il est à peu près le même
en fin de période dans tous les scénarios : de 1,39 à 1,45 €/l selon
le scénario, avec la TIPP du gazole. Ce prix dépend du coût de
production du biocarburant, du coût du véhicule hybride (batterie
comprise) et du prix de l'électricité. Il ne dépend pas du prix du
pétrole.

– **Le prix du fioul et du gaz** : en fin de période, en cas de fiscalité pure, le prix du fioul est indépendant du prix du pétrole, au
niveau de 980 €/m³ de fioul. Si l'impôt est calculé pour pouvoir
juste financer les dépenses générées par le programme de diminution de la consommation d'énergie fossile, le prix du fioul dépend
du prix du pétrole : avec un pétrole à 50 $/bl, il sera de 830 €/m³ ;
avec un pétrole à 65 $/bl, il sera de 880 €/m³. Le prix du gaz suit la
même évolution que celui du fioul. En fin de période il serait à 80
ou 85 €/MWh.

– **La restitution forfaitaire de l'impôt aux ménages à
faibles revenus** : elle serait calculée sur une quantité forfaitaire
d'énergie[1]. Seulement pour avoir un ordre de grandeur, on peut
prendre l'hypothèse d'une restitution sur 500 litres de carburant
et l'équivalent de 700 litres de fioul à 20 % des ménages, indépendamment de la consommation effective de ces ménages. Le
montant de ces restitutions serait de 0,8 à 1,6 milliard d'euros
selon les hypothèses.

– **Le produit de l'impôt** : il dépend énormément de la politique choisie et du prix du pétrole ; en fin de période il sera dans
une fourchette de 4,1 à 9 milliards d'euros par an. La part disponible après incitations financières et restitution aux ménages à

---

1. Cette dotation, qui *ne dépend pas* de la quantité d'énergie fossile
consommée, conserve à l'impôt son pouvoir d'inciter le consommateur à
consommer moins d'énergie fossile.

faibles revenus se situe dans une fourchette de 0 à 7,3 milliards d'euros.

Des décisions politiques pour créer un cadre stabilisé

Les simulations présentées plus haut permettent de se rendre compte des ordres de grandeur et de la sensibilité des prix à différents facteurs.

Pour le carburant, passer de 1,10 €/l à 1,45 €/l en trente ans (en appliquant la taxe intérieure, TIPP, du gazole sur tout le carburant, y compris le biocarburant, et en mettant un impôt climat sur le carburant fossile), ce serait une augmentation de 1 centime d'euro par litre chaque année en monnaie constante. On rappelle que la valeur de 1,45 €/l dépend du coût de production du biocarburant, du coût des véhicules hybrides et du prix de l'électricité, non du prix du pétrole. En monnaie courante, si l'inflation est de 1,5 à 2 %, on peut donc parler d'une hausse de 3 centimes par litre chaque année, 2 pour l'inflation et 1 pour le climat pourrait-on dire.

Le prix du fioul ou du gaz sera plus élevé si l'État a choisi de faire progressivement monter le niveau de l'impôt jusqu'à rendre inutiles les incitations financières et la réglementation. Dans ce cas le prix du fioul serait dans trente ans de 980 €/m³ TTC et celui du gaz de 80 €/MWh, indépendants du prix du pétrole. Cela peut paraître élevé, mais c'est une augmentation de 10 €/m³ ou 1 €/MWh chaque année seulement, toujours en monnaie constante (trois fois plus en monnaie courante peut-être), ce qui laisse le temps de s'adapter en diminuant la consommation d'énergie ou en remplaçant ces formes d'énergie par d'autres qui seront alors moins chères (biomasse, solaire, électricité, etc.). Par ailleurs, les faibles revenus reçoivent une dotation forfaitaire compensatrice.

Dès lors, un impôt suffisant pour rendre inutiles subventions et réglementations présente tellement d'avantages lorsque la consommation d'énergie fossile a déjà beaucoup diminué que c'est probablement le but à rechercher, les subventions et les réglementations restant nécessaires dans une – longue – phase transitoire[1].

Voici donc un ensemble possible de décisions, relevant du pouvoir politique, qui conduiraient de la situation d'aujourd'hui jusqu'à une situation où les émissions auront été divisées par deux ou trois – ces décisions combinent réglementation, subventions et fiscalité :

- La loi fait obligation aux distributeurs de carburants de financer l'utilisation énergétique de la biomasse à proportion de leurs ventes de carburants. Pour cela ils pourront incorporer du biocarburant ou financer l'utilisation thermique de biomasse. Les obligations augmentent progressivement.

- Un «impôt climat» est créé sur le gaz et les produits issus du pétrole. Il est calculé chaque année de façon que le prix à la consommation finale du carburant, du fioul et du gaz suive une trajectoire annoncée très longtemps à l'avance. Il dépend donc du prix du pétrole, sans pouvoir pourtant être négatif (compte tenu de l'état des finances publiques). En moyenne ce sera une augmentation, chaque année, de 0,01 € par litre d'essence ou de fioul en monnaie constante et l'équivalent pour le gaz.

C'est donc le prix de l'énergie fossile à la consommation finale (non le niveau de l'impôt) qui est fixé par l'État[2].

- Le prix de l'électricité à la consommation finale sera également décidé par l'État, en relation directe avec le prix de revient d'une électricité nucléaire.

- Une politique de subvention : parallèlement, l'État décidera que toutes les actions qui seraient intéressantes si le prix du pétrole était de 100 $/bl recevront une aide financière ou fiscale permet-

---

1. J'ai montré, chapitre VI, que la méthode de la «fiscalité pure» est brutale lorsque la consommation d'énergie fossile est importante.

2. À strictement parler, le prix fixé par l'État est un prix minimal : le prix effectif de l'énergie fossile pourra être supérieur au prix cible fixé par l'État si le prix du pétrole est, conjoncturellement, très élevé.

tant d'équilibrer leur coût avec celui de l'énergie fossile. S'agissant de biomasse, les actions ne seront soutenues que si elles permettent d'éviter l'émission de plus de 2 tonnes de carbone par hectare et par an.

Cela fixera un cadre connu longtemps à l'avance, conduisant à une situation de forte autonomie énergétique, un cadre dont la stabilité sera très favorable à l'initiative individuelle.

Encore faut-il que les acteurs privés aient suffisamment confiance dans la stabilité annoncée ; pour cela l'État aurait avantage à donner des gages. Par ailleurs, il doit suppléer le marché lorsque celui-ci ne peut pas s'approcher d'une situation optimale.

Une politique pour l'électricité ; une politique pour le bois

L'électricité et le bois, voilà deux secteurs économiques qui peuvent fournir de l'énergie en abondance et où le jeu de la concurrence ne conduit pas à l'optimum.

J'ai déjà abordé la question de l'électricité. Dans un marché concurrentiel, compte tenu de l'importance des investissements unitaires, seules de très grosses entreprises peuvent investir dans le nucléaire ; elles formeront donc un oligopole ; la concurrence ne conduit pas à un optimum et les prix seront plus élevés que ceux qu'il est possible d'obtenir d'un monopole régulé. Les émissions de gaz carbonique seront réduites à moindre coût si l'État fait en sorte que soit engagée sans attendre la construction de centrales nucléaires à un rythme suffisant, et si le prix de l'électricité est fixé par l'administration comme elle le fait aujourd'hui, en relation avec le coût complet de l'électricité produite par un parc optimal.

Quant au bois, une augmentation du prix du bois induira parfois une augmentation de l'offre, mais, le plus souvent, on constate que l'offre de bois est indépendante du niveau des prix. Si la demande devient plus forte, le propriétaire, s'il n'est pas tenu de vendre des arbres pour des motifs de sylviculture ou pour répondre à des besoins financiers, peut fort légitimement se dire qu'il a intérêt à attendre que les prix continuent de monter. Or la forêt pourrait donner beaucoup plus qu'elle ne donne aujourd'hui. L'activité forestière trouverait une plus grande vitalité si elle pouvait disposer de financements adaptés aux caractéristiques très particulières de la sylviculture, à savoir de grandes périodes de dépenses entre-coupées de moments de recettes, lorsque des bois sont vendus, au rebours des séquences financières les plus courantes en matière d'investissement, c'est-à-dire des moments de dépenses et des périodes de recettes. Si les propriétaires disposaient de financements adaptés, c'est-à-dire remboursables, intérêts et capital, au moment de la coupe des bois, ils pourraient entreprendre de nouvelles actions de sylviculture. Or toute opération de sylviculture libère du bois, tout de suite et à terme. Dans la forêt, les gens savent qu'il ne faut pas demander le bois pour l'obtenir ; il vaut mieux faire en sorte que le sylviculteur ait le projet et les moyens de faire de la sylviculture. Pour dégager les volumes prévus dans les scénarios de forte diminution des émissions, il faudra sans doute mettre en place des financements conformes aux caractéristiques de la forêt – ces financements ne sont pas des aides. S'ils disposent de ce financement, les acteurs de la forêt et du bois sauront en effet trouver les accords commerciaux qui permettront de « mobiliser » beaucoup plus de bois qu'aujourd'hui [1].

Inspirer confiance aux entreprises : un verrou à faire sauter

Voitures bi-énergie, biocarburant utilisant la « plante entière », caractéristiques des bâtiments neufs, chaufferies au bois, réseaux de chaleur, etc.: dans tous les cas, une offre industrielle demandera plusieurs années de travail. C'est donc dès maintenant qu'il faudrait pousser les recherches et les mises au point techniques,

---

1. On peut se référer à *L'Économie de la forêt. Mieux exploiter un patrimoine*, voir la bibliographie en annexe.

négocier les licences, construire des démonstrateurs et des pilotes, tester les marchés. Tout cela coûte cher. Or le chef d'entreprise qui engagerait de lourds investissements pour répondre à la demande de marchés qui, sans intervention de l'État, ne s'ouvriraient que si le pétrole montait et se maintenait durablement à 100 $/bl (valeur 2006) serait plus qu'imprudent.

Que l'État s'engage concrètement et financièrement sur le respect durable de sa politique déclarée

Après avoir exposé son projet à long terme, l'État pourrait ainsi continuer, s'adressant aux entreprises : « Vous m'avez dit que vous pourriez vendre des véhicules hybrides rechargeables ou du bio-carburant si le prix de l'électricité était à tel niveau et celui du carburant à la pompe à tel niveau[1]. Je suis décidé à faire en sorte qu'il en soit ainsi mais je comprends parfaitement que vous soyez obligés de tenir compte de l'éventualité que la politique change avant que vos investissements n'aient été rentabilisés. Il faut faire des travaux de recherche, il faut investir dès maintenant. Comme la technique est connue et que le risque est uniquement commercial, et comme ce risque dépend uniquement des décisions que je prendrai », poursuivrait l'État, « je finance complètement les dépenses de mise au point des procédés industriels nouveaux. Je ne vous accorde pas une subvention, mais une avance que vous me rembourserez complètement avec intérêts si, avec un "impôt climat", j'ai porté le prix du carburant à la consommation finale au niveau sur lequel nous nous sommes mis d'accord et si j'ai maintenu le prix de l'électricité au niveau convenu. Sinon vous me rembourserez seulement en partie, selon une formule qui vous permet de ne pas supporter un risque qui dépend de mes propres décisions. »

---

1. Ce niveau dépend de considérations techniques ; il doit faire l'objet d'un accord avec les industriels.

Il pourrait s'agir de «prêts participatifs», c'est-à-dire des prêts non garantis, des «quasi-fonds propres» dont le taux d'intérêt et la durée de remboursement seraient fonction du prix de l'énergie à la consommation finale.

Le financement des entreprises sur fonds publics est sévèrement contrôlé par les autorités de la concurrence de l'Union européenne. Cela se comprend fort bien, mais, en l'espèce, c'est l'État qui crée les marchés au bénéfice d'énergies non fossiles pour laisser une bonne partie de l'énergie fossile sous terre, au rebours d'une dynamique du marché qui fera de son mieux pour que l'on épuise les ressources en énergie fossile. Il y a là une question de cohérence. Il ne suffit pas que l'État crée un cadre permettant au marché de jouer dans le sens de l'intérêt général. Il doit aussi assumer le «facteur temps» et sécuriser non seulement le présent mais aussi le futur aux yeux des entreprises. Pour qu'il suscite une confiance suffisante, il n'a pas d'autres moyens que de donner des gages.

Si le pays s'était engagé résolument sur une voie de forte diminution des émissions, il y a longtemps qu'aurait été présenté un modèle de voiture hybride rechargeable et il y a longtemps qu'aurait été construit un pilote industriel de production de biocarburant par gazéification et synthèse (la technique d'hydrolyse enzymatique n'est sans doute pas encore assez avancée). Le marché dépendant uniquement des décisions de l'État, il appartient à l'État de prendre entièrement le risque du financement de ces travaux : les discours qui se lamentent sur le défaut d'initiative des industriels ne sont pas pertinents.

Alors les règles de financement de la recherche et du développement telles qu'elles sont imposées par l'Union européenne, qui limitent à 50 % les financements publics, devront avoir été modifiées ou ne s'appliqueront pas car on considérera qu'il s'agit de répondre à des objectifs de santé publique et de sécurité publique. Le financement pourra provenir de l'impôt climat.

L'équité

Lorsque l'État prend des décisions qui se traduisent par une augmentation des dépenses, il doit veiller à ne pas créer des situations inéquitables.

Le sentiment d'inéquité apparaît lorsque l'on se sent moins bien traité qu'un autre en situation comparable ou lorsque l'on se trouve surpris par une décision soudaine.

Chacun comprendra qu'un tel programme de réduction des émissions ne doit pas créer des charges nouvelles sur des entreprises confrontées à une concurrence qui n'est pas soumise aux mêmes contraintes. Quant aux personnes et aux entreprises touchées par ce programme, les critères d'évaluation que nous avons présentés permettront de vérifier qu'aucun utilisateur ni aucune forme de l'énergie n'est considérée de façon privilégiée : s'agissant de l'utilisation de fonds publics, ce point est sensible. La règle est simple : seront aidées les actions qui seraient intéressantes avec un pétrole à 100 $/bl et, pour ce qui est de la biomasse, qui permettent une économie de plus de 2 tonnes de carbone fossile par hectare et par an.

La construction de centrales nucléaires ne peut être acceptée que si les Français savent que cela leur permettra à la fois de diminuer les émissions de gaz à effet de serre et de bénéficier de tarifs beaucoup plus favorables, sans que la « rente nucléaire » n'aille grossir démesurément les bénéfices des entreprises.

En procédant de façon progressive et en annonçant longtemps à l'avance l'évolution des impôts et des réglementations, l'État donnera à chacun la possibilité de s'adapter. En choisissant une méthode qui associe l'impôt et l'incitation financière, il atténue dans les premières années la charge supportée par les ménages ; nous avons vu qu'elle est, au total, modeste par rapport à l'augmentation moyenne du revenu des ménages. Il pourra y avoir aussi des interventions plus ciblées, par exemple pour financer des économies d'énergie ou toute autre dépense permettant de diminuer les besoins de consommation d'énergie, comme un déménagement qui rapproche de son lieu de travail ou d'une desserte par transport en commun.

S'ajoute à cela une dotation forfaitaire, indépendante de la quantité d'énergie effectivement consommée, aux plus faibles revenus.

L'équipement public

Les administrations publiques et les établissements publics représentent environ la moitié de ce que l'on appelle le secteur tertiaire. C'est dire l'effet des investissements et de la gestion des administrations sur le total des émissions de gaz carbonique.

Quant à la consommation d'énergie par les ménages et par les entreprises, elle dépend non seulement du prix de l'énergie et des réglementations, mais aussi de l'équipement public, de l'équilibre entre routes, voies ferrées et voies navigables, du développement des transports en commun en ville, de l'urbanisme commercial qui mettra les commerces en centre-ville ou en périphérie, de l'aménagement de pistes cyclables, de la densité des habitations et de leur situation par rapport aux gares de chemin de fer, etc.

Les investissements publics seront évalués en prenant comme hypothèse que le pétrole coûte 100 $/bl (et sans compter alors de «coût du carbone») et avec un taux d'actualisation de 4 % en monnaie constante.

L'État contractera avec les collectivités territoriales dont l'action a un effet favorable sur la consommation d'énergie d'origine fossile. Il pourra utiliser pour ce faire une partie du produit de l'impôt climat.

Le cadre étant fixé, vive l'initiative individuelle !

La préoccupation au sujet de l'effet de serre se diffuse et se renforce. L'annonce et la réalité d'une politique publique, avec un but, avec un « impôt climat » et la hausse programmée du prix de l'énergie rendront le consommateur et le contribuable conscients, non seulement du problème, mais aussi des efforts à faire pour y répondre.

Sur ce registre de la sensibilisation et de l'éducation, le rôle de l'Éducation nationale est important, bien sûr, celui des médias aussi, mais l'État et les collectivités territoriales veilleront à « ne pas trop en faire » : les Français sont des gens adultes et n'aiment pas trop que les pouvoirs publics leur disent ce qu'il faut penser et où est le bien et où est le mal.

Néanmoins l'État a parmi ses responsabilités générales de faire en sorte que l'information délivrée soit exacte, autant que possible, qu'il s'agisse du service public de radio et de télévision ou de l'information donnée par un fournisseur à un client ou par un propriétaire à son locataire, là où la loi parle de « loyauté des annonces ». Cette responsabilité de l'État trouve ici à s'exercer particulièrement, tellement les annonces qui invoquent la lutte contre l'effet de serre sont nombreuses, insistantes et parfois plus qu'approximatives. Mais, là aussi, à vouloir rendre obligatoires trop d'informations, on créerait des rentes de situation et on alourdirait les coûts, surtout si l'on veut que ceux qui délivrent l'information ou ceux qui en vérifient l'exactitude soient agréés par l'État.

Le cadre étant ainsi fixé et connu, les prix à la consommation finale de l'énergie – fioul, gaz, carburant et électricité – étant déterminés à l'avance par la volonté de l'État indépendamment du prix du pétrole, les règles d'attribution des subventions ou autres incitations publiques étant simples et publiées, l'initiative privée, multiple et imaginative, pourra se donner libre cours car ce qui freine surtout l'initiative, ce ne sont pas les obstacles, c'est d'abord l'incertitude.

221

Il est impossible de prévoir ce qui se passera alors. Il se peut que l'on aille vers quelque chose qui ressemble à l'un des tableaux de ressources et d'emplois de l'énergie présentés au chapitre II ; mais il se peut aussi que l'évolution soit différente. Il se peut par exemple que le travail se rapproche du logement, notamment par le développement du télétravail, que des véhicules urbains très économes conquièrent le marché, que les gens se mettent à préférer massivement les transports en commun, diminuant beaucoup la consommation d'énergie pour le transport. Tant mieux ! Il ne s'agissait pas ici de faire une prévision qui prétendrait être exacte mais de montrer une évolution possible, pour inviter à s'engager dans le mouvement.

CHAPITRE IX

L'Union européenne et la gouvernance mondiale : au-delà de Kyoto

L'Union européenne

Ce serait rendre un bien mauvais service à l'Union européenne que d'attendre d'elle plus que ce qu'elle peut donner. D'une part, ce serait exonérer les États de responsabilités qui sont les leurs ; d'autre part, ce serait créer des déceptions dont le projet de construction européenne souffrirait.

Or les chapitres précédents ont montré que presque toutes les mesures utiles pour beaucoup diminuer les émissions du transport et des secteurs résidentiel et tertiaire relèvent des États.

La fiscalité, la sécurité d'approvisionnement en énergie, la solidarité, l'utilisation des ressources nationales, relèvent de la souveraineté des États. L'urbanisme, l'aménagement du territoire, les équipements publics, l'animation locale, l'éducation, sont également de la responsabilité nationale. Les instances communautaires, Commission européenne et Cour de justice, auront à vérifier que les décisions nationales ne conduisent pas à enfreindre les règles communautaires plus qu'il n'est nécessaire pour atteindre les objectifs recherchés. Parmi toutes les décisions évoquées dans les chapitres précédents, il en est peu qui pourraient faire l'objet d'un tel contrôle. Le régime de l'électricité suscitera l'opposition de tous ceux qui, au sein de la Commission ou ailleurs, ne jurent que par le marché et la concurrence en oubliant souvent à quelles conditions ils sont efficaces[1]. Une autre disposition serait contraire aux règles européennes : le financement des recherches et des développements industriels sur des techniques et des produits dont les marchés seront créés par des décisions de l'État. Or il serait tout à fait cohérent que le risque de financement soit pris par l'État, ce qui n'entre pas dans les canons européens. Il faudra donc argumenter.

L'Union européenne devrait s'abstenir de prendre des décisions qui sont peut-être opportunes pour quelques États membres mais qui, en France, ont un effet contraire au but recherché. Tel est le cas de cet objectif étrange de produire plus de 21 % d'électricité à partir d'énergie renouvelable. J'ai suffisamment montré qu'il est impossible de diviser par deux ou trois nos émissions en respectant cet objectif dont la genèse s'explique sans doute beaucoup mieux par une opposition à l'énergie nucléaire que par le souci de lutter contre le changement climatique.

Elle devrait aussi s'abstenir de monter des dispositifs qui pénalisent l'industrie sans aucun profit pour le climat, tel ce marché des quotas de gaz carbonique : où donc est l'avantage d'encourager nos industries qui émettent du gaz carbonique à s'implanter en Chine ou en Inde ou dans les pays producteurs d'hydrocarbures ? On a malheureusement l'impression qu'un tel dispositif a été monté dans le seul but de « faire quelque chose » au niveau européen, quelque chose qui s'impose aux États, d'une part, et qui puisse être montré en exemple à l'étranger, d'autre part. En fait de démonstration, ce dispositif aura surtout montré qu'il ne peut pas donner de bons résultats sans une longue prévisibilité et, surtout, sans une protection de type douanier. Fallait-il en faire l'expérience pour s'en rendre compte ; faut-il prolonger l'expérience pour en avoir une confirmation encore plus cuisante ?

Cela dit, le rôle de l'Union européenne est essentiel de plusieurs façons.

---

1. J'ai montré au chapitre VII que le droit européen ne s'oppose pas *a priori* à ce que la production d'électricité soit assurée par un monopole contrôlé par l'État.

Tout d'abord, les instances européennes sont des lieux extrêmement favorables d'échanges d'expériences, dans un esprit constructif, chacun recherchant ce qu'il peut trouver de mieux dans les réalisations des autres pays, qu'il s'agisse de techniques ou d'administration publique : équilibre entre la fiscalité, la réglementation et les incitations, relations entre l'État et les régions, etc.

Les outils normatifs de l'Union européenne seront parfois utiles. Il importe peu que les normes de construction soient différentes d'un État membre à l'autre. Par contre, par souci d'efficacité, les normes que doivent respecter les véhicules doivent être harmonisées sur tout le territoire de l'Union européenne.

L'impôt sur l'énergie fossile peut fort bien être différent d'un État membre à l'autre, de même que les péages d'autoroutes ou les droits de stationnement. Par contre l'impôt sur le gazole consommé par les transports routiers a une telle incidence sur le prix de revient du transport qu'il vaudrait mieux qu'il soit harmonisé au plan européen. On pourrait en faire d'ailleurs un « marqueur » de la réalité d'une volonté commune de lutter contre l'effet de serre : l'Union européenne est-elle en mesure de faire monter progressivement le prix à la consommation finale du gazole utilisé par les camions jusqu'à 1,45 €/litre en trente ans ? Tant que la réponse sera négative, l'Union européenne montrera qu'elle n'est pas réellement déterminée à lutter contre l'effet de serre. Cela ne veut pas dire qu'aucune partie de l'administration européenne ou qu'aucun État ne veut agir, mais que l'Union européenne, en tant que telle, n'est pas encore en mesure de définir une politique.

L'Union européenne a également un rôle déterminant en matière de recherche et de développement : captage et stockage de gaz carbonique, cellules photovoltaïques, variétés végétales hautement productrices de biomasse, etc. Il y a plus important encore : bâtir une véritable capacité industrielle européenne. Mais, là, il faut un mode de coopération qui réponde au caractère stratégique de ce qui est en jeu.

Il ne s'agira pas des « coopérations renforcées » qui, peu à peu, ont été rendues quasiment impraticables par les traités de Nice et d'Amsterdam et par le projet de traité constitutionnel tellement les conditions qu'elles doivent respecter sont lourdes et malcommodes : il faut que plus d'un tiers des États membres y participent et que la preuve ait été faite qu'une coopération communautaire n'est pas possible, sans que l'on sache exactement par qui et comment cette preuve peut être donnée. Puis cette coopération renforcée est placée sous le contrôle étroit des institutions communautaires, Commission et Parlement. Une fois qu'elle a commencé, tout pays qui veut y participer en a le droit sans que l'accord des pays participants ne soit requis, etc. Jamais Airbus, ni la fusée Ariane, ni les actions Eureka, ni les accords de Schengen, ni le corps d'armée européen, ni la coopération en matière d'armement, ni les négociations sur la Yougoslavie n'auraient été possibles avec un tel dispositif.

Un terrain où l'Union européenne sera en général beaucoup plus efficace et influente que les États individuellement est celui de la gouvernance mondiale. Sauf exception (la production d'électricité nucléaire pourrait être une exception), c'est l'Union européenne qui doit négocier les accords internationaux. Elle sera plus forte si elle se présente avec la richesse des spécificités et des compétences de chacun de ses États membres que si elle veut les fondre dans un même moule.

La gouvernance mondiale

Si l'on ne se préoccupait pas de l'effet de serre, la consommation d'énergie continuerait d'accompagner le développement économique comme elle l'a toujours fait depuis deux cents ans. Les pays industrialisés entendent bien continuer à se développer ; l'Union européenne elle-même s'est donné des objectifs ambitieux (les « objectifs de Lisbonne »), et les pays en développement seraient heureux de suivre l'exemple de la Chine. Depuis deux ans, la consommation de pétrole est supérieure à ce qui avait été prévu.

226

Les prix ont donc augmenté, ce qui aura peut-être un effet sur la demande, lorsque les banques centrales, inquiètes de voir monter l'indice général des prix, rendront le crédit plus cher. Du côté de l'offre, la hausse des prix du pétrole, qui entraîne le prix du gaz et aussi celui du charbon, encourage les investisseurs à accélérer la mise en exploitation de gisements connus et à se tourner davantage vers le charbon ; or celui-ci, pour une même quantité d'énergie, dégage davantage de gaz carbonique que le pétrole ou le gaz, ce qui est encore aggravé s'il est utilisé pour produire du carburant puisque le procédé de production conduit à relâcher dans l'atmosphère presque autant de carbone que ce qui est effectivement transformé en liquide.

La planète emprunte donc allégrement le chemin tracé par ceux des scénarios qui prévoient l'utilisation au maximum de l'énergie fossile et l'émission de grandes quantités de gaz à effet de serre [1]. Elle est partie pour émettre deux fois plus de gaz carbonique en 2030 qu'en 2000.

Ces prévisions, comparées aux « profils d'émissions » élaborés par le GIEC [2], épousent assez bien ceux d'entre eux qui conduisent vers une concentration de 750 ou 1 000 ppm, c'est-à-dire vers une température stabilisée supérieure en moyenne de 3 à 9 °C à la température d'avant l'ère industrielle [3].

Comment les États du monde ont-ils commencé à réagir ?

La convention de Rio

Dès les années 80, les scientifiques avaient alerté les responsables politiques du monde entier sur le risque que faisaient déjà

---

1. Scénarios de la famille A1F1 – voir au chapitre I.
2. Le GIEC a dessiné des « profils d'émission » de gaz carbonique qui conduisent à des concentrations de gaz carbonique déterminées, de 450 ppm à 1 000 ppm – cf. au chapitre I.
3. Je rappelle que cette plage de 6 °C (de 3 à 9 °C) tient à l'incertitude scientifique.

courir au climat des émissions de plus en plus abondantes de gaz carbonique dues à l'activité humaine. En 1992, à l'issue de la conférence connue sous le nom de « Sommet de la Terre » à Rio de Janeiro, a été signée la convention-cadre des Nations unies sur les changements climatiques. Depuis, celle-ci a été ratifiée par pratiquement tous les États.

Cette convention exprime une prise de conscience unanime et solennelle. Elle commence ainsi : « Les Parties à la présente convention, conscientes que les changements du climat de la planète et leurs effets néfastes sont un sujet de préoccupation pour l'humanité tout entière, préoccupées par le fait que l'activité humaine a augmenté sensiblement les concentrations de gaz à effet de serre dans l'atmosphère, que cette augmentation renforce l'effet de serre naturel et qu'il en résultera en moyenne un réchauffement supplémentaire de la surface terrestre et de l'atmosphère, ce dont risquent de souffrir les écosystèmes naturels et l'humanité [...] ». On n'entrera pas ici dans le détail de cette convention, qui est fort bien rédigée. On y voit rappelée la responsabilité des États souverains, tant sur l'utilisation de leurs ressources que sur les mesures à prendre pour protéger l'environnement. On y lit (dans l'article 3) une disposition qui a fait fortune depuis sous le nom de « principe de précaution » : « [...] quand il y a risque de perturbations graves et irréversibles, l'absence de certitude scientifique absolue ne doit pas servir de prétexte pour différer l'adoption de telles mesures [de précaution], étant entendu que les politiques et mesures qu'appellent les changements climatiques requièrent un bon rapport coût-efficacité, de manière à garantir des avantages globaux au coût le plus bas possible. » Il est rappelé à plusieurs reprises que la situation des États peut être très différente, de sorte que les mesures doivent être adaptées.

L'article 4 a pour titre « Engagements ». Toutes les Parties signataires tiendront à jour et publieront un inventaire des émissions de gaz à effet de serre dues à l'activité humaine en recourant à des méthodes comptables approuvées par la Conférence des Parties (la COP). Elles mettront à jour et publieront les programmes nationaux contenant des mesures visant à atténuer les changements climatiques. Elles coopéreront sur les travaux de recherche. Les pays mentionnés dans l'annexe 1 – ce sont les pays développés et les pays qui formaient le bloc de l'Europe de l'Est, URSS et pays satellites – vont un peu plus loin. Ils s'engagent à adopter des politiques nationales et à prendre en conséquence les mesures voulues pour atténuer les changements climatiques en limitant leurs émissions de gaz à effet de serre dues à l'activité humaine. Ce faisant, ils démontrent qu'ils entendent infléchir la tendance. Chaque pays soumettra périodiquement ses politiques et mesures en vue de ramener à leur niveau de 1990 les émissions dues à l'activité humaine.

L'article 5 a pour titre « Recherche et observation systématique ». La coopération portera sur deux aspects différents qui sont présentés de façon symétrique : la connaissance du phénomène de changement climatique et de ses effets et la recherche en tout domaine, « scientifique, technologique, technique, socio-économique et autres » (pour reprendre les termes d'un autre passage, paragraphe 1 g de l'article 4 de la convention). Il faut se rappeler que ce texte a été signé en 1992, il y a donc une quinzaine d'années, alors que l'on se posait encore des questions sur l'ampleur du réchauffement climatique. Aujourd'hui, des incertitudes demeurent sur la nature exacte des effets et sur leur répartition géographique mais non sur leur importance globale. Nous verrons que la coopération scientifique et technique est plus que jamais à l'ordre du jour.

La convention crée un organe de conseil scientifique et technologique (SBSTA[1]) et un organe de mise en œuvre (SBI[2]). Elle crée également un mécanisme financier chargé de fournir des ressources financières pour le transfert de technologie sous forme de dons ou de prêts consentis à des conditions de faveur, ce qui n'exclut pas que les pays développés puissent fournir directement aux pays en voie de développement des ressources financières.

---

1. SBSTA : Subsidiary Body for Scientific and Technological Advice.
2. SBI : Subsidiary Body for Implementation.

Un article traite du règlement des différends. Il prévoit de créer une procédure de conciliation et d'arbitrage avant de recourir à la Cour internationale de justice.

Il est possible de lire cette convention de différentes façons. On peut constater qu'il ne s'y trouve rien de vraiment contraignant, qu'il n'y a pas de sanction et qu'aucune indication chiffrée n'est donnée sinon ces très vagues formulations : « l'objectif ultime de la présente Convention [...] est de stabiliser [...] les concentrations de gaz à effet de serre dans l'atmosphère à un niveau qui empêche toute perturbation anthropique[1] dangereuse du système climatique » et : « les pays développés prennent l'initiative de modifier les tendances à long terme des émissions anthropiques [...] reconnaissant que le retour, d'ici à la fin de la décennie, aux niveaux antérieurs d'émissions anthropiques du dioxyde de carbone et d'autres gaz à effet de serre [...] contribuerait à une telle modification ». À la fin de la décennie, les émissions des pays développés étaient largement supérieures aux émissions « antérieures », faisant de ce conditionnel futur (« contribuerait ») un irréel du passé, sans qu'il soit venu à l'idée de personne de créer un différend sur le sujet. Plus gravement, l'objectif ultime ne devrait pas être une stabilisation mais bel et bien une division par deux des émissions totales.

On peut faire une autre lecture. La convention n'est pas seulement la manifestation d'une préoccupation générale. Elle a créé une base sur laquelle il est possible de construire. L'engagement de donner des informations tant sur les émissions que sur les programmes mis en œuvre pour les maîtriser n'est pas anodin. Elle prévoit elle-même qu'elle peut être amendée et complétée par des annexes et que quelques-uns des États signataires peuvent convenir entre eux de « protocoles », qui sont comme des coopérations renforcées. Le protocole de Kyoto signé en 1997 est donc un texte plus ambitieux, fondé sur la convention, qui permet de fixer pour ceux des pays qui l'ont ratifié des objectifs de réduction des émis-

---

1. « Anthropique » veut dire « dû aux activités humaines ».

sions de gaz à effet de serre à l'horizon 2008-2012. La conférence des Parties de Montréal, en 2005, a permis d'adopter la quasi-intégralité des instruments nécessaires au fonctionnement de ce protocole depuis son entrée en vigueur en février 2005 (après la ratification par la Russie); son résultat le plus durable, à terme, pourrait être d'avoir jeté les bases politiques d'un dialogue de toutes les parties à la convention et au protocole « post-Kyoto ».

Le protocole de Kyoto

L'Union européenne s'était préparée à la négociation en travaillant sur l'idée d'un impôt universel sur les émissions de gaz carbonique d'origine fossile. Rendre l'énergie fossile plus chère pour que la consommation diminue est en effet une idée simple. Elle soulève de multiples questions. Comment fixer le montant de cet impôt; doit-il dépendre du prix du pétrole, de quelle façon? Comment vérifier qu'il est bien institué et qu'il est effectivement payé? Par ailleurs, comme le montre l'exemple du chauffage d'un logement présenté au chapitre VI, une méthode purement fiscale peut dans certains cas être très brutale. Les États-Unis ont fait à Kyoto une proposition très différente, qui a été retenue par les signataires du protocole: des quotas d'émission nationaux assortis de « mécanismes de flexibilité », dont en particulier la possibilité d'acheter ou de vendre des parties de ces quotas.

Les pays volontaires, dont les noms figurent dans l'annexe B du protocole (d'où l'expression de « pays de l'annexe B »), se sont engagés à ne pas émettre plus qu'une certaine quantité de gaz à effet de serre sur l'ensemble de la période de cinq ans 2008-2012. Prenant cet engagement, ils ont *ipso facto* acquis un droit, celui d'émettre cette quantité. Un pays qui pense qu'il émettra moins que ce à quoi il s'est engagé aura la possibilité, aux termes du protocole, de vendre une partie de son quota à un autre pays qui pense qu'il dépassera son quota; le quota du premier s'en trouve diminué

**Le système de quotas institué par le protocole de Kyoto :
un système qui vise l'efficacité**

Supposons par exemple que le pays A et le pays B doivent diminuer leurs émissions de gaz carbonique d'origine fossile. Supposons aussi que, le prix de l'énergie fossile étant ce qu'il est, la quantité d'énergie fossile dont la combustion émet une tonne de carbone coûte 500. Or, autre hypothèse, dans le pays A, pour éviter l'émission d'une tonne, il faut dépenser 700 alors que dans le pays B il faut dépenser seulement 650. Le pays A proposera donc au pays B de lui verser une somme, par exemple de 175, afin qu'il diminue ses émissions d'une tonne *de plus* que ce à quoi il s'était engagé. Le pays A dépensera donc l'énergie fossile soit 500 et ce qu'il aura versé à B, soit en tout 675 alors qu'il aurait dû dépenser 700 pour diminuer ses émissions d'une tonne ; le pays B économisera l'énergie fossile, soit 500, dépensera 650 pour diminuer ses émissions d'une tonne de plus et recevra 175 de A. Il y gagne 25.

et celui du second augmenté d'autant[1]. Sur le papier, ce système est doté de très grandes vertus.

La première de ces vertus est la promesse d'une plus grande efficacité, d'un meilleur rapport « coûts/avantages » puisque les réductions d'émissions de gaz à effet de serre seront réalisées là où elles coûtent le moins cher.

Ce système de quotas nationaux présente aussi l'avantage de la simplicité : l'engagement d'un État se résume à un chiffre, le total de ses émissions sur une période de cinq ans. Un chiffre par pays, voilà qui simplifie la négociation et facilite l'expression de l'engagement de chaque pays. Comme il n'est pas très évocateur de parler de millions de tonnes de carbone ou de gaz carbonique,

---

1. Le principe des quotas et des marchés de parties de quotas a été présenté et commenté au chapitre VI. À noter qu'ici il s'agit d'échanges entre pays et non entre entités soumises à l'autorité d'un État.

Distinguer quotas nationaux et quotas délivrés par les États
Il peut être utile ici de montrer la différence entre ce système de quotas nationaux créé par le protocole de Kyoto et les marchés de carbone entre personnes de droit privé qui fleurissent ici et là. L'accord de Kyoto est un accord entre États. Les entreprises privées n'y ont pas part. Et ce système peut fort bien fonctionner sans que les États ne créent sur leur territoire de marché de carbone. Par ailleurs, les États peuvent créer *entre des entreprises* qui sont sous leur juridiction des marchés tels que ceux qui ont été décrits au chapitre VI – en particulier le marché créé dans les États membres de l'Union européenne, dont on a montré les effets pervers si ne sont pas réunies quelques conditions impératives. C'est là seulement une modalité d'action possible parmi d'autres pour diminuer les émissions de gaz carbonique ; rien n'interdit à un État qui n'a pas ratifié le protocole de Kyoto de créer de tels marchés. L'engagement pris par un État au titre du protocole de Kyoto n'est *en rien modifié* s'il a mis en place un système de marché entre entités privées : c'est toujours lui, signataire du protocole, qui est responsable devant les autres États.

le protocole se réfère aux émissions de l'année 1990. Pour la Russie, c'est une stabilisation des émissions au niveau de la période de référence. Pour l'Union européenne, les choses sont un peu plus compliquées. Les États membres se sont tous engagés individuellement sur le même taux de baisse des émissions, soit 8 %. Mais il est convenu qu'ils sont libres de s'entendre entre eux pour respecter, globalement, cet engagement. Dans cet arrangement au sein de l'Union européenne, la France s'est engagée à ne pas augmenter ses émissions alors que celles-ci, si on les rapporte au PIB ou à la population, sont sensiblement inférieures à celles des autres États membres[1].

Simplicité, efficacité – le système de Kyoto présente d'autres avantages apparents. La convention de Rio exprimait une grande

---

1. On peut voir plus de précisions en annexe.

sollicitude envers les pays en développement. Cela se retrouve dans les accords de Kyoto. Seuls les pays industrialisés se sont engagés à ne pas dépasser un certain volume d'émissions, les pays en développement étant dispensés de tels engagements. Plus que cela : des dispositifs ont été créés pour susciter les transferts de technologies des pays développés vers les pays en développement. Le principe, là aussi, est frappé au coin du bon sens. Un pays développé qui agira pour qu'un pays en développement entreprenne une action, une politique, une démarche qui génèrera moins d'émissions de gaz à effet de serre que si l'on ne se préoccupait pas du changement climatique verra son quota d'émissions augmenté. C'est le mécanisme de développement propre (MDP). Voilà qui est de nature à inciter les pays développés à aider les pays en développement pour le plus grand bien de la planète. Mais, lorsqu'il a fallu traduire concrètement ces principes en procédures, sont apparues de multiples questions qui confirment que le diable est dans les détails. Qui définira la « situation de référence » qui permettra d'évaluer la quantité d'émissions évitées ? Le pays en développement et le pays développé ont intérêt l'un et l'autre à ce que les émissions de cette situation de référence soient maximales, car cela augmentera la quantité de droits supplémentaires dont bénéficiera le pays développé et augmentera en conséquence ce que le pays en développement pourra lui demander. Autre difficulté : certaines actions permettent de diminuer les émissions à bon compte, notamment la plantation d'arbres : pendant leur période de croissance, ils stockent du carbone et purgent donc l'atmosphère. Mais qui peut garantir que ces arbres, une fois qu'ils auront poussé (et ils peuvent pousser fort vite dans certains pays en développement), seront conservés sur pied et ne seront pas brûlés pour la cuisson des aliments ou pour se chauffer ? Demandera-t-on alors à ces pays démunis de rembourser les émissions de gaz carbonique, à une époque où les permis d'émettre, si la lutte contre l'effet de serre est efficace, auront pris une valeur beaucoup plus grande qu'au moment où les arbres ont été plantés ?

Une autre façon très efficace de limiter, voire de diminuer, les émissions de gaz à effet de serre est de construire des centrales nucléaires. De grandes précautions doivent être prises pour préserver la sûreté de fonctionnement de ces centrales sans doute, mais pourquoi avoir exclu ce genre d'investissement du bénéfice de ce mécanisme de développement propre? L'effet serait pourtant radical.

Le calcul est facile: une capacité de 1,6 GW d'électricité nucléaire remplaçant du charbon évite l'émission de 3 millions de tonnes de carbone fossile par an. Si le carbone a une valeur de 100 €/t (il vaudra beaucoup plus cher si l'on prend au sérieux la lutte contre l'effet de serre), cela fait 300 M€ par an, dont la valeur cumulée actualisée est de 3 milliards d'euros environ, soit du même ordre de grandeur que le coût d'investissement de la centrale nucléaire.

C'est le genre de calcul qu'il faut faire si l'on prend au sérieux la lutte contre l'effet de serre et, curieusement, c'est le genre de calcul qui se fait assez peu ou, en tout cas, qui est ignoré dans les négociations. À titre de comparaison, les 350 projets de MDP validés ou en cours de validation en août 2006 prévoient d'éviter l'émission de 180 millions de tonnes de carbone (MtC) d'ici 2012[1] soit 30 millions de tonnes de carbone par an: dix tranches nucléaires suffiraient à doubler l'efficacité de ces 350 projets.

Outre la possibilité de négocier des parties de quotas d'émissions et ce MDP destiné à encourager le transfert de technologies des pays développés vers les pays en développement, une troisième «flexibilité» a été créée par le protocole de Kyoto: les «opérations conjointes». Le négoce de parties de quotas ne peut se pratiquer qu'entre des pays qui tiennent à jour leur registres d'émission de gaz à effet de serre de façon fiable et reconnue par les autres pays. Or, lorsque le protocole a été signé, la Russie et d'autres pays de l'ancien Comecon n'étaient pas en mesure de

---

1. Soit 640 millions de tonnes d'équivalent gaz carbonique, selon le site Internet officiel: *http://cdm.unfccc.int/Statistics/*

garantir la fiabilité de leurs registres d'émission mais voulaient avoir la possibilité de vendre une partie de leurs quotas. Il faut dire qu'ils avaient été richement dotés : les quantités d'émissions qu'ils s'étaient engagés à ne pas dépasser, calculées à partir des émissions de 1990, étaient largement supérieures à ce qu'ils prévoyaient d'émettre. Pour eux, le protocole de Kyoto était une magnifique occasion de vendre ce que l'on a appelé de «l'air chaud». D'un coup, sans effort, ils tiraient un grand avantage de la baisse de leur activité économique. Pour réaliser cet avantage, il ne fallait pas qu'ils soient handicapés par leur incapacité à garantir la sincérité de leurs inventaires. Les «opérations conjointes» y pourvoient : elles sont bâties sur le même principe que le mécanisme de développement propre, à la différence qu'une opération conjointe non seulement augmente le quota du pays qui est à l'origine du transfert de technologies, mais aussi diminue le quota du pays où se réalise l'action.

Le protocole de Kyoto présente l'avantage incontestable de confirmer la prise de conscience universelle du risque climatique. Néanmoins les signataires étaient conscients de ses insuffisances. Comment traiter ce que l'on appelle les «puits», c'est-à-dire les actions qui diminuent la concentration du gaz carbonique dans l'atmosphère (en particulier la culture d'arbres)? Comment s'assurer de la fiabilité des inventaires dressés par les pays qui se sont engagés à ne pas dépasser un certain volume d'émission? Comment tenir à jour, de façon fiable, les échanges de parties de quotas entre pays? Comment calculer les quantités d'émissions générées par les opérations de développement propre et les opérations conjointes?

Toutes ces questions plutôt techniques ont un contenu politique. Il en est d'autres dont le contenu politique est beaucoup plus lourd. Comment assurer la police (ce qu'il est convenu d'appeler l'«observance»), en particulier, comment sanctionner les dépassements de quotas? Les États dont les émissions pendant la première période de cinq ans sont inférieures à leur quota pourront-ils conserver un droit d'émettre utilisable au-delà?

Il fallait d'abord que le protocole de Kyoto pût entrer en vigueur. Après la défection des États-Unis et de l'Australie, tout dépendait de la signature de la Russie. Celle-ci fut donc sollicitée, notamment par l'Union européenne. Alors qu'elle avait tout à gagner de la mise en application du protocole, puisque cela ne lui créait aucune obligation réelle mais lui donnait au contraire la possibilité de vendre son «air chaud» du fait de la faiblesse du niveau d'engagement de la première période, elle se fit prier quelque temps puis fut chaudement remerciée et félicitée. Désormais, le protocole pouvait entrer en vigueur.

Des réponses ont été données à Marrakech puis, récemment, à Montréal aux questions pratiques qui restaient ouvertes. La procédure du mécanisme de développement propre confirme sa complexité et laisse prévoir d'importants «coûts de transaction». Quant à l'«observance», il est décidé que les pays qui dépasseraient leurs quotas n'auront pas la possibilité de participer aux mécanismes de flexibilité, c'est-à-dire le négoce de parties de quotas, le mécanisme de développement propre et les opérations conjointes, et qu'ils devront compenser ce dépassement en diminuant davantage leurs émissions sur la période suivante (la pénalité sera de 40 %).

Ces arrangements ne peuvent pas cacher – au contraire ils révèlent – les faiblesses des principes sur lesquels reposent les accords de Kyoto, des faiblesses qui pourraient laisser penser que l'avenir de la lutte contre l'effet de serre passe par des accords radicalement différents.

Un nouveau mode de gouvernance mondiale

Un défaut manifeste du protocole de Kyoto tel qu'il est aujourd'hui tient au fait que les pays qui se sont engagés à limiter leurs émissions sont responsables de moins de la moitié des émissions totales : cinq pays parmi ceux qui ne se sont pas engagés, les États-Unis, la Chine, l'Inde, le Mexique et le Brésil, rejettent ensemble

44 % des émissions totales dues à l'énergie, part qui devrait croître mécaniquement du fait des taux de croissance observés chez les pays émergents. Tout le monde en est conscient. Si l'on estime que les principes sur lesquels repose ce protocole sont bons, les voies de progrès sont évidentes : il s'agit de convaincre ces pays de prendre des engagements sur leurs futures émissions. On voit les termes du débat : ces quotas devront-ils être fixés en fonction du PIB, de la population, de la situation des pays sur la courbe du progrès, du coût de la tonne de carbone évitée, coût moyen ou coût marginal ?

Quelques émissions par pays, par habitant ou par unité de PIB

Par habitant, les États-Unis émettent 5,4 tonnes de carbone par an, le Japon, la Russie, l'Allemagne, le Royaume-Uni entre 2,4 et 2,9 tC, l'Union européenne en moyenne 2,3 tC, la France 1,7, la Chine 0,7, le Brésil 0,5, l'Inde 0,26.

Par unité de PIB, *le classement est très différent.* La Russie est alors le plus gros émetteur de gaz carbonique avec un indice de 0,39[1], les États-Unis, la Chine et le Canada sont à égalité à 0,17 ; l'Union européenne en moyenne est à 0,1 alors que la France est à 0,07, la meilleure performance avec le Brésil.

Voilà donc de la matière pour les négociations et pour les économistes qui calculeront dans chaque cas l'effet sur notre pays, et aussi l'effet sur les autres pays pour essayer d'anticiper leur position dans les négociations. J'oubliais un autre critère possible : le total des émissions depuis le début de l'ère industrielle. Comment choisir entre ces critères ? Mais est-ce vraiment la bonne question ?

Lorsque l'on essaie, comme cela a été fait dans les chapitres précédents, de se figurer concrètement comment diminuer les

---

1. En kilos de carbone par dollar valeur 1995 à parité de pouvoir d'achat ; ces valeurs sont tirées d'une étude réalisée par le ministère de l'Industrie pour le groupe «Facteur 4». Voir dans la bibliographie en annexe l'adresse du site Internet qui fait état des travaux de ce groupe.

émissions de gaz à effet de serre, il saute aux yeux que les engagements de ne pas dépasser un certain niveau d'émission sont très problématiques.

Même lorsque les technologies sont connues, les mesures les plus efficaces demandent quelques dizaines d'années avant de faire sentir pleinement leurs effets, même si, parfois, cela demande moins de temps. Il faut près de dix ans entre le moment où est décidée la construction d'une centrale nucléaire et sa mise en exploitation, tout aussi longtemps pour construire un barrage, une trentaine d'années pour que le parc de production d'électricité soit bien adapté au profil de la consommation d'électricité. Il faut de dix à trente ans pour modifier l'agencement des villes, pour les équiper de réseaux de chaleur, pour établir de nouvelles lignes de chemin de fer ou de nouveaux canaux. Il faut encore quelques années pour mettre au point une technique efficace de production de biocarburants, puis dix ou vingt ans pour réaliser les investissements nécessaires. Il faut quelques décennies pour faire pousser un arbre. Les progrès dans la construction des immeubles ne se traduiront réellement dans les consommations d'énergie qu'au rythme des constructions nouvelles.

S'il faut dix, vingt ou trente ans pour sentir les effets des décisions prises aujourd'hui, à quoi cela rime-t-il de se donner des objectifs d'émissions pour les cinq ou dix ans à venir ? Le risque est d'orienter les efforts et les décisions vers des actions dont les effets se font sentir rapidement. Ce n'est pas un risque : c'est effectivement ce que l'on observe, malheureusement. Pourquoi aide-t-on avec autant d'enthousiasme une technique de production de biocarburants inefficace et coûteuse ? Car elle est opérationnelle rapidement. Pourquoi aide-t-on à grands frais la production d'électricité à partir de bois ou d'éoliennes ? Pour la même raison. Et tant pis si ces aides financent des équipements que l'on continuera d'exploiter alors qu'ils tireront très mal parti des possibilités de la biomasse. Et l'attention portée à ces mesures de courte portée est détournée de l'objectif à long terme, qui est, non pas de stabiliser nos émissions, mais de les diminuer de la moitié ou des deux tiers.

Ce qui est vrai au plan national est évidemment vrai au plan européen et au plan mondial. Il est navrant de constater la somme d'énergie, la quantité d'études, de rapports, de négociations consacrées à respecter les engagements de Kyoto qui, ne touchant qu'au court terme, ne peuvent pas répondre à l'ampleur des enjeux.

Des engagements sérieux doivent pouvoir être contrôlés dans le court terme. Comme les résultats des politiques sérieuses ne peuvent apparaître que dans le moyen et le long terme, les engagements ne peuvent pas porter sur les résultats ; ils doivent donc porter sur les moyens, c'est-à-dire les politiques et les mesures.

Cette constatation remet en cause fondamentalement l'accord de Kyoto et indique que, pour être efficace, le « post-Kyoto » pourrait garder de cet accord la notion d'engagement et l'attention portée au cas des pays en développement (ce qui n'est pas peu) mais, quant aux modalités, ne lui ressemblerait en rien. Les conséquences sont lourdes : sans engagement sur les quantités, point de quota national, donc point de commerce de parties de quota national. Cela remettrait en cause tellement de négociations, tellement d'études et de réflexions que les tentatives ne manqueront pas pour prouver que ce système de quotas nationaux négociables est le seul qui vaille.

Pourtant, la constatation de base est incontestable. Cela ne remet pas en cause le principe du « *cap and trade* », des quotas avec la possibilité de négocier des parties de quotas. Au chapitre VI, j'ai rappelé à quelles conditions un tel système peut fonctionner correctement : la contrainte d'émission doit être prévisible sur une durée correspondant au rythme d'investissement des entités soumises à la contrainte, il faut une bonne police et il faut, sinon une frontière, du moins une « membrane » qui sépare les entités soumises à la contrainte de celles qui n'y sont pas soumises. Le négoce de parties de quotas nationaux ne peut répondre ni à la première ni à la deuxième condition ; quant à la troisième, elle serait remplie si tous les États étaient soumis à une contrainte, ce qui n'est pas pour tout de suite…

Une autre faiblesse structurelle des accords de Kyoto est de prétendre résumer, récapituler, la lutte contre l'effet de serre en un chiffre, le taux de réduction des émissions, un chiffre issu d'une négociation multilatérale dont l'objet unique est la lutte contre l'effet de serre.

Or, lorsque l'on y réfléchit concrètement, il est patent que l'élaboration d'un programme de lutte contre l'effet de serre a des implications très fortes dans les domaines économiques, sociaux et politiques. Ce qui est vrai en France le sera tout autant en Chine, en Inde, au Brésil ou ailleurs. Ne faudra-t-il pas une implication politique extrêmement forte pour convaincre de ne pas consommer une ressource en charbon accessible ou pour s'obliger à ne la consommer qu'en consentant à d'importantes dépenses de captage et de stockage du gaz carbonique ? Je ne sais pas si les pays en développement pourront limiter comme il faut leurs émissions sans décevoir l'espoir de centaines de millions de leurs citoyens d'avoir une voiture individuelle ; si tel est le cas, comment pourrait-on sous-estimer l'effort de persuasion que cela demandera ? Les gouvernements n'y parviendront que dans un contexte de coopération internationale très vivace, une coopération qui non seulement portera sur les techniques ou les méthodes permettant de diminuer les émissions mais encore sera beaucoup plus large et plus profonde.

Les enjeux sont très lourds. La France, comme je l'ai montré, devrait consentir 25 à 30 milliards d'euros de dépenses supplémentaires par an, ce qui, si l'on multiplie par 20, fait 500 ou 600 milliards d'euros par an rien que pour l'Inde ou pour la Chine. Ce n'est pas avec des conférences réunissant près de 200 pays, même s'ils se regroupent en 77, en « ombrelle » ou d'autres façons, négociant, comme on discute le prix des tapis, des quantités maximales d'émission dans les dix années à venir, sans possibilité de sanction crédible en cas de dépassement, que l'on sauvera notre planète et ce qui vit dessus.

Il faut une gouvernance mondiale. Ce sera le fait des pays qui émettent les plus grandes quantités de gaz carbonique : dix puissances économiques et politiques, en comptant pour une l'Union européenne, font 75 % des émissions mondiales. L'humanité ne sera sur le chemin de gagner sa bataille contre l'effet de serre que si ces dix puissances coopèrent, conscientes de leur intérêt commun et de celui de l'humanité. L'ouverture de la réunion du G8 à Gleneagles en juillet 2005 à cinq grands pays émergents (la Chine, l'Inde, le Brésil, l'Afrique du Sud et le Mexique) est le signe d'une évolution en ce sens.

À Montréal, on a pu se féliciter qu'un accord ait été conclu pour la mise en œuvre du protocole de Kyoto, mais à mon avis ce n'est pas là qu'est le succès de cette conférence des Parties à la convention de Rio. Il est dans l'amorce d'une structure de coopération technique à laquelle participeront les États-Unis : il faut maintenant les prendre au mot.

Cette amorce se réfère explicitement à la convention de Rio, permettant ainsi à ceux qui n'ont pas ratifié le protocole de Kyoto d'y participer. En effet, fonder la politique de lutte contre l'effet de serre sur une coopération entre pays sur les politiques et les mesures, ce sera tout simplement revenir à la convention de Rio et à la politique préparée par l'Union européenne avant la réunion de Kyoto. L'Union européenne aura d'autant plus à apporter à cette coopération que, bien loin de vouloir uniformiser l'action en son sein, elle aura respecté la diversité des options prises par les États qui la composent, additionnant les compétences des Danois sur les éoliennes, des Français sur le nucléaire, de la RATP sur le métro, des uns et des autres sur les tramways, des Français et des Allemands sur les biocarburants par thermolyse et synthèse, etc.

Sous l'égide d'un G10 ou d'un G12, cette coopération se diversifiera selon les secteurs ou selon les techniques. Il y a déjà le forum « Génération IV » pour mettre au point non seulement la technique de production d'électricité nucléaire de quatrième génération, mais aussi la façon de préserver la sûreté de fonctionnement, les conditions de stockage et la prévention de la dissémination. Les États-Unis et l'Union européenne ont tenu une réunion « au sommet » en juin 2006 où il fut question de « promouvoir une coopération stratégique sur l'énergie, le changement climatique et le développement durable ». Après les inévitables références aux vertus de la concurrence et du marché, la déclaration commune met l'accent sur les techniques efficaces et respectueuses de l'environnement et elle en cite plusieurs sans les hiérarchiser (l'hydrogène y côtoie les biocarburants, la séquestration du gaz carbonique et les techniques de production d'électricité qui n'émettent pas de gaz carbonique, expression un peu lourde pour ne pas employer le mot « nucléaire » sans doute). Pour une plus grande efficacité, elle prévoit d'utiliser autant que possible des « instruments de marché ». Il est décidé de créer un groupe de travail de haut niveau entre l'Union européenne et les États-Unis, dans la suite de la réunion de Gleneagles et pour atteindre les objectifs de la convention de l'ONU sur les changements climatiques.

Cette indispensable coopération technique ne sera pas suffisante : ce serait se leurrer que d'imaginer que le progrès technique pourrait faire émerger de nouvelles sources d'énergie moins chères que le gaz, le pétrole et le charbon. Ces énergies fossiles seront toujours les plus faciles à utiliser mais, pour ne pas charger l'atmosphère, il ne faudra pas en consommer plus de 2 milliards de tonnes par an, ce qui nous en laissera pour plus de 1 000 ans.

Les « instruments de marché », c'est-à-dire la technique des quotas assortie de possibilités de vendre des parties de quotas (« *cap and trade* »), peuvent être employés avec succès sous réserve que soient réunies les conditions de prévisibilité, de bonne police et de protection contre la concurrence inéquitable. Les États pourraient organiser de tels marchés entre les entreprises qui relèvent de leur juridiction, comme le marché des certificats d'utilisation de bioénergie[1]. Dans un cadre dressé par la gouvernance mondiale, un marché pourrait être créé entre toutes les entreprises d'un même secteur professionnel comme la chimie, la sidérurgie, la construction des véhicules. Le secteur professionnel prendrait

---

1. Une extension du marché des certificats d'incorporation de biocarburant, évoquée au chapitre VI.

un engagement et assurerait lui-même la police, sous le contrôle des États, à moins que les États ne lui imposent une même obligation. Ceux-ci veilleraient à ce que l'effort demandé dans les différents secteurs ne soit pas trop inégalement réparti et, surtout, organiseraient en tant que de besoin la protection de ces secteurs contre des concurrences inéquitables. La lutte contre l'effet de serre ne peut réussir que si elle est liée de façon très étroite à la politique commerciale. Il vaut mieux dire que la lutte contre l'effet de serre ne peut être gagnée que si l'OMC en est partie prenante, si l'OMC s'en fait le bras armé. Comment en douter dès lors que l'on prend conscience des milliers de milliards de dollars charriés par le commerce international ? Comment des « permis d'émettre » ou autres « certificats » dont la valeur ne peut être que spéculative et n'est garantie par aucune police pourraient-ils avoir une influence significative sur les procédés de production, les marchés de consommation et les flux d'échanges ?

C'est donc sur des bases radicalement différentes de celles qui ont servi de fondement au protocole de Kyoto que peut se bâtir, à mon avis, une gouvernance mondiale assurée par les principaux pays utilisateurs d'énergie fossile. Y parviendront-ils ? Rien n'est moins sûr.

Le plus probable, malheureusement, est que l'on continue de s'inquiéter de l'épuisement des ressources fossiles, que les prix augmentent assez pour que soient trouvés et mis en exploitation de nouveaux gisements, pour que soient créées de nouvelles filières d'exploitation et d'utilisation du charbon pour produire de l'électricité ou des carburants. La température augmentera de plus en plus vite, les glaces de l'océan Arctique se contracteront, le Gulf Stream continuera de se ralentir, les tempêtes et les ouragans se multiplieront, les journées de canicule seront plus nombreuses et plus intenses, la montée du niveau de la mer sera mesurable et ses effets se feront de plus en plus sentir. Dans une vingtaine d'années, tout cela sera encore supportable, sans doute, mais les changements seront assez marqués pour que les populations commencent à s'alarmer et fassent pression sur leurs responsables politiques. Les négociations post-Kyoto auront été menées sur le même mode que les accords de Kyoto, car cette méthode des contingents assortis d'un marché est très séduisante et il est évidemment plus facile de faire mine de s'entendre et de s'engager sur un seul chiffre par pays, les émissions de gaz carbonique, que sur une palette de politiques et de mesures. L'expérience aura montré qu'il est impossible de faire respecter par les pays consommateurs les engagements qu'ils auront pris : on ne va tout de même pas envahir un pays pour l'empêcher de consommer des produits pétroliers ou des carburants faits à partir de charbon ! Car désormais, l'énergie fossile dominante n'est plus le pétrole mais le charbon.

Il y aura bien eu quelques tentatives des pays consommateurs d'aller plus loin que des engagements de limitation des émissions. Quelques régions du monde, l'Union européenne, le Japon, quelques États des États-Unis notamment, auront adopté des politiques qui auront eu pour effet de diminuer quelque peu la consommation d'énergie fossile. Mais d'autres pays en auront simplement profité pour consommer davantage de cette énergie fossile relativement bon marché. Et toutes les tentatives de coopération entre pays consommateurs auront plus ou moins échoué.

Une simple carte de géographie indiquant où se trouvent les ressources de charbon suffit à indiquer la politique à suivre désormais, si la régulation ne peut se faire à l'échelle mondiale ni sur le mode de Kyoto ni sur un mode coopératif, si une coopération entre les principaux pays consommateurs est également impuissante à amener la consommation sur une trajectoire qui la verrait réduite à 3 milliards de tonnes d'équivalent pétrole en une cinquantaine d'années – dans trente ans, le monde émettra 15 milliards de tonnes d'équivalent carbone par an. Les États-Unis détiennent 25 % du charbon mondial, la Russie 17 %, la Chine et l'Inde détiennent ensemble un autre quart du charbon. Les autres pays riches en charbon sont l'Australie, l'Afrique du Sud et, dans une moindre proportion, l'Allemagne et la Pologne. On dit souvent que le charbon est beaucoup mieux réparti, géographiquement, que le pétrole. C'est un euphémisme sans doute, qui masque une autre réalité. Il se trouve à

Quelques mots à propos des États-Unis

Si les sénateurs américains, *à l'unanimité* (95 voix contre 0), ont refusé en mars 2001 de ratifier le protocole de Kyoto, on peut deviner qu'ils avaient des motifs plus sérieux que la défense de certains groupes d'intérêt ou l'expression de choix partisans. En voici un, en tout cas, qui pouvait, sans doute, à lui seul justifier un refus. Le protocole de Kyoto prévoyait que les États-Unis réduisent leurs émissions de 7% par rapport à 1990 et, en même temps, avait consenti à la Russie un quota très largement supérieur à ses besoins, la différence étant de l'ordre de 20%. Le calcul a été fait par bien des observateurs : 7% des émissions des États-Unis, c'est à peu près égal à 20% des émissions russes, entre 80 et 100 millions de tonnes de carbone par an : si les États-Unis devaient avoir du mal à diminuer leurs émissions, il leur aurait suffi d'acheter des parties de quotas aux Russes. Combien ? 10 milliards de dollars par an peut-être. Un vrai marché de dupes s'il en est !

Aujourd'hui les États-Unis prennent conscience, en profondeur, du problème climatique. Des centaines de villes, de nombreux États, parmi lesquels la Californie, engagent des politiques qui conduiront à diminuer les émissions de gaz carbonique, des leaders politiques qui ne voulaient pas en entendre parler disent leurs préoccupations, des entreprises et le pouvoir fédéral lui-même financent des recherches sur le stockage d'électricité, la production d'électricité à partir du soleil, le stockage du gaz carbonique, la production d'éthanol par hydrolyse enzymatique notamment. Sur le nucléaire, les États-Unis ont pris l'initiative du forum « Génération IV ». Sur toutes sortes de sujets, ils engagent de multiples coopérations techniques avec des pays du Pacifique, avec l'Union européenne. Ils ne veulent pas être liés par des accords multilatéraux. C'est une attitude assez prévisible chez une superpuissance ! Mais lorsqu'il apparaîtra que, de toute façon et quoi que l'on fasse, il sera plus onéreux de ne pas émettre de gaz carbonique que d'en émettre sans frein, les États-Unis, comme tous les autres pays, verront bien qu'il faut en passer par des accords internationaux contraignants (sans doute *via* l'OMC). À moins que... ils ne se rendent compte qu'ils détiennent des masses énormes de pétroles non conventionnels et 25% des réserves mondiales de charbon et ne forment cet oligopole du charbon qui, fort du sentiment de ses responsabilités, ne vendra qu'à ceux qui séquestreront le gaz carbonique.

Ne leur en voulons pas d'être puissants. Coopérons avec eux sur tous les sujets, en particulier le nucléaire et les usages de l'électricité, et convainquons-les qu'il est de *leur* intérêt d'agir vite, car ils souffriront du changement climatique tout autant que les autres, soit directement, soit par les conséquences des troubles et des désordres que causeront les effets dramatiques de la hausse de température.

70 % concentré dans quatre pays qui disposent des attributs de la puissance : l'étendue des territoires, la population et les armes, à quoi s'ajoutent, au moins pour les États-Unis, la richesse, et, pour tous, la conscience légitime d'être une grande nation.

Avec le charbon, ces quatre nations disposeront d'une ressource désirée et redoutable. La régulation mondiale la plus simple, la voici donc : ces quatre pays décideront ensemble de ne consommer et de ne vendre de charbon qu'à la condition que le gaz carbonique issu de la combustion soit capté et stocké. Ils auront su associer à cette politique l'Australie et l'Afrique du Sud. Un G4+2, une politique qui s'exprime en quelques mots seulement et que les menaces climatiques feront accepter volontiers de tous ceux qui en souffriront, quoi de plus simple ? Ajoutons que ces pays garderont pour eux la rente de rareté que leur politique aura créée. L'énergie sera chère car elle sera rare ; elle sera rare, non pas du fait de l'épuisement des ressources fossiles mais à la suite des décisions politiques prises par les pays détenteurs des ressources.

Retour sur la France et sur l'Union européenne : coopérer sur ce qui touche à l'essentiel

La lutte contre l'effet de serre oblige à rendre l'énergie fossile rare ; à tout prendre, pour ce qui nous concerne, plutôt que d'attendre qu'elle soit rendue rare par les pays qui la détiennent, mieux vaut qu'elle soit rendue rare par une décision française : la rente de rareté restera chez nous ! En tout cas, nul doute que nous serons mieux placés dans le concert des nations si nous n'avons pas besoin des ressources que les pays détenteurs, *pour le bien de l'humanité*, auront rendues rares.

Le contexte sera un contexte de crise, non pas une crise due aux éléments naturels, mais une crise créée et gérée par les États ; une crise où les États auront à la fois des intérêts partagés en ceci que beaucoup souffriront des effets du climat, et des intérêts divergents selon qu'ils détiennent ou non la ressource en charbon ou la compétence en matière de production d'électricité nucléaire, selon qu'ils seront, plus ou moins, autonomes en énergie.

Dans ce contexte, la France pourra être reconnue comme un acteur de la régulation mondiale de la production d'énergie nucléaire. Elle peut aussi se mettre à l'écart des tensions et des désordres si elle s'est organisée pour avoir fort peu besoin de ressources fossiles.

Mais ici, il faut revenir sur cette constatation que j'ai qualifiée de « dérangeante » à la fin du chapitre III. Le programme de division par trois de nos émissions, une fois arrivé à terme, nous coûterait 30 milliards d'euros par an (valeur 2006) et permettrait d'économiser l'émission d'environ 100 millions de tonnes de carbone par an. J'ai montré que, si ces dépenses étaient employées à construire des centrales nucléaires, 150 dans les trente premières années puis 10 par an pendant dix ans par exemple, cela permettrait de diminuer les émissions sept fois plus – un peu moins en réalité car, à ce niveau de capacité nucléaire, toutes les centrales ne

248

fonctionneront pas en base. Une politique européenne de l'énergie soucieuse de l'effet de serre ne se dessine-t-elle pas ici de façon aveuglante ? Pourquoi passer tant de temps, consacrer tant d'efforts et de discussions sur « un marché du CO_2 », sur des objectifs de 21 % de production électrique avec de la biomasse, de l'hydraulique ou de l'éolien alors que, pour le bien du monde entier, et pour le nôtre, il serait possible non seulement d'éviter les émissions de 500 ou 600 millions de tonnes de carbone chaque année en *diminuant* nos dépenses de production d'électricité, mais encore d'augmenter dans les mêmes proportions notre autonomie énergétique, c'est-à-dire notre autonomie à l'égard de la Russie, riche détentrice et de gaz et de charbon, qui a déjà (merci M. Poutine) montré qu'elle savait et qu'elle saurait fermer des robinets de gaz !

En tout cas, même si chaque pays choisit indépendamment sa propre politique (j'ai montré que le droit européen leur en laisse la possibilité), les coopérations sont possibles ; elles sont nécessaires à notre avenir.

L'Union européenne n'existera réellement que si les États qui le souhaitent peuvent coopérer sur des sujets qui touchent à l'essentiel, c'est-à-dire l'équilibre social, la sécurité publique, la défense, les affaires étrangères, y compris leurs aspects technologiques et économiques. J'ai montré plus haut qu'en ces domaines, qui relèvent de la souveraineté des États, c'est-à-dire de la responsabilité qui leur est confiée par les voies de la démocratie, la coopération communautaire et les coopérations renforcées ne sont pas des procédures qui conviennent.

Le projet de traité constitutionnel comportait quelques articles[1] sur la coopération en matière de défense et de sécurité commune, appelée « coopération structurée ». Il s'agit d'une coopération entre États qui se choisissent et fixent eux-mêmes les règles de leur coopération. Il n'y aurait pas grand-chose à changer à ces articles pour susciter et encadrer des coopérations dont le but serait de diviser par trois ou quatre les émissions de gaz carbonique tout

---

1. Articles I-41, III-310, III-311 ; voir en annexe.

en renforçant la sécurité énergétique : cela pourrait créer un cadre juridique pour les coopérations et pour une agence technologique et industrielle qui promeuve des grands projets et réunisse les conditions, non seulement techniques mais aussi commerciales et financières, nécessaires à leur réalisation, qui devraient pouvoir être différentes, en tant que de besoin, des règles communautaires. À mon avis, en effet, un marché libre et concurrentiel sur la base du droit communautaire, aussi bien régulé soit-il, *ne peut pas* répondre comme il faut à ces enjeux.

À côté d'une agence pour l'armement et d'un corps d'armée commun, l'Europe a *autant* besoin d'un « Airbus » de l'électricité nucléaire pour la production de centrales nucléaires et la vente de prestations d'ingénierie à l'étranger ; mieux encore : ce sera un « EADS » de l'énergie [1] qui, en réunissant une palette complète de compétences en la matière, permettra de nouer avec la Chine, l'Inde, les États-Unis et bien d'autres pays les coopérations industrielles et technologiques qui répondent au mieux à nos besoins et à nos capacités. Les projets de type « Eureka » sur les véhicules hybrides ou les biocarburants de nouvelle génération, par exemple, réuniraient efficacement les moyens de tous les pays européens intéressés. À l'intérieur de l'Union, une coopération structurée pour la gestion de monopoles de production d'électricité serait plus efficace et plus équitable que de laisser faire des oligopoles privés, au nom de la sacro-sainte concurrence. C'est cette coopération, fixant le prix de l'électricité et celui du carburant pétrolier (pas nécessairement au même niveau dans tous les États membres), qui créerait un vaste marché européen des véhicules hybrides, donnant à la construction automobile européenne une formidable base industrielle et commerciale – elle en aura besoin pour affronter la concurrence d'autres pays.

* * *

---

1. À condition que l'État conserve un contrôle sur l'origine des capitaux.

On peut ne pas être très optimiste sur la régulation mondiale. Il faut autre chose que le processus de Kyoto, pour les raisons que j'ai dites. Et comment obliger un Indien qui a froid à renoncer au charbon qu'il a sous les pieds au motif que, s'il le brûle, il réchauffera l'atmosphère ? Comment empêcher un Chinois qui a travaillé comme un forcené pour pouvoir remplacer sa bicyclette par une automobile de consommer le carburant liquide produit à partir du charbon que la Chine possède en abondance ?

Quelle que soit la forme que prendra cette régulation mondiale – et ce n'est pas l'objet de ce livre d'en débattre plus avant –, apprêtons-nous à voir la température augmenter chez nous de quelques degrés ; rendons-nous, le plus possible, indépendants de l'énergie fossile pour ne pas souffrir des politiques brutales que l'on peut prévoir pour le bien de l'humanité ; préparons-nous à des désordres entre les peuples qui trouveront leur prétexte dans le changement climatique et mettons-nous en position de pouvoir agir utilement pour les apaiser, proposons de multiples coopérations techniques et politiques pour freiner les émissions mondiales de gaz carbonique.

Ce pessimisme doit donc, je le pense, conduire à des actes très volontaires tant au niveau national qu'au niveau européen.

Si tu veux la paix…

« *Si vis pacem, para bellum*[1]. » Pour éviter le pire, mieux vaut s'y préparer. Si nous ne voulons pas souffrir d'un manque de pétrole, de gaz ou de charbon, arrangeons-nous pour ne pas en avoir besoin.

Depuis soixante ans nos pays européens jouissent d'une paix unique dans leur histoire. Mais l'histoire du monde est tragique. Si nous voulons la paix, ne soyons pas iréniques. Les hommes se font la guerre pour accéder aux sources d'énergie ; lorsqu'ils auront pris conscience des conséquences dramatiques du changement climatique – sécheresse, famines, inondations, ouragans, montée des eaux et submersion de terres cultivées, migrations de population par millions –, iront-ils jusqu'à se faire la guerre pour *s'empêcher* de consommer de l'énergie fossile ? Ce n'est pas impossible. Entre-temps, en tout cas, ils sauront invoquer l'argument du changement climatique pour justifier des affrontements ; ce n'est pas une hypothèse ni une prévision : c'est une constatation.

Voilà le contexte stratégique où s'inscrit la lutte contre l'effet de serre.

Je sais bien qu'il est « insensé » d'imaginer que la France a intérêt à agir sans attendre une coordination mondiale efficace ; je sais bien qu'il serait « insensé » de décider d'augmenter la capacité de production d'électricité nucléaire d'une tranche par an (1,6 GW comme à Flamanville), de recommander de revenir au monopole

---

1. « Si tu veux la paix, prépare la guerre. »

de *production* d'électricité et de parler d'un impôt sur l'énergie fossile alors que tout le monde trouve que le coût de l'énergie est excessif.

Alors que faire ? Dire que l'on « diversifiera » la production d'électricité avec des éoliennes, le même genre de combinaison équilibrée que dans le pâté d'alouette, un cheval pour une alouette, puisque couvrir la France d'éoliennes permettrait de remplacer deux ou trois tranches nucléaires seulement tout en rendant nécessaire la production d'électricité à partir de gaz ou de charbon ? Financer chèrement la production d'un biocarburant qui gaspille les possibilités offertes par nos sols agricoles et forestiers ? Créer un système de marché de permis d'émettre du gaz carbonique qui pénalise notre industrie, un marché purement spéculatif d'où « émerge », comme une référence, un « prix du carbone » dénué de toute signification ? Négocier avec les autres pays pour mettre en place des marchés de parties de quotas nationaux d'émission de gaz carbonique en supposant que les États feront preuve entre eux de bonne foi et accepteront la police (surveillance et sanctions) dont n'importe quel marché a besoin pour bien fonctionner ?

Tout se passe comme si notre société et ceux qui la représentent avaient le sentiment vague mais profond que la situation qui se prépare est grave et qu'il faudra bien « faire quelque chose ». Des décisions importantes devront être prises, mais on hésite encore. De même que le baigneur (ou la baigneuse) qui s'apprête à se lancer dans une eau plutôt fraîche commence par tremper un orteil ou à se mouiller le front avant de s'immerger complètement, de même procède-t-on comme par tâtonnements, prenant des décisions dont la portée est limitée soit par les contraintes techniques (le chauffage solaire), soit par les contraintes financières (les subventions et crédits d'impôts), sans qu'il soit absolument nécessaire de vérifier leur cohérence puisqu'elles sont de faible portée, mais en sachant que tout cela devra être aménagé pour trouver sa cohérence dans un plan d'une autre ampleur qui pourrait remettre en cause certaines règles qui semblaient pourtant bien établies et quelques choix ou pratiques que l'on croyait durables.

Les Français savent que le changement climatique peut être catastrophique pour la génération de leurs enfants et pour les générations futures. Tout en s'interrogeant sur la portée d'une action de la France seule, ils se disent que si chaque pays attend les autres il ne se passera rien. Mais ils ont tout lieu d'être perplexes lorsqu'ils entendent affirmer ici que le risque climatique est grand, et là que le risque de pénurie d'énergie fossile est tout aussi grand ; leur perplexité s'accroît lorsqu'ils entendent que l'on essaie de démontrer que les deux risques peuvent durablement coexister.

Si l'on va vers une pénurie physique d'énergie fossile, pourquoi se préoccuper de l'effet de serre ? En revanche, si l'on se préoccupe de l'effet de serre, pourquoi se préoccuper d'une pénurie d'énergie fossile ? En réalité, les choses sont claires : pour éviter une catastrophe climatique – une hausse de la température moyenne qui dépasserait probablement 6 °C et pourrait dépasser 8 °C –, l'humanité devra laisser sous le sol une bonne moitié des ressources en pétrole, gaz et charbon techniquement et économiquement accessibles, même si elle en remet une partie sous terre après captage du gaz carbonique. *Le risque est donc celui du réchauffement climatique, non de l'épuisement des ressources fossiles.*

Le prix de l'énergie fossile qui émerge d'un marché mondial ne sera donc pas assez élevé pour que la consommation diminue comme le voudrait la lutte contre l'effet de serre. Certes, le prix du pétrole peut subir des soubresauts. Après le pic de 1973 et celui de 1989, il y eut une baisse. Après la hausse de prix de ces derniers mois, verra-t-on également une baisse, consécutive à la relance des investissements pour exploiter des pétroles non conventionnels et du charbon ? Ce n'est pas impossible. À mon avis, c'est même probable. Mais, au fond, que le prix du pétrole descende à 50 $/bl ou à 30 $/bl, qu'il reste au niveau qu'il connaît ou même augmente encore, *peu importe* à celui qui veut lutter contre l'effet de serre car, de toute façon, il ne se stabilisera pas assez haut puisque l'humanité dispose de ressources en énergie fossile trop abondantes.

Pour lutter contre l'effet de serre, il faut donc aller à l'encontre des orientations que donnerait une régulation exercée par le « marché ». *Une régulation politique est d'une nécessité vitale.* Elle est possible. Pour le montrer, il n'est pas nécessaire d'essayer de prévoir quelle forme elle prendra ; il suffit de voir qu'elle pourrait être le fait des dix ou douze puissances économiques les plus consommatrices d'énergie, à moins qu'elle ne soit prise en charge, une fois les réserves de pétrole bien entamées, par les six pays qui détiennent 90 % du charbon, dont quatre sont des grandes puissances stratégiques : il leur suffira de décréter un embargo. Nécessaire et possible, comment peut-on imaginer que cette régulation mondiale ne se fasse pas ?

Affirmer que le jeu du marché conduit à la catastrophe et que le salut ne peut venir que d'une implication très forte des États dans le jeu économique, voilà qui pose à nouveaux frais la question de *la relation entre l'État et les personnes individuelles.*

Rappelons-nous que Hayek, le fameux théoricien et apologiste du libéralisme, voyait comme une vertu éminente du marché que, grâce à lui, les transactions commerciales ne créent entre les personnes aucune relation de dépendance : d'une part, la relation de dépendance que pourrait causer le passage d'un objet d'une personne à une autre est tout de suite annihilée par la rémunération de cet objet ; d'autre part, le montant de la rémunération (le prix) est fixé de façon anonyme. Toute relation entre deux personnes a besoin d'un tiers, a-t-on coutume de dire. Dans le cas d'un marché, le tiers qui règle chaque transaction en en fixant le prix est comme transcendant : c'est « la main invisible du marché ». Se soumettre volontiers à la tyrannie d'un marché anonyme et ne pas à avoir à dépendre de l'autorité d'une personne ou d'une institution, tel est le secret de la « liberté », selon cette théorie.

Pour lutter contre l'effet de serre, la démarche doit être inverse. Il faut une autorité *identifiée* pour fixer le prix de l'énergie. Pour ce qui concerne la France, nous avons le choix. Ou cette autorité sera l'État français, qui attendra une coordination internationale ou qui agira sans attendre, ou ce seront les États détenteurs de charbon. J'ai montré à quel point la France a intérêt à anticiper les décisions qui seront prises ou qui nous seront imposées par les autres. Ces décisions en effet seront lourdes de conséquences. Mieux vaut anticiper et agir progressivement. Techniquement et économiquement, il est possible de diviser les émissions françaises par deux ou trois en trente ans en consentant à dépenser, pour consommer ou économiser l'énergie, davantage que si l'on ne se préoccupait pas de l'effet de serre, la différence étant seulement de 1 % – peut-être 1,5 % – du PIB. La question n'est donc pas de savoir si la France peut agir ni si elle y a intérêt. La vraie question est beaucoup plus profonde et la voici : *les Français, qui acceptent bon gré mal gré la tyrannie d'un marché anonyme, accepteront-ils des hausses de prix décidées par l'État, c'est-à-dire le gouvernement et le Parlement ?*

Aujourd'hui, la réponse est, clairement, négative. Pas de grève ni de mouvements sociaux pour protester contre une hausse de 0,2 € par litre de carburant imposée par « le marché », mais peut-on seulement imaginer ce qui se serait passé si l'État avait décidé, en quelques mois, une telle hausse des prix ? Impensable, insensé !

Or, disons-le sans détour. La lutte contre l'effet de serre ne peut être gagnée que si le prix à la consommation finale du carburant augmente *encore* pour laisser de plus en plus de place à d'autres formes d'énergie et pour que soient financièrement justifiées plus de dépenses pour économiser l'énergie. Il faudra pour cela combiner des obligations réglementaires (réglementations techniques, obligation d'utiliser de la bioénergie, par exemple) et un impôt sur l'énergie fossile, un « impôt climat » dont le montant sera fixé de façon que le prix à la consommation finale de l'énergie fossile augmente progressivement. Mais cette hausse n'est pas démesurée, tant s'en faut !

Les réflexions présentées dans ce livre montrent à quelles conditions cette hausse de prix pourrait être limitée à 1 centime d'euro par litre de carburant ou 10 € par mètre cube de fioul de plus chaque année, en plus de l'inflation, soit, au bout de trente ou quarante ans, 0,3 ou 0,4 € par litre, 300 ou 400 € par mètre cube de plus qu'en 2005, en monnaie constante. Le programme d'actions est alors facile à définir : est une « bonne action climat » toute action qui serait moins onéreuse que l'utilisation de l'énergie fossile si le prix du pétrole était à 100 $/bl : ce programme est indépendant du prix du pétrole ! Cela confirme qu'il est inutile de trop s'attarder à vouloir prévoir l'évolution du prix du pétrole. Mieux vaut étudier comment rendre possibles toutes ces bonnes actions climat – et éviter d'encourager celles qui sont plus onéreuses.

Parmi les décisions à prendre, l'accord sera général sur l'utilisation de la biomasse, du chauffage solaire, des pompes à chaleur, des véhicules hybrides. Avec la hausse du prix de l'énergie, l'autre décision à prendre qui sera controversée est celle de lancer sans délai la construction de 2 puis 3 tranches nucléaires chaque année. Tout le monde serait content de pouvoir se passer d'énergie nucléaire, mais tout le monde sait que la planète ne pourra pas maîtriser la hausse de température sans recourir à l'énergie nucléaire. Je ne pense pas qu'en France nous soyons prêts à faire ce qu'il faudrait pour diviser nos émissions de gaz carbonique par deux, trois ou quatre sans augmenter notre capacité de production nucléaire : cela demanderait un effort financier et un changement de comportement tels qu'ils ne pourraient être obtenus de nos concitoyens que sous l'effet d'une pression morale ou d'une contrainte qui, à mon avis, ne seraient pas acceptées. Or, la France a la capacité de développer un programme de construction nucléaire dans les meilleures conditions de sûreté. Ce faisant, elle apportera à la lutte mondiale contre le changement climatique une contribution à la hauteur des responsabilités que lui donne son niveau de développement économique, elle se mettra en situation de participer de façon déterminante à la nécessaire régulation mondiale du nucléaire et elle se donnera les moyens d'exporter cette technologie qu'elle aura développée chez elle.

Hausse du prix, augmentation de la capacité nucléaire : voilà la pierre de touche de toute politique de lutte contre l'effet de serre. Comment y parvenir si l'autorité de l'État ne suffit pas à convaincre une opinion méfiante ?

C'est probablement pour contourner cette difficulté que bien des personnes sincèrement préoccupées par l'effet de serre nous annoncent que le marché du pétrole portera son prix à des niveaux très élevés ; peu importe si le prix n'atteint pas ces niveaux, se disent-elles peut-être : les investissements réalisés pour économiser la consommation d'énergie auront été faits et seront utilisés, pour le plus grand bien de la lutte contre l'effet de serre. Ce n'est sans doute pas la meilleure méthode pour renforcer la crédibilité de l'État. D'autres attendent le salut de décisions prises par l'Union européenne, conformément au réflexe bien établi et déplorable de faire prendre par l'Union européenne les décisions impopulaires – pratique qui, elle non plus, ne renforce pas la crédibilité de l'État et qui, ici, est assez malvenue puisque les situations entre les États membres sont tellement différentes qu'une politique uniforme est moins efficace qu'une ensemble de politiques spécifiques.

Comment donc faire en sorte que la population ait suffisamment confiance en l'État pour accepter les efforts qu'il lui demandera ?

La question est évidemment complexe mais il existe des conditions minimales assez simples à formuler :

- La cohérence tout d'abord : cohérence entre les ressources et les emplois d'énergie, entre les énergies et les émissions de gaz à effet de serre ; entre les délais et les contraintes techniques ; entre les techniques et les coûts ; entre les coûts et les financements.

- Le respect des ordres de grandeur ensuite : ne pas prendre une réalisation anecdotique pour une voie d'avenir, distinguer ce qui porte sur 1 Mtep ou sur 20.

- Éviter de donner l'impression de favoriser les uns ou de charger les autres ; pour cela, afficher des critères simples et uniformes ; traiter spécialement les situations les plus difficiles.

- Mettre le programme sous la surveillance d'une instance large, associant diverses composantes de notre société. Rendre compte de la réalisation du programme avec, toujours, cette vision complète et cohérente.

Je posais la question : comment réaliser un tel programme sans la confiance de la population ? La question peut être retournée : un tel programme ne serait-il pas l'occasion de restaurer la confiance entre l'État et la population ? Nos concitoyens sont *en manque de grand projet*, de projet fédérateur. Quel meilleur terrain pour bâtir de tels projets que celui-ci ? Tous les secteurs d'activité sont concernés : bâtiment et travaux publics, construction électrique, télécommunications, génie chimique, agriculture, forêts, agronomie ; recherche, urbanisme, construction d'équipements ou d'usines, services collectifs ; aussi bien dans les grandes villes que dans les petites, autant en milieu urbain que dans les campagnes. Et les bénéfices d'un tel programme sont de tous ordres : économique, environnemental, diplomatique, stratégique, touchant l'avenir proche et l'avenir lointain.

L'Union européenne pourrait trouver sur ce terrain de la matière pour une plus grande vitalité ; elle pourrait expérimenter de nouvelles façons de coopérer ou, plus exactement, mettre en œuvre des méthodes qui se sont montrées efficaces aussi bien dans le domaine de la défense que pour Airbus ou Ariane. Une Union européenne forte de la diversité des pratiques nationales de ses États membres sera un acteur de poids sur la scène internationale.

* * *

J'ai insisté à plusieurs reprises pour montrer que ce programme n'implique pas comme condition *préalable* un changement de mentalité ; j'y insiste de nouveau car je crois que poser une telle condition préalable serait la meilleure façon de bloquer les évolutions. Par ailleurs il ne faut pas tromper les gens en leur disant que, de toute façon et inéluctablement, le prix de marché du pétrole augmentera suffisamment pour que soit gagnée la lutte contre l'effet de serre. La voie est donc étroite : ne pas invoquer de changement de mentalité ni de genre de vie, ne pas se cacher derrière la « main invisible » du marché ni derrière des décisions de l'Union européenne, mais dire que nous assumerons nos responsabilités en construisant des centrales nucléaires et que l'énergie sera chère parce que nous le *voulons*, en ajoutant que le surcoût ainsi créé n'est pas très important et que nous en tirerons avantage. L'expérience de la sécurité routière nous montre que les citoyens acceptent de changer de pratique lorsque cela s'accompagne de considérations financières ; alors le changement de mentalité *suit* le changement de pratique. Si le prix de l'énergie fossile augmente, les pratiques évolueront ; les mentalités suivront et notre regard sur les ressources naturelles et sur l'environnement se modifiera probablement.

Mais, aujourd'hui, il est temps de nous préparer à des confrontations qui seront de plus en plus âpres, qui trouveront un motif, dans la plus grande confusion, tantôt dans les besoins d'énergie fossile et tantôt dans la nécessité de ne pas la consommer, jusqu'à ce qu'apparaisse de façon évidente que le risque qui menace l'humanité vient d'une surabondance d'énergie fossile ; alors, je ne sais comment, mais il est probable que la force sera utilisée pour en limiter l'usage, une force contrôlée par des nations puissantes ou une force qui prendra d'autres formes. Il est donc temps de s'organiser pour diminuer beaucoup notre consommation d'énergie fossile.

J'espère que ce livre apportera des éléments utiles pour que soit élaboré un projet collectif, une tâche qui relève du politique.

Quand ? Maintenant.

Les familles de scénarios du GIEC

En réponse à l'invitation lancée par le GIEC (Groupe d'experts intergouvernemental sur l'évolution du climat) à toutes les équipes de scientifiques concernées, soixante-dix scénarios simulant l'activité humaine ont calculé ce que pourraient être les émissions de gaz carbonique d'origine fossile. Le GIEC a ensuite classé ces scénarios en plusieurs familles.

- **La famille A1** suppose que les modèles de développement des différentes zones du monde *convergent* ; la population mondiale passe par un maximum de 9 milliards en 2050 puis revient à 7 milliards en 2100.

Cette famille A1 comprend trois groupes, selon que l'énergie utilisée est surtout d'origine *fossile* (charbon, pétrole ou gaz – c'est le groupe A1F1) ou fait plus ou moins appel à d'autres sources (A1T consomme très peu de fossile ; A1B est intermédiaire).

- **La famille A2** au contraire suppose que les modèles de développement *divergent* d'une zone à l'autre, chaque zone étant autosuffisante et la *population mondiale continuant d'augmenter* pour atteindre 15 milliards d'habitants en 2100.

- **La famille B1** fait les mêmes hypothèses que A1 sur la démographie et sur la *convergence* des modèles de développement mais suppose que l'activité économique et sociale évoluera rapidement vers *les services*.

- **La famille B2**, comme A2, suppose que l'accent est mis sur *l'autonomie* mais avec une *croissance démographique moins rapide* (10 milliards d'habitants en 2100) et avec une préoccupation plus grande pour la *protection de l'environnement*.

Les quantités de gaz carbonique émises

Les scénarios réalisés en réponse à l'appel du GIEC donnent une image, sans doute exhaustive, du champ des possibles. Il est extrêmement ouvert puisque les émissions annuelles de gaz carbonique dues aux combustibles fossiles, qui étaient de 6 milliards de tonnes de carbone en 1990, seront, selon les scénarios, en 2050, de 11 à 23 milliards de tonnes et, en 2100, de 4 à 30 milliards de tonnes.

Les concentrations du gaz carbonique dans l'atmosphère

Pour apprécier l'effet d'un scénario sur l'atmosphère, il ne suffit pas de considérer la concentration du gaz carbonique en 2100, car le rythme d'émission ne changera pas brusquement en 2100.

Valeur moyenne des concentrations
selon les scénarios d'une même famille (en ppm)

Familles de scénarios	Concentrations en 2100 (ppm)	Évolution de la teneur en 2100
B1 : convergence, économie de services	520	Stabilisée en 2100
A1T : convergence, accent sur le non-fossile	530	Stabilisée en 2100
B2 : autonomie, démographie maîtrisée	600	Croissante en 2100
A1B : convergence, équilibre fossile / non fossile	700	Croissante en 2100
A2 : autonomie, forte démographie	850	Fortement croissante en 2100
A1F1 : convergence, pleine utilisation de l'énergie fossile	900	Fortement croissante en 2100

Pourquoi se donner comme objectif une division par quatre des émissions françaises de gaz à effet de serre ?

Si les continents et les océans absorbent 3 milliards de tonnes de carbone par an, si la population mondiale se stabilise à 9 milliards d'habitants et si l'on admet que chaque habitant a le droit d'émettre la même quantité, cela fait 330 kg de carbone par habitant, donc, pour la France, 22 millions de tonnes. Or les émissions françaises de gaz à effet de serre, exprimées en tonnes d'équivalent gaz carbonique, sont de 520 millions de tonnes de gaz carbonique soit 143 millions de tonnes de carbone. Pour 62 millions d'habitants, cela fait 2,3 tonnes par habitant. C'est donc *par sept* que la France devrait diviser ses émissions – encore plus si l'on pense que l'océan et les continents, du fait de l'augmentation de température et des quantités de gaz carbonique déjà absorbées par l'océan, ne pourront absorber que 2 milliards de tonnes de carbone par an.

Par contre si le «droit à émettre», notion qui aujourd'hui n'a aucune consistance juridique, est lié au PIB, le résultat est très différent.

Une note de calcul établie par le ministère de l'Industrie dans le cadre des travaux du groupe «Facteur 4» qui a été créé par le Premier ministre en 2005 et qui a remis son rapport en juin 2006 (voir l'adresse d'un site Internet en bibliographie) montre ceci :

Si le PIB mondial augmente de 3 % par an, pour diviser par deux les émissions mondiales il faudra que le ratio émissions/PIB (exprimé en kilos de carbone par dollar 95 en parité de pouvoir d'achat) diminue de 89 %, passant, pour ce qui concerne les émissions dues à l'énergie, à 0,018. La valeur de ce ratio est en France, aujourd'hui, de 0,07. Supposant que la croissance du PIB de la France soit de 2,3 %, il sera multiplié par 3 en cinquante ans. Pour que le ratio descende à la valeur de 0,018, il suffirait que les émissions françaises dues à l'énergie diminuent de 25 % seulement.

Cet exercice montre l'influence du choix des critères. L'objectif d'une division par quatre des émissions françaises apparaît comme un point moyen entre ces deux perspectives.

Émissions françaises *totales* de gaz à effet de serre et émissions liées à l'*utilisation de l'énergie*

Le gaz carbonique n'est pas le seul gaz responsable de l'effet de serre. On peut compter l'ensemble de ces gaz en « tonnes d'équivalent gaz carbonique », quantité de gaz carbonique qui aurait le même effet que l'ensemble des gaz à effet de serre – celle-ci pouvant être comptée en tonnes d'équivalent carbone.

Les émissions françaises de gaz à effet de serre sont de 143 millions de tonnes d'équivalent carbone. Les usages énergétiques des énergies fossiles sont la cause de l'émission de 105 MtC soit 70 % du total. La différence vient surtout de la fermentation entérique des ruminants et des déjections animales, qui relâchent du méthane. Les autres émissions sont les émissions de méthane d'origine diverse (industrie, distribution de gaz) et des autres gaz à effet de serre (oxydes d'azote, corps organochlorés).

Les réflexions présentées ici traitent seulement des émissions de gaz carbonique dues à la consommation d'énergie. Elles n'abordent pas la question des émissions dues à l'élevage, c'est-à-dire, en définitive, à nos habitudes alimentaires, responsables de l'émission d'importantes quantités de gaz à effet de serre. À noter néanmoins des résultats très encourageants : l'addition de graines de lin dans la nourriture des vaches permet de diminuer de 40 % leurs émissions de méthane : nous ne serons pas obligés de devenir végétariens.

Les émissions de gaz carbonique dues à la production d'électricité pendant les périodes de pointe

Cette annexe tend à montrer que les moyens de production électrique qui fonctionnent pendant les heures de pointe sont surtout les moyens de base ou de semi-base, qui n'émettent pas de gaz carbonique, et que les émissions peuvent être beaucoup diminuées en réduisant la puissance appelée en pointe.

Les moyens de production dont le coût de fonctionnement est faible et le coût d'investissement élevé ont un prix de revient plus bas, lorsqu'ils sont utilisés suffisamment longtemps, que d'autres moyens dont le coût de fonctionnement est élevé et le coût d'investissement plus faible. Appelons ces derniers des moyens de pointe.

Il existe une durée de fonctionnement, exprimée en heures par an, telle que le coût de production des moyens de pointe est égal à celui d'un autre moyen de production qui, sur une durée de fonctionnement plus longue, coûterait moins cher que ces moyens de pointe. À cette durée d'utilisation correspond une puissance P_0 appelée par la demande. La capacité de pointe est la capacité de production qui permet de répondre à des niveaux de puissance supérieurs à P_0.

Les moyens qui ne sont pas des moyens de pointe sont appelés moyens de base ou de semi-base.

Les moyens de pointe sont les barrages, qui n'émettent pas de gaz à effet de serre, et des turbines à combustion ou des groupes électrogènes qui en émettent. Si l'on tient compte de l'effet de serre, selon les hypothèses retenues ici, les moyens de base et de semi-base sont l'hydraulique au fil de l'eau et les centrales nucléaires, qui n'émettent pas de gaz carbonique.

La demande d'électricité est représentée par une courbe appelée « monotone » qui se lit ainsi : si un point d'abscisse t (exprimée en heures) a pour ordonnée p (exprimée en GW), cela veut dire que la puissance appelée par la consommation est supérieure à p pendant t heures en une année.

Le graphique montre que la plus grande partie de l'électricité produite pendant les heures de pointe est produite par des moyens qui n'émettent pas de gaz carbonique; il montre également comment le fait de diminuer *un peu* la puissance appelée quelques heures par an permet de *beaucoup* diminuer les émissions dues à la production d'électricité.

Figure 6

Courbe de consommation d'électricité ;
production de pointe et production de base

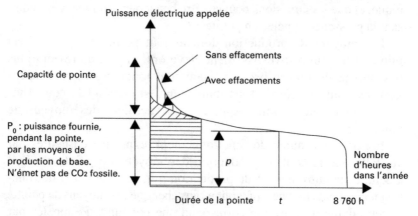

Puissance électrique appelée

Capacité de pointe

Sans effacements

Avec effacements

P_0 : puissance fournie,
pendant la pointe,
par les moyens de
production de base.
N'émet pas de CO2 fossile.

p

Nombre
d'heures
dans l'année

Durée de la pointe t 8 760 h

Effacements pour abaisser la pointe

Quantités fournies
par les moyens de pointe

Quantités fournies
par les moyens de base
pendant les heures de pointe

Détail de quatre tableaux croisés de ressources et emplois de l'énergie. La situation actuelle et trois jeux d'hypothèses, dans trente ou quarante ans

Aujourd'hui. Émissions de CO_2 : 105 MtC

En Mtep	Charbon	Électricité	Biomasse pour chauffage	Chauf. solaire	Gaz	Biogaz	Biocarburant	Produits pétroliers	Total
Ind. & agric.	5,7	12	1,7		14,5			8,3	42,2
Transport		1			0,1		0,4	48,9	50,4
Résidentiel & tertiaire									0
Chauffage, cuisson	0,4	10,4	8,4	0,1	20,7	0,2		14,9	55,1
Électricité spécifique*		13							13
Total énergie finale	**6,1**	**36,4**	**10,1**	**0,1**	**35,3**	**0,2**	**0,4**	**72,1**	**160,7**

* Électricité spécifique : utilisée pour autre chose que la cuisson, l'eau chaude et le chauffage : appareils électroménagers et électroniques et climatisation notamment.

Dans trente ou quarante ans

Tableau A
**Consommation stabilisée, forte mobilisation de la biomasse,
la capacité de production d'électricité augmente d'un EPR par an
(augmentation de la capacité de 80 %)**
Émissions de CO_2 : 38 MtC

En Mtep	Charbon	Électricité	Biomasse pour chauffage	Solaire, PAC*	Gaz	Biogaz déchets	Biocarburant	Produits pétroliers	Total
Ind. & agric.	3	18	6		11	2		1	41
Transport		8**			2	1	22	10	43
Résidentiel & tertiaire									
Chauffage		19	15	5	8	1		2	50
Électricité spécifique		16							16
Total énergie finale	**3**	**61**	**21**	**5**	**21**	**4**	**22**	**13**	**150**

---

* PAC : pompes à chaleur.
** Dont 6 Mtep pour le transport sur route, équivalant à 18 Mtep de carburant liquide.

Tableau B
**Consommation stabilisée, bonne mobilisation de la biomasse,
remplacement des centrales nucléaires nombre pour nombre
(augmentation de la capacité de 50 %)**
Émissions de CO_2 : 55 MtC

En Mtep	Charbon	Électricité	Biomasse pour chauffage	Solaires, PAC	Gaz	Biogaz déchets	Biocarburant	Produits pétroliers	Total
Ind. & agric.	3	18	6		11	2		1	41
Transport		6*			2	0	11	28	47
Résidentiel & tertiaire									
Chauffage		14	15	5	13	1		2	50
Électricité spécifique		16							16
Total énergie finale	**3**	**54**	**21**	**5**	**26**	**3**	**11**	**31**	**154**

---

* Dont 4 Mtep pour le transport sur route, équivalant à 12 Mtep de carburant liquide.

Tableau C
Diminution de la consommation, bonne mobilisation de la biomasse, remplacement des centrales nucléaires nombre pour nombre (augmentation de la capacité de 50 %)
Émissions de CO_2 : 44 MtC

En Mtep	Charbon	Électricité	Biomasse pour chauffage	Solaire, PAC	Gaz	Biogaz déchets	Biocarburant	Produits pétroliers	Total
Ind. & agric.	3	18	6		11	2		1	41
Transport		7*			2	0	11	17	37
Résidentiel & tertiaire									
Chauffage		13	15	5	11	1		2	47
Électricité spécifique		16							16
Total énergie finale	**3**	**54**	**21**	**5**	**24**	**3**	**11**	**20**	**141**

* Dont 5 Mtep pour le transport sur route, équivalant à 15 Mtep de carburant liquide.

Coût d'utilisation d'un véhicule hybride rechargeable et d'un véhicule électrique

1. Le véhicule hybride rechargeable

Hypothèses

Taxe transport (représentant les effets externes locaux, aujourd'hui la TIPP) :
- sur le carburant liquide : son niveau de 2006 sur le gazole, soit 430 €/m³,
- sur l'électricité : par kilomètre parcouru, le tiers de la taxe transport perçue sur le carburant liquide – car les effets externes locaux sont bien moindres.

Impôt «climat» sur le carburant pétrolier : il est calculé pour porter le prix TTC à 1,45 €/l. Si le pétrole est à 50 $/bl, l'impôt climat est de 430 €/tC.

Le prix du biocarburant, y compris la taxe transport et la TVA mais sans impôt climat, est égal à 1,45 €/l.

Le rendement d'un moteur électrique est, en ville, trois fois meilleur que le rendement d'un moteur thermique.

Prix de l'électricité : il est lié au coût de production de l'électricité nucléaire ; c'est un prix avec effacement en heures de pointe (sans qu'il soit besoin de donner un préavis). On retient le tarif Tempo en période bleue et, pour l'abonnement, le complément par rapport à un abonnement de moindre puissance.

Le surcoût comporte une double motorisation, une batterie permettant de faire 30 km et une régulation électronique. Selon des indications données par les industriels, il devrait être possible de beaucoup diminuer le prix des batteries grâce au progrès technique et, surtout, avec une production en très grande série.

Gazole à 1,45 /l
Électricité au coût du nucléaire, tarif à effacements sans préavis

Surcoût de la voiture hybride (€ TTC)*	6 000	5 500	4 500
Nombre de km parcourus à l'électricité par an	10 000	7 000	5 500
Dépenses supplémentaires (+), ou économies (–), en €/an	– 94	+160	+170

* Le surcoût pourrait être diminué grâce à une subvention à l'achat. En effet, ceux qui utiliseront beaucoup ce type de véhicules en ville bénéficieront, plus que les autres, de la baisse de coût qui sera rendue possible par une très large diffusion de ce type de véhicules. Tout le monde gagnerait donc à alléger le coût du véhicule pour ceux qui l'utilisent peu en ville. Cette subvention serait financée par un prélèvement sur l'électricité.

Ce tableau est seulement indicatif, bien sûr. Il montre l'effet sur les dépenses du coût du véhicule et du nombre de kilomètres parcourus à l'électricité.

2. Le véhicule purement électrique

On peut se référer au même tableau. Si le surcoût du véhicule est de 6 000 €, l'utilisation d'un véhicule tout électrique qui parcourt 10 000 km/an est intéressante par rapport à un véhicule classique, si le carburant coûte 1,45 €/l.

Le véhicule électrique trouvera son marché si l'autonomie des batteries devient suffisante.

Combien dépenser pour les économies d'énergie de chauffage ? Coût marginal et coût moyen

Un coût maximal

Si la capacité de production d'électricité nucléaire est suffisante et si le prix de l'électricité est proche de son coût de production, le coût marginal est de 400 ou 430 €/tC, supposant le pétrole à 50 $/bl.

Par contre, si l'électricité était produite à partir de charbon avec séquestration du gaz carbonique, le coût du carbone du remplacement de carburant par de l'électricité dans les véhicules serait de 800 €/tC et celui de l'utilisation de l'électricité pour chauffer l'eau du chauffage central serait de 1 200 €/tC environ. Ce moyen ne serait sans doute pas retenu, car trop onéreux. Le coût marginal du programme de réduction des émissions serait donc compris entre 800 et 1 200 €/tC, supposant le pétrole à 50 $/bl.

Le « coût du carbone »
de la nouvelle réglementation thermique, la RT 2005

C'est le surcoût généré par la RT 2005, en comparant les dépenses qu'elle génère à celles qui sont générées par la précédente réglementation thermique, la RT 2000.

Par rapport à la RT 2000, la RT 2005 entraîne un surcoût de la construction de 2 % sur 1 200 €/m², soit 24 €/m², ou 1 700 € HT pour un logement de 70 m². L'annuité équivalente (à 4 % d'intérêt) est de 125 €. La RT 2005 permet une économie d'énergie de chauffage de 15 %, soit 0,1 tep/an.

Si le chauffage est au gaz, en termes financiers l'économie, qui ne porte pas sur l'abonnement, est de 45 €/an, supposant le pétrole à 50 $/bl. Le surcoût est donc de 80 €/an pour économiser 0,1 tep/an ; à quoi il faut ajouter le surcoût d'entretien d'une chaudière plus performante. En tout un surcoût de 900 €/tep, soit *1 200 €/tC*. Si le chauffage est au fioul (ce qui devient peu fréquent), les achats de fioul diminuent de 60 €/an ; le surcoût est donc de 65 €/an, pour éviter l'émission de 0,1 tC. Le coût du carbone est donc de 650 €/tC.

Si on évalue la RT 2005 seulement au regard de la lutte contre l'effet de serre, il semble donc qu'elle soit très coûteuse.

Coût marginal et coût moyen

Figure 7

Économies d'énergie : coût marginal et coût moyen

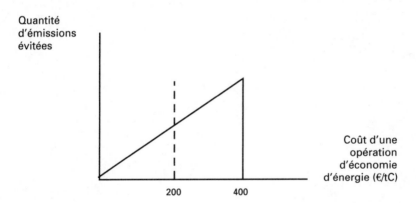

Coût moyen des économies d'énergie si le coût maximal est de 400 €/tC

Supposant le pétrole à 50 $/bl et le fioul à 500 €/m³ HT. Il existe des actions d'économies d'énergie qui ne sont pas faites mais qui seraient décidées si le pétrole était 10 % plus cher, et le fioul, en conséquence, lui aussi, 10 % plus cher, donc à 550 €/m³ HT. Le «coût de ces actions» est donc inférieur à 50 €/m³ (550 - 500), soit environ 60 €/tC. Pour éviter des émissions de gaz carbonique d'origine fossile, il existe d'autres actions qui ne deviendraient intéressantes que si le prix du pétrole était de 70 $/bl ; leur coût serait de 100 €/tC, etc. Les plus coûteuses des actions dont on a besoin pour diviser par trois les émissions coûteront 400 €/tC. Quel est le coût moyen de toutes ces actions d'économie de chauffage ? Il nous suffit ici de dire qu'il est d'environ 200 €/tC, la quantité de fioul ou de gaz ainsi économisée étant de 15 Mtep, soit presque autant de tonnes de carbone.

Les dépenses générées par le programme de division par trois des émissions de gaz carbonique

Dépenses annuelles supplémentaires, en milliards d'euros par an HT, dans trente ans, pour diviser par trois les émissions de gaz carbonique fossile dues à la consommation d'énergie, en comparaison avec une évolution tendancielle, en supposant que le pétrole coûte 50 $/bl et que le prix de l'électricité est calculé sur le coût de production de l'électricité nucléaire.

Le calcul est fait avec un coût marginal de 400 €/tC. En première approximation, le résultat est proportionnel au coût marginal (voir tableau page suivante).

	Surcoût par rapport à la consommation d'énergie fossile en €/tC	Quantité d'énergie fossile remplacée ou économisée en Mtep	Quantité de carbone fossile évitée, en MtC	Dépenses supplémentaires en G€/an
Substitution d'énergie non fossile à de l'énergie fossile				
Biocarburant de nouvelle génération	400	22	21	8,2
Biomasse chaleur, biogaz	de 0 à 400	15	13	2,6
Électricité dans les véhicules	400 (1) en moyenne	18 (6 Mtep électr.)	17	6,8
Chauffage solaire et PAC*	400	5	4	1,6
Électricité dans le chauffage, y/c PAC**	400	8	7	2,8
Économies d'énergie*	de 0 à 400	15	25	5
Total		**96**	**86**	**27,2**

---

* Chaleur prise à l'eau ou à l'air par les pompes à chaleur.
** Énergie électrique faisant fonctionner les pompes à chaleur.
*** Y compris une somme équivalente à une moindre satisfaction de la demande de transport due au fait que les distances parcourues sont inférieures à l'évolution tendancielle, pour 2 G€ environ.

Les bonnes actions climat : application d'un critère de coût et d'un critère de rendement

Critère 1 : Le « prix du pétrole équivalent » (PPE) d'une action qui évite l'émission de gaz carbonique fossile est le niveau que le prix du pétrole devrait atteindre pour que l'action soit moins coûteuse que l'utilisation d'énergie fossile, sans aide financière ni fiscale. Pour être une « bonne action climat » (BAC), une action doit avoir un PPE inférieur ou égal à 100 \$/bl. Une action dont le PPE est de 100 \$/bl a un coût du carbone de 400 €/tC, supposant le pétrole à 50 \$/bl. Une action dont le PPE est de 50 \$/bl a un coût du carbone nul.

Critère 2 : La bonne utilisation du sol, lorsque l'action fait appel à la *biomasse* : quantité d'émissions évitées par hectare et par an. Pour être une BAC, une action doit avoir un ratio supérieur à 2 tC/ha/an (voir tableau pages suivantes).

Économies d'énergie
Isoler les combles d'un bâtiment . . . .

Poser des vitres isolantes quand il faut changer la menuiserie . . . .

Avancer de quelques années le remplacement d'une vieille chaudière . . . .

La réglementation technique 2005 *vs* la RT 2000 . . . .

Diviser par trois la consommation d'un logement existant . . . .

Substituer une énergie non fossile à une énergie fossile par un réseau de chaleur
Biomasse ou géothermie au lieu de gaz dans un réseau existant . . . .

Chaleur d'incinération au lieu de gaz dans un réseau existant . . . .

Chaleur d'incinération, chaleur de géothermie ou chaleur de biomasse dans un réseau à créer . . .

Bois de feu . . . .

Pompe à chaleur . . . .

Chauffe-eau solaire . . . .

Électricité effaçable pour se chauffer . . . .

Biocarburant
Éthanol (ex. : céréales) – je ne connais pas le coût de production** . . . .

Biodiesel . . . .

Carburant de nouvelle génération, plante entière . . . .

Véhicules hybrides – dépend des distances parcourues à l'électricité . . . .

Production d'électricité
Éolienne v/s production d'électricité à partir de gaz*** . . . .

Éolienne v/s production d'électricité nucléaire . . . .

Cogénération à partir de gaz d'électricité et de chaleur*vs* électricité à partir de gaz et chaleur
    à partir de biomasse . . . .

Cogénération à partir de biomasse *vs* électricité à partir de gaz et chaleur à partir de biomasse . .

Production d'électricité seule à partir de bois *vs* électricité à partir de gaz . . . .

Production d'électricité seule à partir de bois *vs* électricité nucléaire . . . .

---

* Utiliser de l'électricité effaçable sera une bonne action climat lorsque nous disposerons de capacités suffisantes de production d'électricité nucléaire.

** Les aides à l'éthanol procurent à la filière de production les mêmes recettes que si le pétrole était à 150 $/bl.

*** Ce coût des éoliennes ne tient pas compte des nuisances ; il est évalué ici en considérant que la moitié de la production remplace une électricité nucléaire et la moitié une électricité faite à partir de gaz ; dès qu'on pourra disposer d'une capacité d'électricité nucléaire suffisante, les éoliennes resteront coûteuses et ne présenteront plus aucune utilité.

prix du pétrole équivalent	émissions évitées/ha/an	Bonne action climat?
< 50 $/bl		OUI
< 50 $/bl		OUI
< 50 $/bl		OUI
200 $/bl		
200 $/bl?		
65 à 95 $/bl	3	OUI
< 50 $/bl		OUI
< 90 $/bl		OUI
50 à 65 $/bl	3 à 4	OUI
95 $/bl		OUI
100 $/bl		OUI
90 $/bl		OUI*
100 $/bl?	0,8	
80 $/bl	0,8	
100 $/bl	de 2 à 4	OUI
< 100 $/bl		OUI
90 $/bl		
Infini		
Infini		
95 $/bl	2	OUI
100 $/bl	1	
Infini	0	

Réglementation, fiscalité, incitation.
Le chauffage d'une maison individuelle

Pour atteindre un même but, l'État peut choisir plusieurs voies. Voici un apologue qui montre clairement comment *le pouvoir d'achat d'un ménage* dépend du moyen choisi par l'État.

Prenons le cas d'une maison individuelle, occupée par son propriétaire, qui consomme aujourd'hui 4 m^3 de fioul par an. On peut dire qu'il s'agit d'une seule maison ou de deux maisons qui consomment chacune 2 m^3/an ; cela ne change rien au raisonnement.

Pour diminuer la consommation, il serait possible de faire des travaux d'isolation ; l'annuité correspondant à ces investissements serait de 700 €[1] et cela permettrait d'économiser 1 m^3/an. Il serait possible également de mettre des panneaux solaires ; l'annuité et les dépenses d'entretien feraient ensemble 800 €/an et cela permettrait d'économiser encore 1 m^3 de fioul par an. Autre possibilité : mettre une résistance électrique dans l'eau du chauffage central et utiliser l'électricité à la place du fioul en dehors des heures de pointe ; pour 900 €/an, cela permettrait d'économiser 1 m^3/an. Ces valeurs sont arrondies pour simplifier. Le propriétaire pourrait également diminuer sa consommation en abaissant la température. Dans notre cas, il ne s'y résignera qu'après avoir fait les trois opérations précédentes.

Supposons que le pétrole est à 50 $/bl et le fioul à 600 €/m^3 TTC. Avant de faire des travaux, le propriétaire dépense donc pour son chauffage 2 400 € TTC par an.

1. Si l'État agit par la réglementation et qu'il décide par exemple qu'un pavillon comme celui-là *ne doit pas* consommer plus de 2 m^3 de fioul par an, le propriétaire fera les travaux d'isolation et installera des panneaux solaires. Dès lors il paiera chaque année 700 € pour l'isola-

---

1. Le raisonnement est rigoureux si l'on suppose que c'est l'annuité d'un emprunt qui court pendant toute la durée où l'investissement est utilisé.

tion, 800 € pour les panneaux solaires et 2 m³ de fioul à 600 €/m³, soit en tout 2 700 €. Si la réglementation oblige à ne pas consommer plus de 1 m³, il faudra encore remplacer 1 m³ de fioul par de l'électricité. Les dépenses totales seront alors de 3 000 €/an.

   2. Comme nous sommes dans un pays de liberté, l'État préfère *inciter* les propriétaires. Son administration connaît parfaitement le coût des travaux à faire dans chaque pavillon et dit en conséquence au propriétaire qu'il pourra bénéficier d'une aide de 100 €/an s'il fait des travaux d'isolation qui permettent d'économiser 1 m³ de fioul par an, de 200 €/an pour s'équiper de panneaux solaires qui économisent 1 m³ de fioul par an. Les travaux seront faits, la consommation de fioul aura été diminuée de 2 m³/an et cela n'aura rien coûté au propriétaire. Pour encore diminuer la consommation de 1 m³/an, il suffira de subventionner à hauteur de 300 € l'électricité qui permet de remplacer 1 m³ de fioul. Mais l'État, pour financer ces aides (300 € pour économiser 2 m³, 600 € pour en économiser 3), devra augmenter ses impôts : c'est le contribuable qui paiera pour les consommateurs.

   3. L'État peut aussi décider de mettre un impôt sur l'énergie fossile à un niveau suffisant pour amener le propriétaire à diminuer sa consommation d'énergie fossile. Pour réduire la consommation de 1 m³/an, il suffira d'un impôt légèrement supérieur à 100 €/m³. Alors le propriétaire paiera 700 € pour ses travaux d'isolation et *aussi* un impôt sur les 3 m³ de fioul qu'il continuera de consommer, soit en tout au moins 2 800 €/an, 400 € de plus que ce qu'il dépensait auparavant. Si cet impôt est légèrement supérieur à 200 €/m³, le propriétaire fera les travaux d'isolation et s'équipera en panneaux solaires. Alors ses dépenses seront de 700 €/an pour l'isolation, 800 €/an pour les panneaux solaires et 1 600 €/an pour les 2 m³ de fioul qu'il continuera de consommer chaque année, soit en tout 3 100 €/an. Si l'impôt est de 300 €/m³, il remplacera 1 m³ de fioul par de l'électricité et dépensera en tout 3 300 €/an.

   Grâce à l'isolation, aux panneaux solaires et au remplacement du fioul par de l'électricité hors des heures de pointe, la consommation de fioul aura été divisée par quatre sans diminution du confort, ce qui n'est pas mal. Supposons qu'il faille faire davantage. C'est possible en diminuant la température intérieure des logements. On voit mal comment l'État pourrait utiliser la méthode réglementaire ni comment il pourrait subventionner ceux qui chauffent moins chez eux. Par contre la méthode qui utilise un impôt sur le fioul peut être efficace. Si l'impôt est porté à 400 €/m^3, le propriétaire, ne voyant pas comment il pourrait contrôler sa facture autrement, diminuera de 0,3 m^3 sa consommation annuelle de fioul, déjà réduite à 1 m^3, en chauffant moins pendant les heures de pointe. Dès lors, les émissions de gaz à effet de serre auront été divisées par plus de cinq.

4. L'État peut également créer un impôt dont il utilisera le produit pour aider au financement des investissements nécessaires. Cet impôt augmente le coût de l'énergie fossile. En conséquence, le montant de la subvention qui rendra intéressantes les dépenses qui permettent d'éviter de consommer du fioul sera inférieur. Pour diminuer la consommation de 1 m^3, il suffira d'un impôt de 25 €/m^3. Pour ramener la consommation de fioul à 2 m^3 par an, c'est-à-dire la diviser par deux, un impôt de 75 €/m^3 suffira pour financer les subventions qui inciteront les propriétaires à investir pour diminuer leur consommation. En effet, là où la consommation était de 4 m^3/an et passe à 2 m^3/an, l'impôt rapportera 150 €/an, ce qui permettra de financer une aide de 25 €, suffisante pour rendre intéressante une isolation qui réduira la consommation de 1 m^3/an, et une aide de 125 € qui rendra intéressants les investissements en panneaux solaires qui économiseront une consommation de 1 m^3/an.

Pour que la consommation de fioul soit de 1 m^3 seulement, il faudra un impôt de 170 €/m^3. Le fioul coûtera 770 €/m^3. Alors il sera inutile d'aider les investissements d'économie d'énergie, qui coûtent 700 € pour économiser 1 m^3. Cet impôt permettra de financer une subvention de 30 € pour les panneaux solaires, ce qui ramènera leur coût de 800 à 770 €/an. Une subvention de 140 € rabaissera le coût de l'électricité qui remplacera 1 m^3 de fioul hors des heures de pointe de 900 € à 760 €, donc moins cher que le fioul.

Selon la méthode choisie par l'État pour faire passer la consommation de fioul de 4 m^3 à 2 m^3/an, la dépense supplémentaire à la charge du propriétaire-occupant est nulle ou de 300 €/an ou de 700 €/an. Dans tous les cas, le coût du programme, c'est-à-dire l'augmentation des dépenses nécessaires pour la consommation ou les économies d'énergie, est le même. Mais selon la méthode choisie par l'État, le propriétaire voit les choses bien différemment.

Dans un cas, la diminution des émissions de gaz carbonique fossile ne lui coûte rien puisque ses dépenses supplémentaires sont financées par des subventions ou des exonérations de taxe. Dans un autre cas, la « réglementation pure », chaque consommateur dépense exactement ce

Prix du fioul sans impôt climat : 600 €/m³	Consommation de fioul m³/an	Dépenses annuelles du consommateur €/an	Différence de charge nette vs situation actuelle €/an	Montant de la subvention €/an	Montant des impôts €/an
Aujourd'hui	4	2 400			
Demain – même confort *Consommation de fioul : 3 m³*					
- Méthode réglementaire	3	2 500	100	0	0
- Subventions	3	2 500	0	100	
- Impôt sur le fioul : 100 €/m³	3	2 800	400	0	300
- Impôt sur le fioul : 25 €/m³	3	2 500	100	75	75
Demain – même confort *Consommation de fioul : 2 m³*					
- Méthode réglementaire	2	2 700	300	0	0
- Subventions	2	2 700	0	300	0
- Impôt sur le fioul : 200 €/m³	2	3 100	700	0	400
- Impôt sur le fioul : 75 €/m³	2	2 700	300	150	150
Demain – même confort *Consommation de fioul : 1 m³*					
- Méthode réglementaire	1	3 000	600	0	0
- Subventions	1	3 000	0	600	0
- Impôt sur le fioul : 300 €/m³	1	3 300	900	0	300
- Impôt sur le fioul : 170 €/m³	1	3 000	600	170	170
Demain – diminution du confort *Consommation de fioul : 0,7 m³*					
- Impôt sur le fioul : 400 €/m³	0,7	3 100	700		280

que coûte la diminution de la consommation d'énergie fossile. Lorsque le produit des impôts est utilisé pour financer des aides, l'ensemble des consommateurs dépensent exactement ce que coûte le programme de réduction de la consommation d'énergie fossile, ceux qui font

285

davantage de dépenses pouvant toucher plus de subventions que ce qu'ils paient d'impôts. Dans un dernier cas enfin, la fiscalité pure, chaque propriétaire est sûr de dépenser plus que ce qu'il doit directement dépenser pour diminuer sa consommation d'énergie fossile.

On a donc tous les cas de figure : chacun paie ses dépenses sans plus (cas de réglementation) ; il existe une solidarité entre tous les consommateurs d'énergie fossile (lorsque la fiscalité finance les aides) ; il existe une solidarité entre les consommateurs et l'ensemble des contribuables, cette solidarité jouant dans un sens ou dans un autre (incitation d'une part, fiscalité pure de l'autre).

La fiscalité du carburant et du biocarburant.
La situation actuelle. Un nouveau dispositif possible

1. Références

Pour la fiscalité pétrolière : *http://www.industrie.gouv.fr/energie/ petrole/textes/se_fiscalite.htm*
Pour la fiscalité des biocarburants : *http://www.industrie.gouv.fr/ energie/renou/biomasse/enjeuxbiocarburants.htm*
Un rapport remis au ministre de l'Industrie en 2004 sur la fiscalité des biocarburants : *http://www.industrie.gouv.fr/energie/renou/biomasse/ rap-cgm-igf-biocarburants.pdf*

2. La fiscalité du carburant

Le carburant liquide supporte la TVA au taux de 19,6 %, une taxe intérieure de consommation (TIC), connue sous le nom de TIPP (taxe intérieure sur les produits pétroliers). Depuis 2005 s'ajoute une TGAP (taxe générale sur les activités polluantes), selon des modalités assez spécifiques puisqu'elle est conçue pour être nulle si le taux d'incorporation de biocarburant atteint une valeur fixée par la loi.
La TIC sur l'essence est voisine de 610 €/m^3 ; celle du gazole de 430 €/m^3.

3. La fiscalité du biocarburant

La fiscalité du biocarburant présente deux volets : d'une part, le biocarburant bénéficie d'une exonération partielle de la TIC et, d'autre part, l'incorporation de biocarburant diminue le taux de la TGAP perçue sur l'ensemble du carburant.

L'exonération partielle de TIC

L'exonération fiscale dont bénéficient les biocarburants est en 2006 de 330 €/m³ pour l'éthanol (que l'on peut incorporer directement ou sous forme d'ETBE) et de 250 €/m³ pour l'EMHV (qui remplace du gazole).

La diminution du taux de la TGAP

La TGAP est payée par les distributeurs de carburant. L'assiette de la TGAP est la même que l'assiette de la TVA payée par le distributeur ; son taux est égal à une valeur fixée par la loi diminuée du taux d'incorporation de biocarburant. Son taux ne peut pas être négatif.

Le montant de la taxe résulte donc d'une opération arithmétique bizarre qui consiste à retrancher une grandeur physique (le taux d'incorporation de biocarburant) du taux d'une taxe, qui est de nature différente. Le résultat est aussi étrange que l'opération puisque cela conduit au même effet qu'une obligation d'incorporer une certaine quantité de biocarburant (en proportion égale au taux de la taxe) sous peine d'une sanction proportionnelle à la quantité de carburant pétrolier qui aurait dû être remplacée par du biocarburant. Le montant de cette pénalité est égal, pour chaque mètre cube de carburant pétrolier en trop, à sa valeur hors TVA.

Explication

Cette taxe a comme assiette l'assiette de la TVA sur le carburant, c'est-à-dire la somme du prix du carburant fossile hors taxe et de la TIC.

Si le taux de la taxe est de 3 %, et si le taux d'incorporation de biocarburant est de 2 %, le taux de la taxe après réduction sera de 1 %. Si le distributeur de carburant ajoute 1 m³ de biocarburant dans son carburant, le taux d'incorporation de biocarburant augmentera un peu, donc le taux de la taxe diminuera un peu. Un calcul arithmétique simple montre que le montant total de la taxe diminue d'une quantité égale au prix hors TVA (mais TIC comprise) de 1 m³ de carburant pétrolier, et cela quel que soit le taux d'incorporation de biocarburant. Lorsque le taux d'incorporation atteint 3 %, la taxe est nulle ; ajouter du biocarburant ne la diminue donc pas.

Cette TGAP agit donc comme l'obligation d'incorporer 3 % sous peine d'une sanction proportionnelle aux quantités de carburants pétroliers en trop. Cette pénalité est d'autant plus forte que le prix du pétrole est plus élevé, alors que l'on pourrait trouver plus rationnel qu'elle diminue lorsque le prix du pétrole augmente.

4. Le dispositif fiscal et réglementaire présenté ici

Le dispositif présenté ici comporterait les composantes suivantes :
- Tout le carburant liquide, pétrolier ou biocarburant, supporterait une TIC calculée pour compenser les effets externes locaux autres que l'encombrement – coût des chaussées, risques d'accidents, pollutions locales. Cette taxe serait appelée « taxe transport ». L'encombrement serait financé par des droits de stationnement par exemple.
- Une obligation réglementaire d'incorporer de la « bioénergie » serait faite aux distributeurs de carburant ; ceux-ci pourraient y répondre en incorporant du biocarburant ou en rendant possible l'utilisation de biomasse comme source de chaleur. Cette obligation serait assortie d'une sanction proportionnelle aux quantités manquantes. Elle remplacerait l'actuelle TGAP sur le carburant.
- Un « impôt climat » serait perçu sur le carburant pétrolier seulement. Il serait calculé de façon que le prix hors TVA augmente progressivement.
- La TVA s'appliquerait selon le régime général.
Il n'y aurait plus d'exonération partielle de « taxe transport » (ex-TIPP) en faveur du biocarburant.
La « taxe transport » sur l'électricité utilisée par les véhicules serait inférieure à la taxe transport applicable aux carburants liquides car l'utilisation d'électricité génère moins de nuisances que celle de carburants liquides.

Comparaisons des coûts de production d'électricité. Centrales nucléaires et centrales au gaz

Le premier tableau indique quelle est la durée de fonctionnement, en heures par an, qui égalise le coût de fonctionnement d'une centrale nucléaire et d'une centrale au gaz. Le second indique quel est le coût de production de l'électricité lorsque l'outil de production, centrale nucléaire ou centrale au gaz, est utilisé 3 000 heures dans l'année. Le résultat dépend beaucoup de la rémunération des capitaux d'une part, de la façon dont on compte le coût des émissions de gaz carbonique d'origine fossile, qui se reflète dans le « coût du carbone », d'autre part.

Rappel : le « coût du carbone » est ce qu'il faut ajouter au prix de l'énergie fossile pour que les objectifs de réduction des émissions de CO_2 soient atteints. Avec les hypothèses que j'ai retenues, je conclus que, pour diviser les émissions par trois, le « coût du carbone » est de 400 ou 430 €/tC si le prix du pétrole est de 50 \$/bl.

Durée de fonctionnement, en heures par an, qui égalise le coût de production à partir de gaz ou d'énergie nucléaire

La durée de fonctionnement qui égalise les coûts de production d'une centrale nucléaire et d'une centrale à gaz CCG dépend du taux de rémunération des financements et du coût attribué aux émissions de gaz carbonique – il y a 8 760 heures dans une année.

Pétrole à 50 $/bl	Taux de rémunération des capitaux (en monnaie constante)	
Coût du carbone (en €/tC)	4 %	8 %
0	1 200 heures par an	2 400 heures par an
100	1 000 heures par an	2 000 heures par an
400	700 heures par an	1 300 heures par an

Si une centrale nucléaire peut être financée par des capitaux dont la rémunération est de 4 % par an en monnaie constante, les CCG n'ont pas leur place dans un parc optimal.

Coût de production pour 3 000 heures de fonctionnement par an

Cette durée de fonctionnement serait celle d'une centrale qui ne fonctionnerait que pendant l'hiver.

Coût du mégawatt-heure pour 3 000 heures/an de fonctionnement	Taux de rémunération des capitaux (en monnaie constante)			
	4 %		8 %	
Valeur du carbone (en €/tC)	Coût du MWh nucléaire	Coût du MWh gaz CCG	Coût du MWh nucléaire	Coût du MWh gaz CCG
0	42	69	64	75
100	42	79	64	85
400	42	108	64	115

Même pour une production limitée par exemple à satisfaire les besoins du chauffage, la production nucléaire coûterait 2 à 2,5 fois moins cher que la production à partir de gaz dans une CCG.

Sur le droit européen

1. Les services économiques d'intérêt général

Extraits du traité sur l'Union européenne

- **Article 82** (ex-article 86 du traité de Rome) :
« Est incompatible avec le marché commun et interdit, dans la mesure où le commerce entre États membres est susceptible d'en être affecté, le fait pour une ou plusieurs entreprises d'exploiter de façon abusive une position dominante sur le marché commun ou dans une partie substantielle de celui-ci. Ces pratiques abusives peuvent notamment consister à : a) imposer de façon directe ou indirecte des prix d'achat ou de vente […], b) limiter la production, les débouchés ou le développement technique au préjudice des consommateurs […]. »

- **Article 86**, alinéas 1 et 2, du traité instituant la Communauté européenne (ex-article 90 du traité de Rome) :
« 1- Les États membres, en ce qui concerne les entreprises publiques et les entreprises auxquelles ils accordent des droits spéciaux ou exclusifs, n'édictent ni ne maintiennent aucune mesure contraire aux règles du présent traité […].
« 2- Les entreprises chargées de la gestion de services d'intérêt économique général […] sont soumises aux règles du présent traité, notamment aux règles de concurrence, dans les limites où l'application de ces règles ne fait pas échec à l'accomplissement en droit ou en fait de la mission particulière qui leur a été impartie. Le développement des échanges ne doit pas être affecté dans une mesure contraire à l'intérêt de la Communauté. »

Extraits du rapport d'information n° 257 (2004-2005) de Mme Catherine Tasca, fait au nom de la délégation pour l'Union européenne du Sénat, déposé le 17 mars 2005, après la publication du Livre blanc de la Commission des Communautés européennes sur les services d'intérêt économique général – accessible à l'adresse suivante *http://www.senat.fr/rap/r04-257/r04-257_mono.html*

« La jurisprudence de la Cour de justice
des Communautés européennes (CJCE)

Faute d'une législation européenne propre aux services d'intérêt général et à la suite des mesures autonomes prises par la Commission au début des années 1990 sur le fondement de l'article 86, c'est dans la jurisprudence que l'on trouve des éléments de définition.

Au cours de la période récente, la CJCE a développé une jurisprudence sur les services publics dans un sens qui leur est favorable.

Dans l'arrêt "Corbeau" du 13 mai 1993, qui concerne la Régie des postes belge, la Cour a admis que l'article 90 du traité CE *«permet aux États membres de conférer à des entreprises, qu'ils chargent de la gestion des services d'intérêt économique général, des droits exclusifs qui peuvent faire obstacle à l'application des règles du traité sur la concurrence, dans la mesure où des restrictions à la concurrence, voire une exclusion de toute concurrence, de la part d'autres opérateurs économiques, sont nécessaires pour l'accomplissement de la mission particulière qui a été impartie aux entreprises titulaires des droits exclusifs."*

Le même arrêt précise, par ailleurs, qu'"*autoriser des entrepreneurs particuliers de faire concurrence au titulaire des droits exclusifs dans les secteurs de leur choix correspondant à ces droits les mettrait en mesure de se concentrer sur les activités économiquement rentables et d'y offrir des tarifs plus avantageux que ceux pratiqués par les titulaires des droits exclusifs, étant donné que, à la différence de ces derniers, ils ne sont pas économiquement tenus d'opérer une compensation entre les pertes réalisées dans les secteurs non rentables et les bénéfices réalisés dans les secteurs plus rentables"*.

Dans l'arrêt "Commune d'Almelo" du 27 avril 1994, qui concerne une entreprise néerlandaise de distribution d'électricité, la Cour a confirmé que "*des restrictions à la concurrence de la part d'autres opérateurs économiques doivent être admises, dans la mesure où elles s'avèrent nécessaires pour permettre à l'entreprise investie d'une telle mission d'intérêt général d'accomplir celle-ci. À cet égard, il faut tenir compte des conditions économiques dans lesquelles est placée l'entreprise, notamment des coûts qu'elle doit supporter et des réglementations, particulièrement en matière d'environnement, auxquelles elle est soumise".*

Dans l'arrêt "Altmark" du 24 juillet 2003, qui concerne une entreprise allemande de transport urbain, la Cour a confirmé que l'argent versé par un gouvernement à une compagnie pour compenser des obligations de service public ne représente pas une aide d'État, ce qui permet aux États membres de ne pas notifier à la Commission européenne, dans le cadre de la procédure classique de la politique de la concurrence, ces subventions et, en conséquence, d'échapper à son contrôle préalable. La Cour de justice a cependant posé quatre conditions pour bénéficier de cette qualification. Tout d'abord, l'entreprise bénéficiaire doit effectivement être chargée de l'exécution obligatoire de service public, les obligations devant être clairement définies. Ensuite, la compensation doit être calculée au préalable, de manière transparente et objective. En troisième lieu, les compensations ne sauraient dépasser les dépenses occasionnées par l'exécution des obligations de service public. Enfin, si la sélection se fait en dehors de la procédure de marché public, le niveau de compensation doit être calculé en analysant les coûts qu'une entreprise de transport moyenne aurait à supporter.»

On trouvera l'arrêt «Corbeau» et l'arrêt «commune d'Almelo» aux adresses suivantes, entre autres : *http://www.lexinter.net/JPTXT/ arret_corbeau.htm* et *http://www.lexinter.net/JPTXT/arret_commune_ d'almelo.htm*

2. Les coopérations structurées du projet de traité constitutionnel

Le rapprochement entre la lutte contre l'effet de serre et les affaires de sécurité publique et de défense peut paraître aujourd'hui excessif. Mais il pourrait apparaître bientôt comme une évidence.

« Article I-41
*Dispositions particulières relatives à la politique de sécurité
et de défense commune*

1. La politique de sécurité et de défense commune fait partie intégrante de la politique étrangère et de sécurité commune. Elle assure à l'Union une capacité opérationnelle s'appuyant sur des moyens civils et militaires. L'Union peut y avoir recours dans des missions en dehors de l'Union afin d'assurer le maintien de la paix, la prévention des conflits et le renforcement de la sécurité internationale conformément aux principes de la charte des Nations unies. L'exécution de ces tâches repose sur les capacités fournies par les États membres.

2. La politique de sécurité et de défense commune inclut la définition progressive d'une politique de défense commune de l'Union. Elle conduira à une défense commune, dès lors que le Conseil européen, statuant à l'unanimité, en aura décidé ainsi. Il recommande, dans ce cas, aux États membres d'adopter une décision dans ce sens conformément à leurs règles constitutionnelles respectives.

La politique de l'Union au sens du présent article n'affecte pas le caractère spécifique de la politique de sécurité et de défense de certains États membres, elle respecte les obligations découlant du traité de l'Atlantique Nord pour certains États membres qui considèrent que leur défense commune est réalisée dans le cadre de l'Organisation du traité de l'Atlantique Nord et elle est compatible avec la politique commune de sécurité et de défense arrêtée dans ce cadre.

3. Les États membres mettent à la disposition de l'Union, pour la mise en œuvre de la politique de sécurité et de défense commune, des capacités civiles et militaires pour contribuer aux objectifs définis par le Conseil. Les États membres qui constituent entre eux des forces multinationales peuvent aussi les mettre à la disposition de la politique de sécurité et de défense commune.

Les États membres s'engagent à améliorer progressivement leurs capacités militaires. Il est institué une Agence dans le domaine du développement des capacités de défense, de la recherche, des acquisitions et de l'armement (l'Agence européenne de défense) pour identifier les besoins opérationnels, promouvoir des mesures pour les satisfaire, contribuer à identifier et, le cas échéant, mettre en œuvre toute mesure utile pour renforcer la base industrielle et technologique

295

du secteur de la défense, participer à la définition d'une politique européenne des capacités et de l'armement, ainsi que pour assister le Conseil dans l'évaluation de l'amélioration des capacités militaires.

4. Les décisions européennes relatives à la politique de sécurité et de défense commune, y compris celles portant sur le lancement d'une mission visée au présent article, sont adoptées par le Conseil statuant à l'unanimité, sur proposition du ministre des Affaires étrangères de l'Union ou sur initiative d'un État membre. Le ministre des Affaires étrangères de l'Union peut proposer de recourir aux moyens nationaux ainsi qu'aux instruments de l'Union, le cas échéant conjointement avec la Commission.

5. Le Conseil peut confier la réalisation d'une mission, dans le cadre de l'Union, à un groupe d'États membres afin de préserver les valeurs de l'Union et de servir ses intérêts. La réalisation d'une telle mission est régie par l'article III-310.

6. Les États membres qui remplissent des critères plus élevés de capacités militaires et qui ont souscrit des engagements plus contraignants en la matière en vue des missions les plus exigeantes, établissent une coopération structurée permanente dans le cadre de l'Union. Cette coopération est régie par l'article III-312. Elle n'affecte pas les dispositions de l'article III-309.

7. Au cas où un État membre serait l'objet d'une agression armée sur son territoire, les autres États membres lui doivent aide et assistance par tous les moyens en leur pouvoir, conformément à l'article 51 de la charte des Nations unies. Cela n'affecte pas le caractère spécifique de la politique de sécurité et de défense de certains États membres.

Les engagements et la coopération dans ce domaine demeurent conformes aux engagements souscrits au sein de l'Organisation du traité de l'Atlantique Nord, qui reste, pour les États qui en sont membres, le fondement de leur défense collective et l'instance de sa mise en œuvre.

8. Le Parlement européen est consulté régulièrement sur les principaux aspects et les choix fondamentaux de la politique de sécurité et de défense commune. Il est tenu informé de son évolution.»

«Article III-310

1. Dans le cadre des décisions européennes adoptées conformément à l'article III-309, le Conseil peut confier la mise en œuvre d'une mission

à un groupe d'États membres qui le souhaitent et disposent des capacités nécessaires pour une telle mission. Ces États membres, en association avec le ministre des Affaires étrangères de l'Union, conviennent entre eux de la gestion de la mission.

2. Les États membres qui participent à la réalisation de la mission informent régulièrement le Conseil de l'état de la mission de leur propre initiative ou à la demande d'un autre État membre. Les États membres participants saisissent immédiatement le Conseil si la réalisation de la mission entraîne des conséquences majeures ou requiert une modification de l'objectif, de la portée ou des modalités de la mission fixés par les décisions européennes visées au paragraphe 1. Dans ces cas, le Conseil adopte les décisions européennes nécessaires. »

« Article III-311

1. L'Agence dans le domaine du développement des capacités de défense, de la recherche, des acquisitions et de l'armement (l'Agence européenne de défense), instituée par l'article I-41, paragraphe 3, et placée sous l'autorité du Conseil, a pour mission :

a) de contribuer à identifier les objectifs de capacités militaires des États membres et à évaluer le respect des engagements de capacités souscrits par les États membres ;

b) de promouvoir une harmonisation des besoins opérationnels et l'adoption de méthodes d'acquisition performantes et compatibles ;

c) de proposer des projets multilatéraux pour remplir les objectifs en termes de capacités militaires et d'assurer la coordination des programmes exécutés par les États membres et la gestion de programmes de coopération spécifiques ;

d) de soutenir la recherche en matière de technologie de défense, de coordonner et de planifier des activités de recherche conjointes et des études de solutions techniques répondant aux besoins opérationnels futurs ;

e) de contribuer à identifier et, le cas échéant, de mettre en œuvre toute mesure utile pour renforcer la base industrielle et technologique du secteur de la défense et pour améliorer l'efficacité des dépenses militaires.

2. L'Agence européenne de défense est ouverte à tous les États membres qui souhaitent y participer. Le Conseil, statuant à la majorité

qualifiée, adopte une décision européenne définissant le statut, le siège et les modalités de fonctionnement de l'Agence. Cette décision tient compte du degré de participation effective aux activités de l'Agence. Des groupes spécifiques sont constitués au sein de l'Agence, rassemblant des États membres qui mènent des projets conjoints. L'Agence accomplit ses missions en liaison avec la Commission en tant que de besoin.»

Trois scénarios associant un impôt climat, une réglementation et des incitations financières

Les hypothèses communes aux trois scénarios

	Aujourd'hui	Dans 20 ans	Dans 30 ans
Taux d'incorporation de biocarburant	2 %	25 %	63 %
Quantité de biocarburant (Mtep)	0,4	12	22
Quantité de carburant remplacé par de l'électricité (Mtep)	0	5	18
Quantité de biomasse thermique (Mtep)	10	20	20
Quantité d'électricité de chauffage (Mtep)	9	15	20
Économies de chaleur, par rapport à la tendance	0	11	17

Les valeurs indiquées ici en € ou en $ sont exprimées en monnaie constante, valeur 2006.

Le résultat des simulations

1. Sans restitution forfaitaire de l'impôt climat aux ménages ayant de faibles revenus

Première hypothèse sur le prix du pétrole : prix initial à 65 $/bl décroissant jusqu'à 50 $/bl l'année 10 puis restant constant

Deuxième hypothèse sur le prix du pétrole : prix restant égal à 65 $/bl sur toute la période

		Scénario 1 Vers une fiscalité pure		Scénario 2 Impôt = subventions		Scénario 3 intermédiaire	
Prix du pétrole 65 $/bl puis 50 $/bl	Année 0	Année 20	Année 30	Année 20	Année 30	Année 20	Année 30
Impôt sur les émissions (€/tC)	0	300	400	130	250	210	320
Prix du carburant (€/l TTC)	1,13	1,35	1,45	1,22	1,39	1,28	1,41
Prix du fioul (€/m³ TTC)	702	883	983	712	832	792	903
Produit de l'impôt (M€)	0	15600	9000	6800	5700	10900	7400
Incitations financières (M€)	0	2500	0	6800	5700	4700	3200
Disponible après incitations (M€)*	0	13100	9000	0	0	6200	4200

Prix du pétrole : 65 $/bl sur toute la période	Année 0	Année 20	Année 30	Année 20	Année 30	Année 20	Année 30
Impôt sur les émissions (€/tC)	0	200	280	90	180	140	230
Prix du gazole (€/l TTC)	1,13	1,37	1,45	1,28	1,40	1,32	1,42
Prix du fioul (€/m³ TTC)	702	903	983	790	880	842	930
Produit de l'impôt (M€)	0	10100	6300	4700	4100	7300	5300
Incitations financières (M€)	0	1800	0	4700	4100	3500	2100
Disponible après incitations (M €)*	0	8300	6300	0	0	3800	3200

* Partie du produit de l'impôt disponible une fois financées les incitations financières à l'économie d'énergie ou à l'utilisation d'énergie non fossile.

2. Avec une restitution forfaitaire de l'impôt climat aux ménages ayant de faibles revenus

La restitution de l'impôt aux ménages à faibles revenus serait calculée sur une quantité forfaitaire d'énergie. Pour avoir un ordre de grandeur, on peut prendre l'hypothèse d'une restitution sur 500 litres de carburant et l'équivalent de 700 litres de fioul à 20 % des ménages, indépendamment de la consommation effective de ces ménages. Il faut apporter une légère modification aux hypothèses du scénario 2 pour que le résultat de l'impôt puisse financer les restitutions forfaitaires aux ménages ayant de faibles revenus ; ce sera le scénario 2'.

	Scénario 1 Vers une fiscalité pure		Scénario 2' impôts = subventions + restitutions		Scénario 3 intermédiaire	
	Année 20	Année 30	Année 20	Année 30	Année 20	Année 30
Pétrole : 65 $/bl puis 50 $/bl						
Impôt sur les émissions : (€/tC)	300	400	135	268	210	320
Restitution aux faibles revenus (M€)	1 200	1 700	540	1 100	850	1 300
Incitations financières	2 500	–	6 500	5 000	4 600	3 200
Disponible (M€)	11 900	7 300	0	0	5 400	2 900
Pétrole : 65 $/bl sur la période						
Impôt sur les émissions : (€/tC)	200	280	95	190	140	230
Restitution aux faibles revenus (M€)	800	1 100	400	800	600	900
Incitations financières	2 000	0	4 600	3 500	3 500	2 100
Disponible (M€)	7 500	5 000	0	0	3 300	2 300

Ces tableaux montrent donc les possibilités offertes par un impôt climat qui fait monter régulièrement le prix du carburant d'environ 0,01 €/litre chaque année en monnaie constante.

Protocole de Kyoto :
l'engagement de la France au sein de l'Union européenne et vis-à-vis des autres pays

Chaque pays de l'Union européenne s'est engagé individuellement, en ratifiant le protocole de Kyoto, à réduire ses émissions de la période 2008-2012 de 8 % par rapport à 1990.

Mais il est convenu que si, dans leur ensemble, les pays de l'Union européenne ont diminué leurs émissions de 8 %, l'engagement pris par chacun de ces pays individuellement devant les autres signataires du protocole sera réputé respecté, quelles que soient ses émissions réelles.

Les États membres de l'Union européenne sont donc convenus, *entre eux*, de la façon de répartir les efforts pour que, au total, les émissions diminuent de 8 %. L'Allemagne s'est engagée sur une baisse de ses émissions de 21 %, avec le projet de remplacer des centrales de production d'électricité au charbon ou au lignite par des centrales au gaz, le Royaume-Uni s'est engagé sur une baisse de 13 %, le Danemark sur une baisse de 21 %, l'Autriche sur une baisse de 13 %. La France, dont les émissions sont très inférieures, s'est engagée à ne pas les augmenter.

Conséquence de ces différents accords : si les émissions des États membres de l'Union européenne ne diminuent pas de 8 % par rapport à celles de 1990, la France se trouve engagée à diminuer les siennes de 8 %. Or les émissions de l'Union européenne ne s'orientent pas vers une baisse de 8 % et la France aura un peu de mal à stabiliser ses émissions. La défaillance des autres États membres risque donc de coûter à la France 8 % de ses émissions, soit 11 millions de tonnes de carbone par an pendant cinq ans, en tout 55 millions de tonnes de carbone.

Bibliographie et sites Internet

Il n'est pas très facile de dresser une bibliographie sur un sujet comme l'effet de serre. Je me bornerai donc à citer des ouvrages et des sites Internet qui m'ont apporté des éléments fort utiles, y compris des auteurs dont les positions sont différentes, voire très différentes, de celles que j'ai adoptées. Je cite également les travaux auxquels j'ai participé.

L'effet de serre en général

Édouard Bard (dir.), Collège de France, *L'Homme face au climat*, Paris, Odile Jacob, 2006. Une mine de références scientifiques.

Michel Petit, *Qu'est-ce que l'effet de serre*, Paris, Vuibert, 2003. Un livre facilement lisible écrit par un spécialiste.

Jean-Pierre Dupuy, *Pour un catastrophisme éclairé*, Paris, Seuil, 2002. Pour situer cette question dans une réflexion plus large.

Henri Prévot, *La France : économie, sécurité. Économie mondialisée, sécurité nationale, Union européenne*, Paris, Hachette 1994. Aujourd'hui accessible seulement par Internet : *http://www.ensmp.net/pdf/2001/Fransec.htm*. Il n'y a pas loin entre la lutte contre l'effet de serre et la question de la relation entre la sécurité du pays et la dynamique d'une économie mondialisée.

Sites Internet

Ministère de l'Industrie : *http://www.industrie.gouv.fr/portail/secteurs/index_energie.html*

GIEC (Groupe d'experts intergouvernemental sur l'évolution du climat) : *http://www.ipcc.ch/*

MIES (Mission interministérielle de l'effet de serre) : *http://www.effet-de-serre.gouv.fr/*

ADEME : *www.ademe.fr/*

Commission des Communautés européennes, « WETO 2030 : world energy, technology and climate policy outlook » : *http://ec.europa.eu/research/energy/pdf/weto_final_report.pdf*

Jean-Marc Jancovici : *http://www.manicore.com/documentation/serre/index.html*

Réseau Action climat : *http://www.rac-f.org/*

Association Négawatt : *http://www.negawatt.org/*

Des travaux de parlementaires

Mission d'information sur l'effet de serre, J.-Y. Le Déaut (président), N. Kosciusko-Morizet (rapporteure), « Changement climatique : le défi majeur – 2006 » : *http://www.assemblee-nationale.fr/12/rap-info/i3021-tl.asp*

Office parlementaire d'évaluation des choix scientifiques et technologiques, sénateurs Pierre Laffitte et Claude Saunier, « Les apports de la science et de la technologie au développement durable » : *http://assemblee-nationale.fr/12/rap-off/i3197-tl.asp*

Claude Belot et Jean-Marc Juilhard (sénateurs), « Énergies renouvelables et développement local », *http://www.senat.fr/rap/r05-436/r05-436_mono.html#toc0*

Prospective, propositions d'actions

Groupe « Facteur 4 », présidé par M. Alain de Boissieu, rapport présenté aux ministres de l'Industrie et de l'Environnement le 3 juillet 2006 : *http://www.industrie.gouv.fr/energie/prospect/facteur4-rapport.pdf*

Groupe « Facteur 4 », présidé par M. Alain de Boissieu, les travaux du groupe « facteur 4 » : *http://www.industrie.gouv.fr/energie/facteur4.htm*

Commission des Communautés européennes, « Une stratégie européenne

pour une énergie sûre, compétitive et durable», mars 2006:
*http://ec.europa.eu/energy/green-paper-energy/doc/2006_03_08_
gp_document_fr.pdf*
Pierre Radanne, *Énergies de ton siècle, des crises à la mutation*, Paris, Éd.
Lignes de repère, 2005.
Jean-Marc Jancovici et Alain Grandjean, *Le plein s'il vous plaît*, Paris,
Seuil, 2006.
Henri Prévot, «Politique énergétique nationale et lutte contre l'effet de
serre», *Revue de l'énergie*, février 2004.
Communication à l'Académie des technologies, «Prospective sur l'éner-
gie au XXIe siècle» (décembre 2004), *http://www.academie-techno-
logies.fr/publication/rapports/Rapports.html*
Henri Prévot, «Diviser par trois nos émissions de gaz carbonique»:
http://www.2100.org/PrevotEnergie/

Études thématiques

Nucléaire

Georges Charpak, Richard L. Garwin et Venance Journé, *De Tchernobyl
en Tchernobyls*, Paris, Odile Jacob, 2005. Un excellent ouvrage de
référence sur le thème: le nucléaire, dangereux et indispensable.

Aspects économiques

Roger Guesnerie, *Kyoto et l'économie de l'effet de serre*, Paris, La Documentation française, 2003.

Réseaux de chaleur

Henri Prévot, rapport remis au ministre de l'Industrie en mars 2006:
http://www.industrie.gouv.fr/energie/publi/pdf/rapport-prevot.pdf

Biocarburants

Ministère de l'Industrie : *http://www.industrie.gouv.fr/energie/renou/ biomasse/enjeuxbiocarburants.htm*

Des membres du Conseil général des Mines et de l'Inspection générale des Finances, « Rapport sur la fiscalité des biocarburants », remis au ministre de l'Industrie en 2005 :*http://www.industrie.gouv.fr/energie/ renou/biomasse/rap-cgm-igf-biocarburants.pdf*

Électricité

Des membres du Conseil général des Mines et de l'Inspection générale des Finances, « Rapport sur le prix de l'électricité », remis au ministre de l'Industrie en 2004 : *http://www.industrie.gouv.fr/energie/electric/ pdf/rapport-prix-cgm-igf.pdf*

Chauffage

Jean Orselli, Conseil général des Ponts et Chaussées, « Recherche et développement sur les économies d'énergie et les substitutions entre énergies dans les bâtiments » : *http://www2.equipement.gouv.fr/rapports/ themes_rapports/habitat/2004-0189-01.pdf*

Transports

Conseil général des Ponts et Chaussées, « Démarche prospective transports 2050 » : *http://www.equipement.gouv.fr/article.php3 ?id_article= 1595*

Forêt et bois

Henri Prévot, *L'Économie de la forêt. Mieux exploiter un patrimoine*, Aix-en-Provence, Édisud, 1993, disponible auprès de l'auteur.

Table des annexes

Table des encadrés

Table des figures

Table des sigles

ADEME	Agence de l'environnement et de la maîtrise de l'énergie
BAC	« bonne action climat »
bl	baril
CCG	centrale à cycle combiné
CH_4	méthane
CJCE	Cour de justice des Communautés européennes
CO_2	gaz carbonique
EMHV	ester méthylique d'huile végétale
EPR	European Pressurized Reactor
ETBE	éthyl tertio butyl éther
G€	milliard d'euros
GIEC	Groupe d'experts intergouvernemental sur l'évolution du climat
GtC	milliard de tonnes de carbone
GW	gigawatt
GWh	gigawatt-heure
MDE	maîtrise de la demande en électricité
MDP	mécanisme de développement propre
MIES	Mission interministérielle de l'effet de serre
Mtep	millions de tonnes d'équivalent pétrole
MW	mégawatt
MWh	mégawat.heure
OMC	Organisation mondiale du commerce
PIB	produit intérieur brut
PNAQ	plan national d'allocation des quotas
PNUE	Programme des Nations unies pour l'environnement
PPE	prix du pétrole équivalent
ppm	partie par million

SBI	Subsidiary Body for Implementation / Organe subsidiaire de mise en. œuvre (OSMO)
SBSTA	Subsidiary Body for Scientific and Technological Advice / Organe subsidiaire pour avis scientifique et technique (OSAST)
SO_2	gaz sulfureux
tC	tonne de carbone
tep	tonne d'équivalent pétrole
TGAP	taxe générale sur les activités polluantes
TIC	taxe intérieure de consommation
TIPP	taxe intérieure sur les produits prétoliers
W/m^2	watt par mètre carré de sol
WETO	World Energy, Technology and Climate Policy Outlook

Table